Ausführliches Verzeichniß der

Guttentag'schen Sammlung

Deutscher Reichs- und Preußischer Gesetze

Text-Ausgaben mit Anmerkungen — Taschenformat

welches alle wichtigeren Gesetze in absolut zuverlässigen Gesetzestexten und in mustergiltiger Weise erläutert enthält, befindet sich hinter dem Sachregister.

Guttentag'sche Sammlung
Nr. 46. Deutscher Reichsgesetze. Nr. 46.
Text-Ausgaben mit Anmerkungen.

Die Gesetze des Reiches und Preußens über die freiwillige Gerichtsbarkeit.

Text-Ausgabe
mit Einleitung, Anmerkungen und Sachregister
von

Hermann Jastrow,
Amtsgerichtsrath zu Berlin.

Zweite erweiterte Auflage.

Berlin 1900.
J. Guttentag, Verlagsbuchhandlung,
G. m. b. H.

Inhalt.

Seite

C. Gesetz über die Angelegenheiten der freiwilligen Gerichtsbarkeit.

Erster Abschnitt: Allgemeine Vorschriften.

Zweiter Abschnitt: Vormundschaftssachen.

Seite

Sechster Abschnitt: Schiffspfandrecht.

Siebenter Abschnitt: Handelssachen.

Seite

Elfter Abschnitt: Schlußbestimmungen.

D. Preußisches Gesetz über die freiwillige Gerichtsbarkeit.

Erster Abschnitt: Allgemeine Vorschriften.

Seite

Vierter Abschnitt: Gerichtliche und notarielle Urkunden.

Erster Titel. Zuständigkeit.

Zweiter Titel. Urkunden über Rechtsgeschäfte.

Siebenter Abschnitt: Besondere Gerichte. Mitwirkung der Gemeindebeamten in Angelegenheiten der freiwilligen Gerichtsbarkeit.

Abkürzungen.

a. a. O. = am angeführten Orte.
a. E. = am Ende.
AE. = Allerhöchster Erlaß.
AG. = Ausführungsgesetz.
AGO. = Allgemeine Gerichtsordnung.
AH. = Abgeordnetenhaus.
Allg. Verf. = Allgemeine Verfügung des preußischen Justizministers.
ALR. = Allgemeines Landrecht.
Begr. = Begründung.
Bek. = Bekanntmachung.
BGB. = Bürgerliches Gesetzbuch.
BGBl. = Bundesgesetzblatt.
Binnenschifffahrtsgesetz = Gesetz, betreffend die privatrechtlichen Verhältnisse der Binnenschifffahrt in der Fassung vom 20. Mai 1898 (RGBl. S. 868).
CPO. = Civilprozeßordnung.
Denkschrift = Denkschrift zum Entwurf eines Gesetzes über die Angelegenheiten der freiwilligen Gerichtsbarkeit. Drucksachen des Reichstages 1897/98 Nr. 21.
EG. = Einführungsgesetz.
FGG., bezeichnet das S. 32 ff. abgedruckte Gesetz.
Flaggengesetz = Gesetz, betreffend das Flaggenrecht der Kauffahrteischiffe vom 22. Juni 1899 (RGBl. S. 319).
G. = Gesetz.

GBO. = Grundbuchordnung.
Geb.-O. = Gebühren-Ordnung.
Gen.-Ges. = Gesetz, betreffend die Erwerbs- und Wirthschaftsgenossenschaften in der Fassung vom 20. Mai 1898 (RGBl. S. 810).
GS. = (Preußische) Gesetzsammlung.
GVG. = Gerichtsverfassungsgesetz.
HGB. = Handelsgesetzbuch.
HO. = (Preußische) Hinterlegungs-Ordnung v. 14. März 1879.
JMBl. = (Preußisches) Justiz-Ministerialblatt.
KB. = Kommissionsbericht.
Konk.-O. = Konkurs-Ordnung.
LGO. = Landgüterordnung (s. S. 26).
OLG. = Oberlandesgericht.
Preuß. FGG. bedeutet: das S. 180 ff. abgedruckte Gesetz.
Preuß. GKG. = Preußisches Gerichtskostengesetz.
R. = Reskript.
RAO. = Rechtsanwaltsordnung.
Rassow-Küntzel = Beiträge zur Erläuterung des deutschen Rechts, herausgegeben von Rassow, Küntzel und Eccius (Berlin).
RGBl. = Reichsgesetzblatt.
Sten. Ber. = Stenographische Berichte.
StGB. = Strafgesetzbuch.
V. = Verordnung.

A. Einleitung.

I. Zur Entstehung des Reichsgesetzes.

Von Alters her sind in Deutschland den Gerichten gewisse Gegenstände zugewiesen worden, welche keine Prozesse und doch auch keine reinen Verwaltungs-Angelegenheiten darstellen und welche demgemäß von den Gerichten nicht als Organen der Verwaltung, sondern als solchen der Rechtspflege und in den Formen geordneter Justizübung erledigt werden. Gemeinrechtlich faßte man diese — in sich sehr verschieden gearteten — Sachen unter dem Begriff der Extrajudizialien zusammen. Das vorliegende Gesetz nennt sie „Angelegenheiten der freiwilligen Gerichtsbarkeit", wenngleich zahlreiche Prozeduren hierher gehören, welche durchaus nicht den Charakter der Freiwilligkeit in sich tragen, wie z. B. das ganze Vormundschaftswesen. Entgegen einer gewissen Strömung, welche alle diese Gegenstände den Gerichten abgenommen wissen will, hat die neuere Reichsgesetzgebung die bezügliche Zuständigkeit der Gerichte vielmehr bestätigt und noch weiter ausgedehnt. Das Bürgerliche Gesetzbuch ist dieser Anschauung gefolgt. Mit der einheitlichen Regelung des materiellen Rechtes ergab sich nun die Nothwendigkeit, auch an ein einheitliches Verfahren in diesen Angelegenheiten zu denken, zumal in den Extrajudizialien das materielle Recht und das Verfahren besonders eng mit einander zusammenhängen und das BGB. einzelne Normen des Verfahrens bereits in sich selbst aufgenommen hat. Deshalb hat man bereits in den verschiedenen Stadien der Berathung des BGB. ein Gesetz wegen des Verfahrens in den Extrajudizialsachen in Aussicht genommen, bald mit weitergehenden, bald mit enger begrenzten Ideen über den Umfang desselben. Die Motive zum Entwurf erster Lesung besagen (Buch IV Anm. 1 S. 279):

> „Mit der Einführung des BGB. ist die Erlassung besonderer reichsgesetzlicher Vorschriften angezeigt, durch welche das Verfahren in den das Familienrecht betreffenden Angelegenheiten, insbesondere in Vormundschaftssachen, insoweit einheitlich geordnet wird, als sonst die einheitliche Geltung der materiellen Vorschriften des BGB. eine Beeinträchtigung erleiden würde. Die besonderen Vorschriften werden namentlich zu bestimmen haben: über die Zuständigkeit der Vormundschaftsbehörden, über die Anzeigepflicht, über die Voraussetzungen der Wirksamkeit der von den Vormundschaftsbehörden erlassenen Verfügungen und über die Wirkung einer im Rechtsmittelverfahren ergangenen abändernden Entscheidung".

Die Kommission für die zweite Lesung des BGB. hat alsbald beim Beginn ihrer Berathungen durch Beschluß die Nothwendigkeit ausgesprochen, „daß die Angelegenheiten der freiwilligen Gerichtsbarkeit durch ein Reichsgesetz soweit geregelt werden, als zur einheitlichen Durchführung des BGB. erforderlich ist".[1]) Die Denkschrift zum Entwurf des BGB. erkennt das Gleiche an für „die Angelegenheiten der freiwilligen Gerichtsbarkeit, insbesondere auf dem Gebiete des Familienrechts und des Erbrechts".[2]) Dementsprechend bestimmt das Einführungsgesetz zum BGB. in Art. 1:

> „Das Bürgerliche Gesetzbuch tritt am 1. Januar 1900 gleichzeitig mit einem Gesetze, betreffend Aenderungen des Gerichtsverfassungsgesetzes, der Civilprozeßordnung und der Konkursordnung, einem Gesetz über die Zwangsversteigerung und die Zwangsverwaltung, einer Grundbuchordnung und einem Gesetz über die Angelegenheiten der freiwilligen Gerichtsbarkeit in Kraft."

Der Kreis der in Betracht kommenden Angelegenheiten wurde demnächst erweitert durch das Handelsgesetzbuch v. 10. Mai 1897. Die zahlreichen Angelegenheiten, welche hier den Gerichten zur Erledigung in nicht prozessualen Formen zugewiesen wurden, drängten in gleicher

---

[1]) Vgl. den Entwurf zweiter Lesung in den Beilageheften zu Bd. 35 von Rassow-Küntzel S. 2 Anm. 1 u. von Jecklin bei Rassow-Küntzel Bd. 35 S. 836.

[2]) Drucksachen des Reichstages 1895/97 Denkschrift zu Nr. 87 Einleitung S. 4.

Weise auf einheitliche Behandlung hin, wie die entsprechenden Akte des BGB. Die Denkschrift zum Entwurf des HGB. nahm deshalb für das vorbehaltene Gesetz über die freiwillige Gerichtsbarkeit zugleich Vorschriften „über die Zuständigkeit und das Verfahren in den zur streitigen Gerichtsbarkeit nicht gehörenden Handelssachen" in Aussicht.[1]) Auf diesem Boden ist das vorliegende Gesetz erwachsen, welches den Kreis der zu regelnden Angelegenheiten möglichst weit, seine kodifizirende Natur gegenüber dem Landesrecht dagegen möglichst eng gezogen hat (s. zu II u. III). Der Entwurf des Gesetzes ist mit einer erläuternden Denkschrift unterm 26. November 1897 dem Reichstag vorgelegt worden.[2]) Die erste Lesung hat am 8. Dezember 1897 stattgefunden und mit der Ueberweisung des Entwurfs an eine Kommission von 21 Mitgliedern geendet.[3]) Die letztere hat den Entwurf in zwei Lesungen durchberathen und ihn in Einzelheiten mehrfach abgeändert. Sie hat unterm 8. Februar 1898 dem Reichstag schriftlichen Bericht erstattet[4]) (Berichterstatter Abgeordneter Wellstein). Die zweite Berathung im Reichstag hat am 15. Februar 1898, die dritte Berathung am 8. und 10. März 1898 stattgefunden.[5]) Nach Zustimmung des Bundesraths ist der Entwurf als Gesetz v. 17. Mai 1898 in Nr. 21 des Reichs-

[1]) Drucksachen a. a. O. Denkschrift zu Nr. 632, Vorbemerkung S. 3.

[2]) Drucksachen des Reichstags 1897/98 Nr. 21.

[3]) Stenographische Berichte v. 1897/98 S. 14—24.

[4]) Drucksachen a. a. O. Nr. 109.

[5]) Stenographische Berichte a. a. O. S. 1060 f. 1402—1407. 1442 bis 1460, dazu die Abänderungs-Anträge Nr. 149 der Drucksachen.

gesetzblatts verkündet worden. Gleichzeitig hiermit hatte eine Reihe anderer, in dem Gesetze citirter Reichsgesetze, namentlich die CPO., das Genossenschaftsgesetz, das Gesetz betreffend die Gesellschaften mit beschränkter Haftung und das Binnenschiffahrtsgesetz eine neue Paragraphirung erhalten. Um die Citate des Gesetzes mit der neuen Paragraphirung in Einklang zu bringen, ist dem Reichskanzler durch Gesetz v. 17. Mai 1898 die Ermächtigung zur Herstellung eines neuen Gesetzestextes ertheilt worden. Der neue Text ist vom 20. Mai 1898 datirt und am 14. Juni 1898 in Nr. 25 des Reichsgesetzblatts bekannt gemacht worden.

Gleichzeitig mit der Verabschiedung des Gesetzes hat der Reichstag durch eine Resolution beschlossen, die verbündeten Regierungen zu ersuchen:

a) das Kostenwesen in den Angelegenheiten der freiwilligen Gerichtsbarkeit grundsätzlich einheitlich zu gestalten;

b) einen Gesetzentwurf vorzulegen, welcher das Notariatswesen thunlichst einheitlich ordnet.

II. Herrschaftsgebiet des Reichsgesetzes.

Das Gesetz zerfällt in zehn Abschnitte. Abschnitt I enthält „Allgemeine Vorschriften“ Die Abschnitte II—X sind den verschiedenen einzelnen Angelegenheiten gewidmet. Der elfte Abschnitt enthält „Schlußbestimmungen“. Den allgemeinen Vorschriften unterliegen nach §. 1 „diejenigen Angelegenheiten der freiwilligen Gerichtsbarkeit, welche durch Reichsgesetz den Gerichten übertragen sind“. Hierunter fallen außer den in den Abschnitten II—X speziell behandelten Angelegenheiten noch die folgenden:

1. die Führung des Musterregisters (für Geschmacksmuster) nach dem G. v. 11. Januar 1876 (RGBl. S. 184) und die hierauf bezüglichen Geschäfte;

2. die Führung des Schiffsregisters und die hierauf bezüglichen Geschäfte. Flaggengesetz v. 22. Juni 1899 §§. 4 ff. Binnenschiffahrtsgesetz §§. 120 ff.;

3. die gerichtlichen Geschäfte in Ansehung des Börsenregisters. G. v. 22. Juni 1896 (RGBl. S. 157) §. 54;

4. die einstweilige Bestellung von Vorstandsmitgliedern und Liquidatoren für Vereine und Stiftungen in dringenden Fällen (BGB. §§. 29, 48, 86, 88);

5. die Entziehung der Rechtsfähigkeit gegen einen eingetragenen Verein beim Herabsinken der Mitgliederzahl unter drei (BGB. §. 73);

6. die Bewilligung der öffentlichen Zustellung einer Willenserklärung bei Unbekanntheit der Person oder des Aufenthaltes des Adressaten (BGB. §. 132);

7. die Bewilligung für die öffentliche Bekanntmachung der Kraftloserklärung einer Vollmacht (BGB. §. 176);

8. die Bestellung eines Vertreters für den Grundstückseigenthümer zur Empfangnahme einer Kündigung in den Fällen der §§. 1141 Abs. 2 u. 1192 des BGB.;

9. die Aufnahme der Wechselproteste (Wechsel-Ordnung Art. 87);

10. die Beurkundung der Generalversammlungs-

beschlüsse bei der Aktiengesellschaft und der Kommanditgesellschaft auf Aktien, HGB. §§. 259, 320 Abs. 3; vgl. hierzu FGG. §. 168 Anm. 2;

11. die Ermächtigung zur Berufung einer Versammlung der Besitzer von Schuldverschreibungen, sowie die Beurkundung der Beschlüsse einer solchen Versammlung. G. v. 4. Dezember 1899 §§. 4, 9;

12. die Herstellung von Theilhypothekenbriefen, Theilgrundschuldbriefen und Theilrentenschuldbriefen (GBO. §§ 61, 70);

13. die Ertheilung einer Urkunde über die Verfügungsbefugniß der Verwalter von einzelnen Vermögensmassen (Stiftungen, Anstalten, Familienfideikommisse) in Sachen des Reichsschuldbuchs. G. v. 31. Mai 1891 §. 4 Nr. 4, §. 7 Abs. 1;

14. die Ertheilung einer Bescheinigung, daß ein Rechtsnachfolger von Todeswegen berechtigt ist, über eine im Reichsschuldbuch eingetragene Forderung zu verfügen; a. a. O. §. 11 Abs. 2; vgl. auch FGG. §. 188;

15. falls für die Ertheilung der zu Nr. 14 bemerkten Bescheinigung nach Landesrecht andere Behörden zuständig sind (s. unten S. 8) die Bescheinigung der Zuständigkeit der ausstellenden Behörde; a. a. O. § 11 Abs. 3;

16. die Grundbuchsachen in zweiter und dritter, aber nicht in erster Instanz; für die erste Instanz bestimmen sich die zuständigen Behörden rein nach dem Landesrecht. GBO. §§. 1, 72, 79.

Für einzelne Angelegenheiten der freiwilligen Gerichtsbarkeit ist die Zuständigkeit vom Reiche so geregelt, daß grundsätzlich die Gerichte für zuständig erklärt sind, dem Landesrecht aber freigestellt ist, die Verrichtungen anderen als gerichtlichen Behörden zu übertragen. Es sind dies: die Vormundschafts- und die Nachlaßsachen (EG. z. BGB. Art. 147), die Geschäfte des Schiffsregisters (Flaggengesetz v. 22. Juni 1899 §. 27, Binnenschiffahrtsgesetz, §. 120 Abs. 2) und die oben (S. 7) bei Nr. 14 bemerkten Angelegenheiten. Diese Angelegenheiten gehören, insoweit das Landesrecht von seiner Befugniß keinen Gebrauch macht, zu den durch Reichsgesetz den Gerichten übertragenen Angelegenheiten, so daß die allgemeinen Vorschriften des Gesetzes auf sie uneingeschränkte Anwendung finden. Für den Fall, daß die Landesgesetzgebung von dem Vorbehalt Gebrauch macht, sind grundsätzlich die allgemeinen Vorschriften des Gesetzes gleichfalls für anwendbar erklärt, jedoch enthalten für diesen Fall die §§. 194—196 einige Einschränkungen. Die besonderen Vorschriften des zweiten, fünften und sechsten Abschnittes des Gesetzes finden auf die Vormundschafts- und Nachlaßsachen und auf die Angelegenheiten des Schiffsregisters auch dann Anwendung, wenn die Geschäfte durch das Landesrecht anderen Behörden zugewiesen sind.

Für die Beurkundung von Rechtsgeschäften (Abschn. X des Gesetzes) hat die Landesgesetzgebung zwar die Befugniß, die Zuständigkeit der Gerichte zu Gunsten derjenigen die Notare auszuschließen und umgekehrt (Art. 141 des EG. z. BGB.), nicht aber die Befugniß, die Verrichtungen der Gerichte auf andere Behörden zu übertragen. Vgl. indessen hierzu die §§. 167, 191 mit den Anmerkungen.

III. Das Verhältniß des FGG. zum Reichs- und Landesrecht.

Das Verhältniß des Gesetzes zum Reichsrecht ist dasselbe wie das des Bürgerlichen Gesetzbuchs zum übrigen Reichsrecht. Die Vorschriften der Reichsgesetze über die freiwillige Gerichtsbarkeit bleiben in Kraft, insoweit sich nicht deren Aufhebung aus dem Gesetze ergiebt (§. 185 mit EG. z. BGB. Art. 32). Durchaus abweichend vom BGB. ist indessen das Verhältniß zum Landesrecht geordnet. Während das BGB. das gesammte Landesprivatrecht, insoweit nicht Vorbehalte zu seinen Gunsten gemacht sind, außer Kraft setzt, giebt das vorliegende Gesetz dem Landesrecht allgemein die Befugniß zum Erlaß von Vorschriften über Ergänzung und Ausführung des Gesetzes (§. 200). Das Gesetz trägt deshalb keinen kodifizirenden Charakter. Es regelt nur eine Reihe von Punkten; die nicht geregelten Punkte können durch Landesgesetz geordnet werden. Als solche kommen namentlich in Betracht: die Form der gerichtlichen Protokolle außerhalb der Beurkundung von Rechtsgeschäften (z. B. bei Erbeslegitimationen, Zeugenvernehmungen und dgl.), die Art der Vollstreckung gerichtlicher Entscheidungen, sowie (abgesehen von §. 138 des Gesetzes) das gerichtliche Kostenwesen und die Kostenerstattungspflicht der Parteien gegen einander. Diese Materien sind im Gesetze überhaupt nicht geregelt und deshalb allgemein dem Landesrecht überlassen. Bei Punkten, welche im Gesetze geregelt sind, kommt es darauf an, ob die Regelung nach dem Sinne und Zusammenhang der Vorschriften als erschöpfend anzusehen ist oder nicht. Im letzteren Falle sind Ergänzungs- und Ausführungsbestimmungen durch das Landesrecht gestattet. Im ersteren Falle dagegen sind sie unzulässig; etwaige Lücken müssen vielmehr aus dem Sinne und Geiste des Reichsrechts ergänzt werden. Diesem Falle steht es auch gleich, wenn eine Frage in dem vorliegenden Gesetze zwar keine ausdrückliche Entscheidung gefunden hat, wenn aber aus dem Sinne und Zusammenhang der reichsrechtlichen Vorschriften sich ergiebt, daß das Reichsrecht die Frage in bestimmtem Sinne hat entschieden sehen wollen. Einige Beispiele mögen das Gesagte erläutern:

Das Gesetz bestimmt, welche Behörden verpflichtet sind, von der Erforderlichkeit einer Bevormundung dem Vormundschaftsgericht Anzeige zu machen (§§. 48—50). Die Landesgesetzgebung ist befugt, den Kreis der Anzeigepflichtigen nach Belieben zu erweitern, auch Privatpersonen eine solche Verpflichtung aufzuerlegen und auch Nachtheile an deren Nichterfüllung zu knüpfen. Das Gesetz giebt für die Entschließungen des Vormundschaftsgerichts bei Streitigkeiten unter Eheleuten — abgesehen von den allgemeinen Vorschriften im ersten Abschnitt — keine anderen Regeln, als die über die Wirksamkeit der erlassenen Entschließung (§. 53). Das Landesrecht kann deshalb das Verfahren vor der Entscheidung nach seinem Ermessen näher ordnen. Es kann z. B. bestimmen, daß das Gericht auch den anderen Ehegatten hören muß, daß die Anhörung beider Ehegatten vor dem Gericht persönlich (nicht schriftlich) erfolgen müsse, daß das Gericht vor der Entscheidung die Sühne versuchen müsse u. s. w. Derartige Vorschriften können nach dem Belieben des Landesrechts als bloße Instruktionen oder auch als obligatorische Rechtsnormen gesetzt werden, so daß ihre Verletzung die — reichsrechtlich garantirte — weitere Beschwerde begründet.

Aber: Das Gesetz regelt die örtliche Zuständigkeit der Vormundschaftsgerichte erschöpfend (§§. 36—45). Das Landesrecht darf deshalb keine neuen Regeln hinzufügen, auch nicht für einen Fall, der etwa im Reichsgesetz keine Regelung gefunden haben sollte. Vielmehr muß auch ein solcher Fall lediglich aus dem Reichsrecht entschieden werden. Ferner: Das Gesetz sagt an vielen Stellen, daß das Gericht etwas thun „kann" mit dem erkennbaren Willen, daß das Gericht hierbei nach den Umständen des Falles und nach seinem Ermessen handeln soll (z. B. §§. 53 Abs. 2, 127, 134 Abs. 2 u. A.). Hier darf das Landesrecht dem Gericht nicht vorschreiben, unter welchen Voraussetzungen dieses von seiner Befugniß Gebrauch machen solle und unter welchen nicht. — Das Gesetz bestimmt erschöpfend, in wie weit die civilprozessualen Beweisaufnahmen in der freiwilligen Gerichtsbarkeit Anwendung zu finden haben (§. 15). Die Landesgesetzgebung darf hierin nicht weiter gehen, sie darf namentlich nicht den Eidesbeweis in das Verfahren einführen. — Der Grundsatz der freien Beweiswürdigung liegt dem Gesetze, wenn auch unausgesprochen, zu Grunde (vgl. §. 12 Anm. 2). Das Landesrecht darf deshalb nicht den Gerichten Beweisregeln vorschreiben.

Das Verhältniß des Gesetzes zum Bürgerlichen Gesetzbuch und zum Handelsgesetzbuch ist im Prinzip so gedacht, daß das Bürgerliche Gesetzbuch und das Handelsgesetzbuch das materielle Recht, das vorliegende Gesetz dagegen das Verfahren regeln soll. Allein die Unterscheidung ist nicht vollkommen durchgeführt. So ist z. B. für den Erbschein das ganze Verfahren bereits im BGB. (§§. 2353 ff.) geregelt mit alleiniger Ausnahme der gerichtlichen Zuständigkeit, welche — nebst einigen Nachträgen zum Verfahren — im vorliegenden Gesetz geordnet ist (§§. 72 ff., 84, 85). Gerade umgekehrt liegt es beim Vereins- und Güterrechtsregister. Hier regelt das vorliegende Gesetz (§§. 159 ff.) das Verfahren, aber mit Ausnahme der Zuständigkeit, welche — neben einigen das Verfahren betreffenden Punkten — im BGB. (§§. 55 ff., 1558 ff.) geregelt ist. Endlich giebt es Prozeduren namentlich im Vormundschaftsrecht, bei welchen das BGB. den einzigen prozessualen Satz in sich aufgenommen hat, daß vor der Entscheidung gewisse Betheiligte anzuhören sind (z. B. §§. 1826, 1827, 1847, 1862). Dieser Zustand beruht zum einen Theil darauf, daß die Scheidung zwischen materiellem Recht und Verfahren in derjenigen Strenge, wie sie das Privatrecht und den Civilprozeß beherrscht, in die freiwillige Gerichtsbarkeit noch nicht Eingang gefunden hat, zum größeren Theile aber ist er die Folge mangelnder Harmonie in der Gesetzesabfassung.

Für die praktische Handhabung des Gesetzes ergiebt sich aus Vorstehendem, daß für jede Angelegenheit der freiwilligen Gerichtsbarkeit die Vorschriften über das Verfahren zusammenzusuchen sind:

1. aus den Bestimmungen des vorliegenden Gesetzes,
2. aus den auf das betreffende Institut bezüglichen Bestimmungen des Bürgerlichen Gesetzbuchs, des Handelsgesetzbuchs oder der sonstigen, das Institut behandelnden Reichsgesetze,
3. aus den etwa zur Ergänzung und Ausführung des vorliegenden Gesetzes erlassenen landesrechtlichen Vorschriften.

IV. Die „entsprechende" Anwendung der Prozeßgesetze bei der freiwilligen Gerichtsbarkeit.

In dem vorliegenden Gesetz ist an mehreren Stellen die Anwendbarkeit gewisser Vorschriften der Civilprozeßordnung in der Art angeordnet, daß diese Anwendung eine „entsprechende" sein soll (§§. 14, 15, 27, 88). Nun stehen aber in der CPO. die erwähnten Bestimmungen nicht isolirt, sondern im Zusammenhang mit anderen, allgemeinen Vorschriften, in deren Verbindung sie dort anzuwenden sind. Es entsteht deshalb für die freiwillige Gerichtsbarkeit die Frage: in welcher Art soll die Anwendung der CPO. hier erfolgen? Soll der allgemeine Theil der CPO. oder aber der allgemeine Theil des FGG. der Ausgangspunkt für die Anwendung der Vorschriften sein? Die Frage ist in letzterem Sinne zu entscheiden. Eine Anwendung des allgemeinen Theiles der CPO. würde zu unhaltbaren Resultaten führen. So namentlich, wenn man für die Zeugenvernehmungen die Vorschriften der CPO. über die Protokolle (§. 165), wenn man bei der Zeugnißverweigerung die „mündliche Verhandlung" und das „Zwischenurtheil" (CPO. §§. 887, 889 Abs. 2) in denjenigen Formen anwenden wollte, in welchen diese Akte in der CPO. zu errichten sind, namentlich mit der — bei der freiwilligen Gerichtsbarkeit unbekannten — Oeffentlichkeit des Verfahrens (vgl. CPO. §. 159 Nr. 5), wenn man in Bezug auf die Zustellung des erwähnten „Zwischenurtheils" den Grundsatz des Parteibetriebes (CPO. §. 317) an die Stelle des Offizialbetriebes (FGG. §§. 12, 16) anwenden wollte. Hier kann überall nur dann sachgemäß prozedirt werden, wenn man die Akte dem allgemeinen Theil des FGG. unterstellt. Die „entsprechende" Anwendung der CPO. besteht alsdann darin, daß die Prozeduren so angewendet werden, wie sie umzugestalten sind, um dem allgemeinen Theil des vorliegenden Gesetzes zu entsprechen. Wo indessen die CPO. in den anzuwendenden Vorschriften Bestimmungen enthält, die sich auch innerhalb der CPO. als Sondervorschriften darstellen, da besteht die „entsprechende" Anwendung darin, daß die Vorschriften in dasselbe Verhältniß zu den allgemeinen Bestimmungen des FGG. gebracht werden, in welchem sie innerhalb der CPO. zu den dortigen allgemeinen Vorschriften stehen.

Auf das Rechtsmittelwesen angewendet,[1]) führen diese Grundsätze zu folgenden Ergebnissen, welche den Anmerkungen in der Anlage II zu Grunde liegen:

1. Wo die CPO. eine „Beschwerde" gewährt, findet entsprechend die Beschwerde des FGG. (§§. 19 ff.) statt.

2. Gewährt die CPO. durch eine Sondervorschrift die „sofortige Beschwerde", so findet entsprechend die „sofortige Beschwerde" des FGG. (§§. 22 ff.) statt.

3. Schließt die CPO. durch eine Sondervorschrift die Anfechtung einer Verfügung aus (wie z. B. beim Armenrecht §. 127, bei der Ablehnung eines Sachverständigen §. 406 a. E.), so findet auch bei der freiwilligen Gerichtsbarkeit gegen die Entscheidung kein Rechtsmittel statt.

4. Ergiebt sich die Unanfechtbarkeit einer Verfügung nach der CPO. bloß aus dem Schweigen der letzteren über die Gewährung eines Rechtsmittels (vgl. CPO. §. 567), so findet die Anfechtung gleichwohl nach den §§. 19 ff. des FGG. statt.

---

1) Bei der entgegengesetzten Auffassung würde, falls die Landesgesetzgebung die Verrichtungen des Vormundschafts- oder Nachlaßgerichts an andere Behörden überträgt, ein Beschwerdegericht für Entscheidungen bei der Zeugenvernehmung überhaupt nicht zu ermitteln sein. Denn der §. 568 CPO. („das im Instanzenzuge zunächst höhere Gericht") kann gegenüber einem Gemeindevorstand zu keinem Ergebniß führen. Ein Beschwerdegericht findet man nur aus §. 194 des FGG. in Verbindung mit §. 19 ebenda, d. h. nur dadurch, daß man auch die Prozedur der Zeugenvernehmung den allgemeinen Vorschriften des FGG. unterstellt.

Die vorstehenden Grundsätze kommen auch zur Geltung bei Anwendung der §§. 34—36 der Rechtsanwalts-Ordnung (vgl. F.G.G. §. 14); die dort vorgesehene „Beschwerde nach Maßgabe der Civilprozeßordnung" ist bei „entsprechender Anwendung" die Beschwerde nach Maßgabe des FGG. Endlich gelten die Grundsätze auch dann, wenn das F.G.G. die Anwendbarkeit von Vorschriften der CPO. anordnet, ohne sich der Ausdrucksweise „entsprechende Anwendung" zu bedienen, wie namentlich im Zustellungswesen (§. 16). Denn eine andere Anwendung als eine „entsprechende" kann sachlich nicht gemeint sein.

Dagegen kommen die entwickelten Grundsätze nicht zur Geltung bei Anwendung der Bestimmungen des Gerichtsverfassungsgesetzes (vgl. FGG. §§. 2, 8). Denn die Vorschriften des Gerichtsverfassungsgesetzes über die Beschwerde in Rechtshülfesachen und bei der Sitzungspolizei (§§. 160, 183) stehen unter keinem allgemeinen Theil irgend eines Gesetzes. Sie stehen vielmehr auch in der streitigen Gerichtsbarkeit völlig isolirt als Sondervorschriften da. In gleicher Isolirtheit sind sie auch in der freiwilligen Gerichtsbarkeit anzuwenden.

V. Die Verrichtungen des Vormundschaftsgerichts.

Der zweite Abschnitt des Reichsgesetzes behandelt die „Vormundschaftssachen". Das ist ein sehr weiter Begriff. Es fallen nämlich hierunter nicht nur die Bevormundungen, sondern alle im BGB. oder in sonstigen Reichsgesetzen dem Vormundschaftsgericht zugewiesenen Verrichtungen. Die reichsrechtlichen Verrichtungen des Vormundschaftsgerichts sind:

1. die Anordnung der Vormundschaft und die im Vormundschaftsrecht vorgesehene gerichtliche Mitwirkung bei der Vormundschaft (§§. 1774 ff., 1897 ff.)[1]) sowie die gleiche Thätigkeit bei der Pflegschaft (§. 1915) mit Ausnahme jedoch der Nachlaßpflegschaft (§. 1962) und vorbehaltlich der Sondervorschriften in den §§. 88, 97 des FGG.;

2. die Volljährigkeitserklärung (§. 3);

3. die Genehmigung zum selbständigen Geschäftsbetrieb für einen Minderjährigen — er stehe unter Vormundschaft oder unter elterlicher Gewalt — sowie zur Zurücknahme der bezüglichen Ermächtigung (§. 112);

4. bei bevormundeten Personen auch die Ersetzung einer vom Vormund verweigerten Ermächtigung zur Eingehung von Dienst- und Arbeitsverhältnissen Seitens des Mündels (§. 113 Abs. 3);

5. die Ersetzung der elterlichen und vormundschaftlichen Einwilligung zur Eheschließung in den zulässigen Fällen (§§. 1304, 1308), sowie die Ersetzung der nachträglichen Genehmigung einer ohne Einwilligung erfolgten Eheschließung (§. 1337);

6. die Entscheidung unter Eheleuten bei Streitigkeiten wegen Beschränkung oder Aufhebung der Schlüsselgewalt der Frau (§. 1357);

---

[1]) Unter den Paragraphen ohne Beisatz sind in diesem Abschnitt die des BGB. verstanden.

7. die Ermächtigung für den Ehemann zur Kündigung von Verträgen über persönliche Leistungen der Frau (§. 1358);

8. die Ersetzung der Zustimmung des Mannes zu solchen Verträgen (§. 1358);

9. die Ersetzung der Zustimmung der Frau oder des Mannes bei Rechtsgeschäften über das eingebrachte Gut (§§. 1379, 1402, 1525, 1550), im Falle der Gütergemeinschaft bei Rechtsgeschäften über das Gesammtgut (§§. 1447, 1451, 1519, 1549) sowie die entsprechenden Geschäfte bei der fortgesetzten Gütergemeinschaft (§. 1487);

10. die Genehmigung für den Vormund zum Abschluß eines Vertrages über allgemeine Gütergemeinschaft oder Fahrnißgemeinschaft für den Mündel (§§. 1437, 1549) sowie zum Abschluß eines Erbvertrages des Mündels mit dem Ehegatten oder Verlobten (§. 2275);

11. die Genehmigung zur Ablehnung oder Aufhebung der fortgesetzten Gütergemeinschaft Seitens eines überlebenden Ehegatten, welcher unter elterlicher Gewalt oder Vormundschaft steht (§§. 1484, 1492), sowie die Mitwirkung bei der Aufhebung der fortgesetzten Gütergemeinschaft in Folge der Wiederverheirathung des überlebenden Ehegatten (§. 1493);

12. die Genehmigung zum Verzicht eines unter elterlicher Gewalt oder Vormundschaft stehenden Abkömmlings auf seinen Antheil am Gesammtgut (§. 1491);

13. die Genehmigung für den Vertreter eines geschäftsunfähigen Ehemannes zur Anfechtung der Ehelichkeit eines Kindes (§. 1595 und CPO. §. 641) sowie zur Er-

hebung der Klage wegen Scheidung oder Anfechtung einer Ehe (CPO. §. 612);

14. die Entscheidung von Streitigkeiten zwischen Eltern und unverheiratheten Kindern über die Art der Unterhaltsgewährung (§. 1612);

15. die Unterstützung des Vaters und der Mutter bei Anwendung von Zuchtmitteln gegen ein Kind (§§. 1631, 1684, 1686, 1696, 1697, 1707);

16. die Mitwirkung bei der Vermögensverwaltung des Vaters oder der Mutter in den gesetzlich bestimmten Fällen (§§. 1639, 1640, 1642 bis 1645, 1653, 1686, 1692);

17. die Bestellung eines Beistandes für die Mutter bei Ausübung der elterlichen Gewalt sowie die gerichtlichen Geschäfte bei Führung der Beistandschaft (§§. 1687 ff.);

18. die Entziehung der Vertretung des Kindes bei der elterlichen Gewalt (§§. 1630, 1686);

19. das Einschreiten im Falle einer Verhinderung des Vaters oder der Mutter bei Ausübung der elterlichen Gewalt, sowie bei Gefährdung der Person oder des Vermögens des Kindes und die Mitwirkung bei Eingehung einer neuen Ehe Seitens des Vaters oder der Mutter (§§. 1665—1673, 1686, 1838, 1845 u. §. 1314);

20. die Entgegennahme einer Erklärung des Vaters oder der Mutter über den Verzicht auf die elterliche Nutznießung (§§. 1662, 1686);

21. bei der Pflegschaft über ein Kind in elterlicher Gewalt die Entscheidung von Meinungsverschiedenheiten zwischen den Eltern und dem Pfleger (§§. 1629, 1686);

2*

22. die Feststellung des Ruhens der elterlichen Gewalt und des Wiederaufhörens dieses Zustandes in den Fällen der §§. 1677, 1686;

23. die Regelung der Kindererziehung und des persönlichen Verkehrs mit dem Kinde bei geschiedenen Eheleuten (§§. 1635, 1636);

24. die Genehmigung einer Vereinbarung zwischen dem unehelichen Kind und seinem Vater über den Unterhalt für die Zukunft oder über Gewährung einer Abfindung (§. 1714);

25. die Ersetzung der mütterlichen Einwilligung bei der Ehelichkeitserklärung (§. 1727);

26. die Genehmigung zum Antrage auf Ehelichkeitserklärung für den Vater oder zur Einwilligung in dieselbe für das Kind, falls eines derselben in der Geschäftsfähigkeit beschränkt ist (§. 1729);

27. die Genehmigung zur Abschließung eines Vertrages über Annahme an Kindesstatt in den Fällen der §§. 1750, 1751 sowie zur Aufhebung eines solchen Vertrages in den gleichen Fällen (§. 1770);

28. die Mitwirkung bei der Verwaltung des Vermögens des Angenommenen gemäß §. 1760;

29. die Genehmigung zur Anfechtung eines Erbvertrages Seitens eines geschäftsunfähigen Erblassers (§. 2282);

30. die Genehmigung zur Aufhebung eines Erbvertrages und zum Erbverzicht in den besonderen Fällen der §§. 2290 und 2347;

31. die Genehmigung zum Antrage auf Ent-

lassung eines Kindes oder Mündels aus der Staatsangehörigkeit nach näherer Maßgabe des Art. 14a des G. v. 1. Juni 1870. EG. z. BGB. Art. 41;

82. die Anordnung der Zwangserziehung gegen Minderjährige. EG. z. BGB. Art. 135, StGB. §. 55.

VI. Das Preußische Gesetz über die freiwillige Gerichtsbarkeit.

Das Preußische Gesetz über die freiwillige Gerichtsbarkeit verfolgt ein dreifaches Ziel. Einmal trifft es gemäß §. 200 des Reichsgesetzes die zur Ergänzung und Ausführung des letzteren erforderlichen Vorschriften. Sodann ordnet es diejenigen Angelegenheiten, welche nicht durch Reichsgesetz, sondern durch Landesgesetz den Gerichten zugewiesen sind (vgl. unten S. 24 und FGG. §. 1 Anm. 3). Endlich regelt es die Verhältnisse des Notariats vollständig und einheitlich für die ganze Monarchie.

In der Eintheilung lehnt sich das preußische Gesetz an das Reichsgesetz an; es entspricht: Abschnitt I dem ersten Abschnitt, Abschnitt II dem fünften Abschnitt, Abschnitt III dem sechsten bis achten Abschnitt und Abschnitt IV dem zehnten Abschnitt des Reichsgesetzes. Zum zweiten, dritten, vierten und neunten Abschnitt des Reichsgesetzes sind Ausführungsbestimmungen nicht erlassen. Abschnitt V des Preußischen Gesetzes betrifft das Verfahren bei freiwilligen gerichtlichen Subhastationen, Abschnitt VI die Amtsstellung der Notare. Die Abschnitte VII u. VIII (Besondere Gerichte, Mitwirkung der Gemeindebeamten und Schlußbestimmungen) enthalten theils eine Ausführung der §§. 189 ff. des FGG., theils auch selbstständige andere Bestimmungen, namentlich über erforderlich gewordene Abänderungen des bisherigen Rechts.

Betreffs der landesgesetzlichen Angelegenheiten erstrebt das Gesetz (Art. 1—7) die thunlichste Uebereinstimmung mit dem Reichsrecht. Im Uebrigen ist das Gesetz so gefaßt, daß seine Vorschriften, wo nicht ein anderes ersichtlich ist, gleichmäßige Anwendung auf die reichsgesetzlichen, wie auf die landesgesetzlichen Angelegenheiten finden.

In Ansehung der letzteren enthält indessen der erste Abschnitt („Allgemeine Vorschriften“) keine völlig erschöpfende Regelung. Einzelne hierher gehörige Punkte sind nämlich im AG. z. GVG. geordnet, wie namentlich die Bestimmung des zuständigen Gerichtes, die Rechtshilfe, die Sitzungspolizei, die Berathung und Abstimmung und die Gerichtsferien. Eine Aufnahme dieser Bestimmungen in das neue Gesetz ist unterblieben, weil die Vorschriften des AG. z. GVG. einen weiteren Wirkungskreis haben, als das neu geschaffene Gesetz: sie gelten nämlich auch zugleich für diejenigen streitigen Sachen, welche dem Landesrecht überlassen sind, wie namentlich die vor Sondergerichte gehörigen Prozesse. In den eben erwähnten und auch noch in einigen anderen Punkten bedarf sonach das Preußische FGG. einer Ergänzung durch das AG. z. GVG. Ein Auszug des letzteren ist deshalb in der Anlage VI mitgetheilt. Betreffs des Notariats endlich stellt das Gesetz die Urkundsthätigkeit der Amtsgerichte und Notare im Wesentlichen einander gleich (Art. 31) und ordnet das Verfahren für beide Arten von Amtsstellen gemeinschaftlich und, von geringfügigen Ausnahmen abgesehen, gleichmäßig (Abschnitt IV).

Der Entwurf des Gesetzes hat im Landtag nur geringe Aenderungen erfahren. Er ist mit einer ausführlichen Begründung unterm 31. Januar 1899 dem Hause der Abgeordneten vorgelegt[1]) und nach erster Berathung vom 16. Februar 1899[2]) an eine Kommission von 28 Mitgliedern überwiesen worden. Diese hat nach zwe Lesungen unterm 27. Juli 1899 schriftlichen Bericht erstattet (Berichterstatter: Abgeordneter Wellstein für Abschn. I—V, Abg. Schettler für Abschn. VI—VIII).[3]) Die zweite Berathung im Plenum hat am 1. Juli 1899, die dritte Berathung am 8. Juli 1899 stattgefunden.[4]) Auf Antrag der Kommission hat das Haus der Abgeordneten hierbei gleichzeitig beschlossen:

> die Staatsregierung zu ersuchen, thunlichst bald einen Gesetzentwurf vorzulegen, durch welchen die Allgemeine Gerichtsordnung Theil III einer speziellen Revision ihres Fortbestandes unterzogen wird.[5])

---

[1]) Drucksachen des A.H. 1899 Nr. 35.

[2]) Sten. Berichte ebenda S. 629—643.

[3]) Drucksachen a. a. O. Nr. 273.

[4]) Sten. Ber. a. a. O. S. 2689—2706, 2721—2730 mit Schlußabstimmung v. 4. Juli 1899 ebenda S. 2755. Dazu die Abänderungsanträge Nr. 280, 284, 304, 307 der Drucksachen und die Zusammenstellungen Nr. 295 u. 308 ebenda.

[5]) a. a. O. S. 2730.

Das Herrenhaus hat auf schriftlichen Bericht seiner Kommission v. 8. August 1899 (Berichterstatter: Persius und Graf v. Hutten-Czapski) dem Entwurf unverändert zugestimmt.[1]) Der Entwurf hat unterm 21. September 1899 die Genehmigung des Königs gefunden und ist am 10. Oktober 1899 in Nr. 31 der Gesetzsammlung (S. 249—284) veröffentlicht worden.

VII. Die landesgesetzlichen Angelegenheiten der freiwilligen Gerichtsbarkeit.

Durch Landesgesetz sind in Preußen den Gerichten folgende Angelegenheiten der freiwilligen Gerichtsbarkeit übertragen:

I. die in dem nachstehend abgedruckten Preußischen Gesetz über die freiwillige Gerichtsbarkeit ihnen zugewiesenen Gegenstände. Hierbei ist zu beachten, daß zu den landesrechtlichen Angelegenheiten nicht nur volle Materien gehören, wie z. B. die Beurkundung von anderen Handlungen als von Rechtsgeschäften, sondern daß jede einzelne Verrichtung, deren gerichtliche Vornahme nur auf Landesgesetz beruht, eine landesgesetzliche Angelegenheit darstellt, und zwar auch dann, wenn die Verrichtung in einer Sache stattfindet, welche an sich kraft Reichsrechts vor die Gerichte gewiesen ist. Dahin gehören z. B. die Entscheidungen in Kosten- und Vollstreckungssachen nach Art. 9—17 (s. oben S. 9), auch wenn sie in Vormundschafts- oder Nachlaß-

[1]) Drucksachen des Herrenhauses 1899 Nr. 130 u. 137. Sten. Ber. v. 24. August 1899 S. 371—378.

sachen erfolgen. Dies ist namentlich für die Zuständigkeit des Reichsgerichts von Bedeutung; vgl. FGG. §. 28 Anm. 5.

II. außerdem die nachstehenden Angelegenheiten:

1. die gerichtlichen Geschäfte in Stiftungssachen; vgl. AG. z. GVG. §. 29 (Anl. IV) und AG. z. BGB. Art. 1, 2;[1])

2. die Grundbuchsachen (AG. z. GBO. Art. 1) und zwar auch betreffs des Bergwerkseigenthums (ebenda Art. 22; EG. z. BGB. Art. 67, GBO. §. 83) und der Bahneinheiten (EG. z. BGB. Art. 112; G. v. 19. August 1895 §§. 8 ff.). Für die Angelegenheiten der Grundstücke ist indessen die zweite und dritte Instanz reichsgesetzlich geregelt; vgl. oben S. 7 Nr. 16;

3. die — außerhalb des Grundbuchamts erfolgende — Auflassung betreffs der Grundstücke im bisherigen Geltungsbereich des rheinischen Rechts sowie die entsprechende Einigung beim Erbbaurecht. EG. z. BGB. Art. 143. AG. z. BGB. Art. 26;

4. die Berufung und Leitung der Versammlung der Gläubiger einer Bahnpfandschuld und die Bestätigung ihrer Beschlüsse. EG. z. BGB. Art. 112. G. vom 19. August 1895 §§. 28 ff.;

5. die gerichtlichen Geschäfte in Ansehung der Höfe- und Landgüterrollen und des Anerbenrechts. EG. z. BGB. Art. 64. G. v. 2. Juni 1874 für Hannover

---

[1]) Die Aufgebote in Stiftungssachen (AG. z. BGB. §§. 10 ff.) gehören nicht zur freiwilligen, sondern zur streitigen Gerichtsbarkeit. Das Gleiche gilt für die Aufgebote in Familienfideikommißsachen (G. v. 15. Februar 1840 §§ 9 ff.) und in Hinterlegungssachen (HO. §§. 58 ff.).

§§. 5—8; G. v. 21. Februar 1881 (Herzogthum Lauenburg) §§. 5—7; Landgüterordnungen: für Brandenburg v. 10. Juli 1883 §§. 1—9, §. 13 V, §. 15; für Schlesien v. 24. April 1884 §§. 1—9; für Schleswig-Holstein v. 2. April 1886 §§. 1—9, 16—18, 22; für den Regierungsbezirk Cassel v. 1. Juli 1887 §§. 1—11, 14, 16 Abs. 4 u. 5, §. 24 Abs. 3, §. 26 Abs. 2; Anerbengesetz v. 8. Juni 1896 §§. 1, 15, 37 Abs. 2. Anerbengesetz für Westfalen v. 2. Juli 1898 §. 19;

6. die gerichtlichen Geschäfte betreffs des Registers für Wassergenossenschaften. EG. z. BGB. Art. 65. G. v. 1. April 1879 §§. 18 ff., 48;

7. die Ertheilung der gleichen Bescheinigungen, wie oben S. 7 Nr. 13 u. 14 bemerkt, in Angelegenheiten des preußischen Staatsschuldbuchs. EG. z. BGB. Art. 97. G. v. 20. Juli 1883 §. 12. G. v. 8. Juni 1891 Art. II. AG. z. BGB. Art. 16 zu II;

8. die Ertheilung der Befreiung vom Ehehinderniß der Wartezeit für Frauen; vgl. hierzu Preuß. FGG. Art. 1 Anm. 2;

9. die Entgegennahme von Erklärungen über den Familiennamen einer geschiedenen Frau und eines unehelichen Kindes, falls für diese Entgegennahme kein preußischer Standesbeamter zuständig ist. AG. z. BGB. Art. 68;

10. die landesrechtlichen gerichtlichen Geschäfte in Zwangserziehungssachen; s. oben S. 21 Nr. 32. G. v. 13. März 1878 (GS. S. 132);[1])

---

[1]) Zur Zeit liegt dem Landtag der Entwurf eines anderweiten Gesetzes über die Zwangserziehung vor.

11. die amtliche Verwahrung von Testamenten und Erbverträgen. AG. z. BGB. Art. 81;

12. die Eröffnung solcher Testamente und Erbverträge, die seit mehr als 54 Jahren in Verwahrung sind. AG. z. BGB. Art. 82;

13. die gerichtlichen Geschäfte in Hinterlegungssachen. HO. v. 14. März 1879 §§. 48, 70 ff., 87, 87 a, 88, 102, 108. AG. z. BGB. Art. 84;[1])

14. die Geschäfte der Gerichte als Lehnshöfe und als Fideikommißbehörden. EG. z. BGB. Art. 59; vgl. AG. z. GVG. §. 41 Anm. 2 §. 49 Anm. 1. (Anlage IV);

15. die Verrichtungen der Vormundschaftsbehörde für die früher reichsunmittelbaren Familien und die Aufnahme gewisser freiwilliger Akte derselben; EG. z. BGB. Art. 58; vgl. AG. z. GVG. §. 27 Anm. 1 §. 41 Anm. 2, §. 49 Anm. 1 (Anlage IV);

16. die gerichtliche Auseinandersetzung zwischen dem Fideikommißfolger und dem Allodialerben. EG. z. BGB. Art. 59. AGO. I 46 §§. 26—32. Preuß. FGG. Art. 144 Nr. 1;

17. die Aufnahme gerichtlicher Taxen. AGO. II 6 §§. 1 ff.;

18. die Aufbewahrung der Duplikate der vor dem preußischen Personenstandsgesetz vom 9. März 1874 geführten Kirchenbücher sowie die Aufbewahrung der vor dieser Zeit geführten gerichtlichen Civilstandsregister und die Ertheilung von Zeugnissen aus beiden. ALR. II 11 §§. 503, 504. V. v. 30. März 1847 (GS. S. 125). G. v. 23. Juli 1847

[1]) Vgl. S. 25 Anm. 1.

(GS. 268) §§. 8 ff. G. v. 9. März 1874 §. 58. Reichsgesetz v. 6. Februar 1875 §. 78;

19. die Werthfestsetzung und die Entscheidung über Erinnerungen gegen den Ansatz von Gebühren und Auslagen in Sachen der freiwilligen Gerichtsbarkeit. Preuß. GKG. §§. 24 ff.;

20. die Entscheidung auf Erinnerungen betreffs derjenigen Gebühren und Auslagen der Gerichtsvollzieher, welche nicht durch die deutsche Gebührenordnung bestimmt sind. G. enthaltend die landesgesetzlichen Vorschriften über die Gebühren u. s. w. Fassung v. 6. Oktober 1899, (GS. S. 381) Art. 22 mit Geb.O. für Gerichtsvollzieher §. 22;

21. die gerichtliche Festsetzung der Gebühren und Auslagen des Notars auf Antrag des Zahlungspflichtigen oder des Notars. Gebühren-Ordnung für Notare v. 6. Oktober 1899 §. 25;

22. die Beeidigung der Handelsmäkler, nach Maßgabe des AG. z. BGB. Art. 13;

23. die Aufbewahrung der von den Auditeuren (Kriegsgerichtsräthen, Oberkriegsgerichtsräthen) aufgenommenen Akte der freiwilligen Gerichtsbarkeit und der privilegirten militärischen Testamente sowie das weitere Verfahren mit denselben. AG. z. GVG. §. 111. G. v. 8. Juni 1860 §. 11; vgl. dazu Preuß. FGG. Art. 129.

Die vorstehend zu II bemerkten Angelegenheiten gehören zur Zuständigkeit der Amtsgerichte. Ausgenommen sind jedoch:

a) die Stiftungssachen (Nr. 1), sofern der Justizminister das Landgericht oder das Oberlandesgericht mit der Verwaltung oder der Beaufsichtigung der Stiftung beauftragt; s. die bei Nr. 1 citirten Gesetze.

b) die Geschäfte zu Nr. 14 und 15; siehe das Nähere an den dort citirten Stellen des AG. z. GVG.

c) die Aufbewahrung der älteren Standesregister (Nr. 18) in der Rheinprovinz; vgl. Preuß. FGG. Art. 133.

d) die Entscheidungen in gerichtlichen Kostensachen (Nr. 19). Für diese ist das mit der Angelegenheit befaßte Gericht, beziehentlich dasjenige, bei welchem der Ansatz erfolgt ist, zuständig. Preuß. GKG. §§. 24, 25.

Unter den Angelegenheiten der freiwilligen Gerichtsbarkeit nehmen die Grundbuchsachen (soweit es sich nicht um Bergwerkseigenthum oder Bahneinheiten handelt) eine Sonderstellung ein. Das Landesrecht hat nämlich hier betreffs des Verfahrens weder die freie Hand wie in sonstigen landesrechtlichen Sachen, noch auch nur ein allgemeines Ergänzungsrecht wie nach §. 200 FGG. Es darf vielmehr nur diejenigen Punkte regeln, welche die GBO. ausdrücklich oder nach ihrem erkennbaren Inhalt dem Landesrecht hat überlassen wollen. Zu den Vorschriften letzterer Art gehören namentlich die Vorschriften über die Verfassung der Grundbuchämter GBO. §. 1).

B.

Gesetz, betreffend die Ermächtigung des Reichskanzlers zur Bekanntmachung der Texte verschiedener Reichsgesetze.

Vom 17. Mai 1898. (RGBl. S. 342.)

(Auszug.)

Wir **Wilhelm**, von Gottes Gnaden Deutscher Kaiser, König von Preußen ꝛc.

verordnen im Namen des Reichs, nach erfolgter Zustimmung des Bundesraths und des Reichstags, was folgt:

§. 2.

Der Reichskanzler wird ermächtigt, die Texte

1. des Gesetzes über die Zwangsversteigerung und die Zwangsverwaltung und des zugehörigen Einführungsgesetzes,
2. der Grundbuchordnung,
3. des Gesetzes über die Angelegenheiten der freiwilligen Gerichtsbarkeit

durch das Reichs-Gesetzblatt in der Weise bekannt zu machen, daß die darin enthaltenen Verweisungen auf Vorschriften der Civilprozeßordnung, der Konkursordnung und der im Artikel 13 Abs. 1 des Einführungsgesetzes zum Handelsgesetzbuche bezeichneten Gesetze[1]) durch Verweisung auf die entsprechenden Vorschriften der durch den Reichskanzler bekannt gemachten Texte zu ersetzen sind.

Urkundlich unter Unserer Höchsteigenhändigen Unterschrift und beigedrucktem Kaiserlichen Insiegel.

Gegeben Straßburg i. E., den 17. Mai 1898.

(L. S.) Wilhelm.

Fürst zu Hohenlohe.

Bekanntmachung der Texte verschiedener Reichsgesetze in der vom 1. Januar 1900 an geltenden Fassung.

Vom 20. Mai 1898. (RGBl. S. 369.)

(Auszug.)

Auf Grund des Gesetzes, betreffend die Ermächtigung des Reichskanzlers zur Bekanntmachung der Texte verschiedener Reichsgesetze, vom 17. Mai 1898 werden die Texte der unten folgenden Gesetze:

— — — — — —

des Gesetzes über die Angelegenheiten der freiwilligen Gerichtsbarkeit

bekannt gemacht.

— — — — — —

Berlin, den 20. Mai 1898.

Der Reichskanzler.

Fürst zu Hohenlohe.

---

[1]) Es sind dies das Genossenschaftsgesetz, das Gesetz betreffend die Gesellschaften mit beschränkter Haftung und das Binnenschiffahrtsgesetz.

C.

Gesetz

über die

Angelegenheiten der freiwilligen Gerichtsbarkeit.

Vom 17. Mai 1898 (RGBl. S. 189).

Fassung vom 20. Mai 1898 (RGBl. S. 771).

Wir **Wilhelm,** von Gottes Gnaden Deutscher Kaiser, König von Preußen &c.

verordnen im Namen des Reichs, nach erfolgter Zustimmung des Bundesraths und des Reichstags, was folgt:

Erster Abschnitt.

Allgemeine Vorschriften.[1])

[1]) Hierzu Preuß. FGG. Art. 1—18.

Inhalts-Uebersicht § 1. Geltungsbereich. — § 2. Rechtshilfe. — §§ 3—7. Oertliche Zuständigkeit. Ausschließung und Ablehnung des Richters. — §§ 8—9. Gerichtssprache, Sitzungspolizei, Berathung und Abstimmung. — § 10. Gerichtsferien. — § 11. Form der Anträge und Erklärungen. — § 12. Offizialprinzip. — § 13. Beistände und Bevollmächtigte. — § 14. Armenrecht. — § 15. Beweisaufnahme. Glaubhaftmachung. — § 16. Bekanntmachung der Verfügungen. — § 17. Fristen. — § 18. Aenderung von Verfügungen. — §§ 19–26. Beschwerde. — §§ 27–29. Weitere Beschwerde. — § 30. Kammern und Senate. — § 31. Zeugniß der Rechtskraft. — § 32. Folgen der Aufhebung einer Verfügung. — § 33. Ordnungsstrafen. — § 34. Akteneinsicht und Abschriften.

§. 1.

Für diejenigen Angelegenheiten der freiwilligen Gerichtsbarkeit,[1]) welche durch Reichsgesetz[2]) den Gerichten übertragen sind, gelten, soweit nicht[3]) ein Anderes bestimmt ist, die nachstehenden allgemeinen Vorschriften.[4])

[1]) Das sind solche Angelegenheiten der Jurisdiktion (im Gegensatz zur Justizverwaltung), welche von den Prozeßordnungen nicht betroffen sind; vgl. Einl. S. 1 ff.

[2]) Das vorliegende oder ein anderes Gesetz; s. Abschn. II—X und die Zusammenstellung oben S. 6 ff. — Ueber die Anwendbarkeit der allgemeinen Vorschriften auf die Angelegenheiten des Landesrechts s. die Anm. zu §§. 2 ff.

[3]) Durch das vorliegende Gesetz oder durch ein anderes Reichsgesetz, nicht aber durch Landesgesetz. Ueber die Stellung des Gesetzes zu den Landesgesetzen s. Einl. S. 9 ff.

[4]) Für andere als gerichtliche Behörden s. § 194.

§. 2.

Die Gerichte haben[1]) sich[2]) Rechtshülfe zu leisten.[3]) Die §§. 158 bis 169 des Gerichtsverfassungsgesetzes[4]) finden Anwendung.

[1]) In den Angelegenheiten des § 1. — Für landesrechtliche Angelegenheiten gilt in Preußen AG. z. GVG. § 87 (Anlage IV).

[2]) Und auch anderen als gerichtlichen Behörden; § 194 Abs. 4.

[3]) Ob ein Akt im Wege der Rechtshülfe übertragen

werden darf, bestimmt sich zunächst nach den besonderen Vorschriften (z. B. CPO. § 375 in Anlage II) und in deren Ermangelung nach der Natur des Aktes.

[4]) Siehe die citirten Vorschriften in Anlage I.

§. 3.[1])

Soweit für die örtliche Zuständigkeit der Gerichte[2]) der Wohnsitz[3]) eines Betheiligten maßgebend ist,[4]) bestimmt sich für Deutsche, die das Recht der Exterritorialität genießen,[5]) sowie für Beamte des Reichs oder eines Bundesstaats, die im Ausland angestellt sind, der Wohnsitz nach den Vorschriften des §. 15 der Civilprozeßordnung.[6])

[1]) Die §§ 3 u. 4 finden in Preußen auch auf landesrechtliche Angelegenheiten Anwendung. Preuß. FGG. Art 1.

[2]) Vereinbarung der Zuständigkeit ist nur ausnahmsweise zugelassen; §. 164 Abs. 1 Satz 2.

[3]) Begriff des Wohnsitzes s. BGB. §§ 7—11.

[4]) Z. B. §§ 36 ff., 66, 73.

[5]) Entweder im Auslande nach den dortigen Gesetzen oder gemäß § 18 Abs. 2 des GVG. in einem anderen Bundesstaate.

[6]) Derselbe lautet:

§ 15. Deutsche, welche das Recht der Exterritorialität genießen, sowie die im Ausland angestellten Beamten des Reichs oder eines Bundesstaates behalten in Ansehung des Gerichtsstandes den Wohnsitz, welchen sie in dem Heimathstaate hatten. In Ermangelung eines solchen Wohnsitzes gilt die Hauptstadt des Heimathstaates als ihr Wohnsitz; ist die Hauptstadt in mehrere Gerichtsbezirke getheilt, so wird der als Wohnsitz geltende Bezirk von der Landesjustizverwaltung durch allgemeine Anordnung bestimmt. Gehört ein Deutscher einem Bundesstaate nicht an, so gilt als sein Wohnsitz die Stadt Berlin; ist die Stadt Berlin in mehrere Gerichtsbezirke getheilt, so wird der als Wohnsitz geltende Bezirk von dem Reichskanzler durch allgemeine Anordnung bestimmt.

Auf Wahlkonsuln finden diese Bestimmungen keine Anwendung.

§. 4.[1]

Unter mehreren zuständigen Gerichten[2] gebührt demjenigen der Vorzug, welches zuerst in der Sache thätig geworden ist.

[1]) Vgl. §. 3 Anm. 1.

[2]) Z. B. wegen doppelten Wohnsitzes; vgl. auch § 44 Anm. 4 u. § 73 Anm. 5.

§. 5.[1]

Besteht Streit[2]) oder Ungewißheit[3]) darüber, welches von mehreren Gerichten örtlich zuständig ist, so wird das zuständige Gericht durch das gemeinschaftliche obere Gericht[4]) bestimmt. Ist das zuständige Gericht in einem einzelnen Falle an der Ausübung des Richteramts rechtlich[5]) oder thatsächlich[6]) verhindert, so erfolgt die Bestimmung durch das ihm im Instanzenzuge vorgeordnete Gericht.[7])

Eine Anfechtung der Entscheidung findet nicht statt.

[1]) Für Angelegenheiten des Landesrechts gilt in Preußen statt § 5 der § 20 AG. z. GVG. (Anl. IV)

[2]) Positiver oder negativer Art. Aber nur au Streit zwischen den Gerichten anwendbar. Die Parteien müssen, wenn das Gericht einen Antrag wegen Unzuständigkeit ablehnt, den ordentlichen Instanzenzug be-

schreiten (§§ 19 ff.). Haben alle in Betracht kommenden Gerichte sich für unzuständig erklärt, so kann die Partei sich an das gemeinschaftliche obere Gericht wenden.

[3]) Z. B. wegen Unsicherheit der örtlichen Grenzen oder bei einem Findelkind (§ 36 Abs. 3), welches in einem rollenden Eisenbahnwagen zu nicht mehr genau festzustellender Zeit gefunden ist. In diesen Fällen bedarf es keiner vorherigen Anrufung eines erstinstanzlichen Gerichts. Vielmehr kann jeder Betheiligte sofort das obere Gericht angehen.

[4]) Also wenn die Gerichte in verschiedenen Oberlandesgerichtsbezirken liegen, durch das Reichsgericht. — Für Bundesstaaten mit mehreren Oberlandesgerichten vgl. § 199 Abs. 2 mit Anm. 7; für den Fall, daß andere als gerichtliche Behörden zuständig sind s. § 194 Abs. 2.

[5]) Weil § 6 auf alle Richter oder (bei Kollegialgerichten) auf so viele Richter zutrifft, daß keine beschlußfähige Anzahl verbleibt.

[6]) Wegen Krankheit der Richter, Abwesenheit u. dgl.

[7]) Von Amtswegen oder auf Antrag. Vgl. auch § 194 Anm. 3 und § 195 Anm. 8.

§. 6.[1]) [2])

Ein Richter ist von der Ausübung des Richteramts kraft Gesetzes ausgeschlossen:[3])

1. in Sachen, in denen er selbst betheiligt ist oder in denen er zu einem Betheiligten[4]) in dem Verhältniß eines Mitberechtigten oder Mitverpflichteten steht;

2. in Sachen seiner Ehefrau,[5]) auch wenn die Ehe nicht mehr besteht;

3. in Sachen einer Person,[6]) mit der er in ge-

rader Linie oder im zweiten Grade der Seitenlinie verwandt oder verschwägert[7]) ist;

4. in Sachen, in denen er als Vertreter eines Betheiligten bestellt oder als gesetzlicher Vertreter eines solchen aufzutreten berechtigt ist.

Ein Richter kann[8]) sich der Ausübung seines Amtes wegen Befangenheit[9]) enthalten. Die Ablehnung eines Richters ist ausgeschlossen.[10])[11])

[1]) Auf andere als gerichtliche Behörden findet § 6 keine Anwendung, § 194 Abs. 3.

[2]) Die §§ 6 u. 7 sind auf die Beurkundung von Rechtsgeschäften (Abschn. X) nicht anwendbar (vgl. § 170 Anm. 4) und ferner nicht auf die Beschwerde-Instanzen in Grundbuchsachen (s. oben S. 7 Nr. 16 u. dazu GBO. § 81 Abs. 2). Dagegen finden sie auf die landesrechtlichen Angelegenheiten in Preußen Anwendung. Preuß. FGG. Art. 1.

[3]) Nur in diesen Fällen; vgl. aber § 30 Anm. 1.

[4]) Bei der freiwilligen Gerichtsbarkeit gilt als „Betheiligter" derjenige, auf dessen Antrag oder zu dessen Gunsten ein Verfahren eingeleitet ist (z. B. der Adoptirende oder der Mündel, vergl. auch § 126 Anm. 3), oder gegen den ein Verfahren sich richtet (z. B. ein Ordnungsstrafverfahren), im Falle der Beurkundung von nicht rechtsgeschäftlichen Erklärungen auch noch außerdem derjenige, dessen Erklärung beurkundet werden soll. — Ueber den Begriff bei der Beurkundung von Rechtsgeschäften s. indessen § 168 Satz 2.

[5]) Wenn die Ehefrau „Betheiligte" ist.

[6]) Wenn diese Person „Betheiligte" ist.

[7]) Enger als CPO. § 41 Nr. 3, wo Verwandtschaft dritten Grades noch berücksichtigt ist. — Verwandtschaft und Schwägerschaft s. BGB. §§ 1589, 1590. Vgl. auch unten § 57 Anm. 2.

[8]) „Kann" nach pflichtmäßigem Ermessen.

[9]) Vgl. CPO. § 42 Abs. 2.

[10]) D. h. ein besonderes Ablehnungsverfahren findet nicht statt. Zulässig aber ist es, zu beantragen, daß ein kraft Gesetzes ausgeschlossener Richter sich der Amtsausübung enthalte. Gegen die ablehnende Entscheidung findet Beschwerde statt (§ 19).

[11]) Für den Dolmetscher gilt § 6 gleichfalls; vgl. § 9 a. E. — Für den Gerichtsschreiber und den Gerichtsvollzieher giebt es reichsrechtlich keine Ausschließungsgründe; vgl. aber für den ersteren Preuß FGG. Art. 2 Abs. 1 und für den letzteren AG. z. GVG. § 76 (Anlage IV).

§. 7.[1])

Gerichtliche Handlungen sind nicht aus dem Grunde unwirksam,[2]) weil sie von einem örtlich unzuständigen[3]) Gericht oder von einem Richter vorgenommen sind, der von der Ausübung des Richteramts kraft Gesetzes ausgeschlossen ist.[4])

[1]) Vgl. § 6 Anm. 2.

[2]) Aber anfechtbar Die Verletzung der Zuständigkeitsregeln oder des § 6 begründet die Beschwerde nach §§ 19 ff.; vgl. auch § 27 mit CPO. § 551 Nr. 2 u. 4. Wird die Entscheidung nicht angefochten, so bleibt sie trotz des Mangels wirksam.

[3]) Ein Mangel in der sachlichen Zuständigkeit des Gerichts, z. B. wenn an Stelle des Amtsgerichts das Landgericht gehandelt hat, macht die Handlung unwirksam; vgl. § 32.

[4]) § 7 gilt in Preußen auch für die Obliegenheiten des Gerichtsschreibers, Preuß. FGG. Art. 2 Abs. 1; vgl. aber unten § 21 Anm. 1.

§. 8.

Auf das gerichtliche Verfahren finden die Vorschriften des Gerichtsverfassungsgesetzes über die Gerichtssprache, über die Sitzungspolizei und über die Berathung und Abstimmung[1]) entsprechende Anwendung, die Vorschriften über die Gerichtssprache[2]) mit den sich aus dem § 9 ergebenden Abweichungen.[3]) [4])

[1]) Siehe Anlage I.

[2]) Ueber die Gerichtssprache bei der Beurkundung von Rechtsgeschäften vgl. § 178 Anm. 1.

[3]) Für andere als gerichtliche Behörden vgl. § 194 Abs. 3.

[4]) § 8 gilt in Preußen betreffs der Gerichtssprache auch für landesrechtliche Angelegenheiten; Preuß. FGG. Art. 1. (Notare s. ebenda Art. 84.) Wegen der Sitzungspolizei und der Berathung und Abstimmung s. für diese Angelegenheiten AG. z. GVG. §§ 88, 90 (Anlage IV).

§. 9.[1])[2])

Der Zuziehung eines Dolmetschers bedarf es nicht, wenn der Richter der Sprache, in der sich die betheiligten Personen erklären, mächtig ist[3]); die Beeidigung des Dolmetschers ist nicht erforderlich, wenn die betheiligten Personen[4]) darauf verzichten. Auf den Dolmetscher finden die Vorschriften des §. 6 entsprechende Anwendung.

[1]) Vgl. § 8 Anm. 2.

[2]) § 9 gilt in Preußen auch für landesrechtliche Angelegenheiten. Preuß. FGG. Art. 1. (Notare s. ebenda Art. 84).

[3]) Auch wenn nicht alle Betheiligten der fremden Sprache mächtig sind (Abweichung von § 187 Abs. 2 GVG.).

[4]) Das sind die Sprachfremden, nicht auch die mit ihnen verhandelnden Personen, vgl. die deutlichere Ausdrucksweise in § 179 Abs. 1 a. E.

§. 10.[1])

Auf das gerichtliche Verfahren sind die Gerichtsferien ohne Einfluß. Die Bearbeitung der Vormundschaftssachen und der Nachlaßsachen kann[2]) während der Ferien unterbleiben, soweit das Bedürfniß einer Beschleunigung nicht vorhanden ist.[3])

[1]) Auf andere als gerichtliche Behörden nicht anwendbar; § 194 Abs. 3.

[2]) Nach richterlichem Ermessen.

[3]) Ueber die Ferien in landesrechtlichen Angelegenheiten s. für Preußen AG. z. GVG. § 91 (Anl. IV).

§. 11.[1])

Anträge und Erklärungen[2]) können zum Protokolle des Gerichtsschreibers des zuständigen Gerichts[3]) oder des Gerichtsschreibers eines Amtsgerichts[4]) erfolgen.

[1]) Auf andere als gerichtliche Behörden nicht anwendbar; § 194 Abs. 3.

Für die landesrechtlichen Angelegenheiten gilt in Preußen statt § 11 der § 71 AG. z. GVG. (Anl. IV).

[2]) Mit Ausnahme der Beurkundung von Rechtsgeschäften, § 170 Anm. 2. — Für die Beschwerde s. § 21 Abs. 2, für die Anmeldungen zu den gerichtlichen Registern §§ 128, 147, 159, 161; vgl. auch § 107 Anm. 2.

[3]) Auch des Richters. K.B. zu § 11 (S. 11).

[4]) Dieser hat das Protokoll der zuständigen Stelle zu übersenden. Eine Frist wird nur gewahrt, wenn das Protokoll bei letzterer innerhalb der Frist eingeht.

§. 12.

Das Gericht hat[1]) von Amtswegen die zur Feststellung der Thatsachen erforderlichen Ermittelungen zu veranstalten und die geeignet erscheinenden[2]) Beweise aufzunehmen.[3]) [4])

[1]) Auch wenn das Verfahren nur auf Antrag einzuleiten ist, z. B. § 58.

[2]) Nach der rechtlichen und thatsächlichen Würdigung des Gerichts. Es folgt daraus, daß die Beweiswürdigung der freien Ueberzeugung des Gerichts untersteht.

[3]) Die vorherige Anhörung der Betheiligten unterliegt, wo sie nicht ausdrücklich vorgeschrieben ist (z. B. §§ 54, 141 ff., 146, 160, 164 Abs. 3, 165 Abs. 3, 166 Abs. 2, s. auch Einl. S. 12) dem richterlichen Ermessen.

[4]) § 12 ist in Preußen auf die landesrechtlichen Angelegenheiten nicht für anwendbar erklärt. Insoweit nicht besondere Bestimmungen ein anderes bedingen, wird sein Inhalt von der Begr. zum Entwurf des Preuß. FGG. (zu Art. 1 S. 7) als selbstverständlich angesehen.

§. 13.[1])

Die Betheiligten können mit Beiständen erscheinen. Sie können sich, soweit nicht das Gericht das persönliche Erscheinen anordnet,[2]) auch durch Bevollmächtigte vertreten lassen.[3]) Die Bevollmächtigten haben[4]) auf Anordnung des Gerichts oder auf Verlangen eines Betheiligten[5]) die Bevollmächtigung durch eine öffentlich beglaubigte[6]) Vollmacht nachzuweisen.[7]) [8])

[1]) Wegen Anwendung des § 13 auf landesrechtliche Angelegenheiten vgl. Preuß. FGG. Art. 1 mit Anm. 6.

[2]) Ist das persönliche Erscheinen angeordnet, so wird ein Bevollmächtigter für den Ausgebliebenen nicht zugelassen.

[3]) Ausgenommen wenn die Vornahme der Handlung durch einen Stellvertreter gesetzlich ausgeschlossen ist, z. B. bei der Verpflichtung als Vormund.

4) Gilt sowohl für die Anbringung von Anträgen als für das Erscheinen in Terminen.

5) Vgl. § 6 Anm. 4. — Erfolgt eine solche Anordnung oder ein solches Verlangen nicht, so braucht gar keine Vollmacht, auch nicht privatschriftliche, beigebracht zu werden. Doch kann die Anordnung oder das Verlangen sich auf die Beibringung einer privatschriftlichen Vollmacht beschränken.

Besondere Bestimmungen s. im BGB. §§ 1945 Abs. 2, 1955 (Erbschafts-Ausschlagung).

6) Oeffentlich beglaubigt ist eine Schrift, wenn Unterschrift oder Handzeichen unter derselben beglaubigt sind. Die Beglaubigung einer Unterschrift kann erfolgen durch Amtsgericht, Notar oder eine sonstige nach Landesrecht hierfür zuständige Stelle, (vgl. Preuß. FGG. Art. 115, 122, 128), die Beglaubigung eines Handzeichens ausschließlich durch ein Amtsgericht oder einen Notar. Vgl. § 167 Anm. 4; s. aber auch § 191 Abs. 2.

Durch Aufnahme zum gerichtlichen oder notariellen Protokoll wird die Beglaubigung ersetzt. BGB. § 129 Abs. 2.

7) Ueber die Zulassung von Notaren ohne Vollmacht s. §§ 71, 100 (mit GBO. § 15), 129, 159, 161.

8) § 13 Satz 2 und 8 sind auf die Beurkundung von Rechtsgeschäften nicht anwendbar; vgl. § 168 Anm. 7.

§. 14.

Die Vorschriften der Civilprozeßordnung über das Armenrecht sowie die Vorschriften der §§. 34 bis 36 der Rechtsanwaltsordnung[1]) finden entsprechende Anwendung.[2])

1) Siehe Anlage II.

2) § 14 gilt in Preußen auch für landesrechtliche Angelegenheiten. Preuß. FGG. Art. 1.

§. 15.[1])

Die Vorschriften der Civilprozeßordnung über den Zeugenbeweis, über den Beweis durch Sachverständige und über das Verfahren bei der Abnahme von Eiden[2]) finden entsprechende Anwendung.[3]) Ueber die Beeidigung eines Zeugen oder Sachverständigen entscheidet jedoch, unbeschadet der §§. 393, 402 der Civilprozeßordnung, das Ermessen des Gerichts.

Behufs der Glaubhaftmachung einer thatsächlichen Behauptung[4]) kann ein Betheiligter zur Versicherung an Eidesstatt zugelassen werden.[5])

[1]) Ueber die Anwendung des § 15 auf Angelegenheiten des Landesrechts vgl. Preuß. FGG. Art. 1 Anm. 7.

[2]) Nicht aber die sonstigen Vorschriften über den Beweis durch Eid. Siehe die anzuwendenden Bestimmungen in Anlage II. Danach findet namentlich auch die Zeugnißpflicht in den Angelegenheiten der freiwilligen Gerichtsbarkeit Anwendung; vgl. aber CPO. § 380 Anm. 1 (Anlage II).

[3]) Die Erhebung anderer Beweise ist dadurch nicht ausgeschlossen, wenn diese Erhebung keiner positiven Normen bedarf, wie die bloße Vorlegung von Urkunden u. dgl. (§ 12); vgl. aber Einleitung S. 11.

[4]) Wo nämlich solche zugelassen ist, z. B. §§ 22 Abs. 2, 34, 78, 85, 92, BGB. §§ 1994, 2010. Preuß. FGG. Art. 10 Abs. 2.

[5]) Vgl. CPO. § 294.

§. 16.[1])

Gerichtliche Verfügungen[2]) werden mit der Bekanntmachung[3]) an denjenigen, für welchen sie ihrem Inhalte nach bestimmt sind,[4]) wirksam.

[5])Die Bekanntmachung erfolgt, wenn mit ihr der Lauf einer Frist[6]) beginnt, durch Zustellung nach den für die Zustellung von Amtswegen geltenden Vorschriften der Civilprozeßordnung;[7]) durch die Landesjustizverwaltung kann jedoch für Zustellungen im Ausland[8]) eine einfachere Art der Zustellung angeordnet werden.[9]) In denjenigen Fällen, in welchen mit der Bekanntmachung nicht der Lauf einer Frist beginnt, soll in den Akten vermerkt werden, in welcher Weise, an welchem Orte und an welchem Tage die Bekanntmachung zur Ausführung gebracht ist;[10]) durch die Landesjustizverwaltung kann näher bestimmt werden, in welcher Weise in diesen Fällen die Bekanntmachung zur Ausführung gebracht werden soll.[11])

Einem Anwesenden kann die Verfügung[12]) zu Protokoll bekannt gemacht werden. Auf Verlangen ist ihm eine Abschrift der Verfügung[13]) zu ertheilen.[14])

[1]) § 16 Abs. 2 u. 3 finden in Preußen auch auf die landesrechtlichen Angelegenheiten Anwendung; wegen Anwendung des Abs. 1 s. Preuß. FGG. Art. 1 Anm. 8.

[2]) Vgl. § 19 Anm. 1.

[3]) Nicht erst mit der Rechtskraft; Ausnahmen s. §§ 26, 53, 55, 70, 82 a. E., 97, 98, 141—144, 158 Abs. 2.

[4]) Eine Verfügung, die für mehrere Personen bestimmt ist, wird für jede einzelne mit der Bekanntmachung an sie selbst wirksam. — Besonderheiten über den Beginn der Wirksamkeit s. §§ 51, 52, 53 Abs. 2, 67.

[5]) Auf andere als gerichtliche Behörden (s. S. 8) findet Abs. 2 keine Anwendung; § 194 Abs. 3.

[6]) Gesetzlichen oder richterlichen Frist, namentlich

also, wenn gegen die Verfügung die sofortige Beschwerde stattfindet (§ 22).

7) Vgl. Anlage II. Eine Sondervorschrift s. § 141 Abs. 2.

8) Auch für einzelne ausländische Gebiete, z. B. für den Grenzverkehr. Denkschrift zu § 15 (S. 37).

9) In Preußen nicht geschehen.

10) Ueber die Art der Bekanntmachung entscheidet das richterliche Ermessen, auch bei Ladungen, ausgenommen wenn mit der Zustellung der Ladung eine Frist beginnt, z. B. §§ 90, 158 Abs. 4. Vgl. auch CPO. § 204 Anm. 4 (Anlage II).

11) Hierzu für Preußen die Allg. Verf. v. 10. Dezember 1899 § 2 (Anl. VI).

12) Gleichviel ob mit ihr der Lauf einer Frist beginnt oder nicht.

13) Vgl. § 22 Anm. 2 u. 5. Das Protokoll ist soweit mit abzuschreiben, als es zum Verständniß der Verfügung erforderlich ist.

14) Ueber die Zustellung von Willenserklärungen im Parteiauftrage vgl. BGB. § 132.

§. 17.[1])

Für die Berechnung der Fristen[2]) gelten die Vorschriften des Bürgerlichen Gesetzbuchs.[3])

Fällt das Ende der Frist auf einen Sonntag oder allgemeinen Feiertag, so endigt die Frist mit dem Ablaufe des nächstfolgenden Werktags.[4])

1) Ueber die Anwendung des § 17 in landesrechtlichen Angelegenheiten s. Preuß. FGG. Art 1 Anm. 9.

2) Gesetzlichen und richterlichen Fristen.

3) BGB. §§ 186—193.

4) Auch dann, wenn es sich nicht um eine Willenserklärung oder Leistung (BGB. § 193) handelt.

§. 18.

Erachtet das Gericht eine von ihm erlassene Verfügung nachträglich für ungerechtfertigt, so ist es berechtigt, sie zu ändern;[1] [2]) soweit eine Verfügung nur auf Antrag erlassen werden kann und der Antrag zurückgewiesen worden ist, darf die Aenderung nur auf Antrag erfolgen.

Zu der Aenderung einer Verfügung, die der sofortigen Beschwerde[3]) unterliegt, ist das Gericht[4]) nicht befugt.[5]) [6]) [7])

[1]) Vgl. § 19 Anm. 8. — Ausnahmen von § 18 f. in §§ 29 Abs. 3, 55, 62, 67 Abs. 8. — Eintragungen in den öffentlichen Registern können auf Grund des § 18 nicht beseitigt werden. Hier gelten §§ 119, 142 ff., 147, 159, 161.

[2]) Ist eine Sache an ein anderes Gericht abgegeben (§§ 46, 75), so kann dieses auch die früheren Verfügungen abändern.

[3]) §§ 22, 29 Abs. 2.

[4]) Gleichviel ob die Beschwerde eingelegt ist, oder nicht. — Zulässig ist die Aenderung, insoweit sie auch nach der Rechtskraft statthaft sein würde (s. Anm. 5).

[5]) Inwieweit Entscheidungen auch nach der Rechtskraft (§ 31 Anm. 3) wegen veränderter Umstände geändert werden können, ist nach der Natur und dem Zwecke der einzelnen Entscheidung und der danach sich bemessenden Tragweite der Rechtskraft zu beurtheilen. Eine Sondervorschrift s. in § 186.

[6]) Entscheidungen, die noch Niemandem bekannt gemacht sind, kann das Gericht auch im Falle des Abs. 2 ändern.

[7]) Auf landesrechtliche Angelegenheiten ist § 18 in Preußen nicht für anwendbar erklärt. Abs. 1 versteht

sich überall da von selbst, wo nicht aus der Natur der Sache die Unzulässigkeit einer Aenderung folgt, wie z. B. bei den — dem § 55 entsprechenden — landesrechtlichen Genehmigungen in Stiftungssachen und gemäß den Anerbengesetzen v. 8. Juni 1896 § 15 Abs. 6 u. v. 2. Juli 1898 § 19 Abs. 3. — Die Geltung von Abs. 2 in landesrechtlichen Sachen ist dagegen nicht unzweifelhaft.

§. 19.

Gegen die Verfügungen[1]) des Gerichts erster Instanz findet das Rechtsmittel der Beschwerde statt.[2]) Ueber die Beschwerde entscheidet[3]) das Landgericht.[4]) [5]) [6]) [7])

[1]) Hierunter fällt jede sachliche Entschließung (s. „Anordnung" § 18, „Beschluß" § 68), auch wenn sie nur vorbereitender Art ist, wie z. B. eine Strafandrohung (vgl. aber § 20 Anm. 4). Beschwerden, welche nicht den Inhalt einer Verfügung, sondern nur den Geschäftsbetrieb oder Verzögerungen betreffen, richten sich nach dem Landesrecht.

[2]) Unanfechtbare Verfügungen s. in §§ 5 Abs. 2, 46 Abs. 2, 68, 76, 84, 122, 132 Abs. 2, 146 Abs. 3, 148 a. E., 164 Abs. 2. Vgl. auch § 62.

[3]) Die Frage, ob eine aufhebende Entscheidung rückwärts oder nur vorwärts wirkt (ex tunc oder ex nunc), hat, abgesehen von Einzelheiten (§§ 32, 61), im Gesetz keine Entscheidung gefunden.

[4]) Abweichungen hiervon s. §§ 64, 143 Abs. 2. — Wegen der Besetzung des Gerichts vgl. § 30 Anm. 1. — Bei begründet befundener Beschwerde kann das Gericht die erforderliche Anordnung dem Gericht erster Instanz übertragen. Denkschrift zu §§ 18—29 (S. 40).

[5]) Für andere als gerichtliche Behörden s. §§ 194, 195.

[6]) Wegen des Instanzenzuges in Vereinssachen vgl. § 159 Anm. 4.

7) Ueber die Beschwerde in landesrechtlichen Angelegenheiten s. Preuß. FGG. Art. 4—7. Für Grundbuchsachen gilt GBO. §§ 71—81.

§. 20.

Die Beschwerde steht Jedem zu, dessen Recht durch die Verfügung beeinträchtigt ist.[1][2][3][4]

Soweit eine Verfügung nur auf Antrag erlassen werden kann und der Antrag zurückgewiesen worden ist, steht die Beschwerde nur dem Antragsteller zu.[5]

1) Hierzu soll es nicht genügen, „daß die Verfügung auf die rechtlichen Beziehungen des Beschwerdeführers von Einfluß ist und daß er insofern ein Interesse an ihrer Aenderung hat, vielmehr ist stets erforderlich, daß eine Beeinträchtigung seines Rechtes vorliegt" (Denkschrift zu §§ 18—29 S. 89). — Das beeinträchtigte Recht kann auch auf dem Gebiete des öffentlichen Rechts liegen. K.B. zu § 19 S. 24.

2) Einem Vormund oder Pfleger steht die Beschwerde zu: im Namen des Mündels, wenn dessen Rechte, in eigenem Namen, wenn seine eigenen Rechte beeinträchtigt sind (z. B. § 54).

3) Erweiterungen des Beschwerderechts s. §§ 57 ff., 82, 126. Einschränkungen s. § 76 Abs. 2.

4) Gegen solche Vorbereitungsmaßregeln (vgl. § 19 Anm. 1), die noch keine Beeinträchtigung enthalten, wie z. B. die bloße Anordnung von Beweisaufnahmen, giebt es danach keine Beschwerde.

5) Eine Ausnahme s. in § 68 Abs. 2.

§. 21.

Die Beschwerde kann bei dem Gerichte, dessen Verfügung angefochten wird, oder bei dem Beschwerdegericht eingelegt werden.

Die Einlegung erfolgt durch Einreichung einer Beschwerdeschrift oder durch Erklärung zum Protokolle des Gerichtsschreibers desjenigen Gerichts, dessen Verfügung angefochten wird,[1]) oder des Gerichtsschreibers des Beschwerdegerichts.

[1]) Auch zu Protokoll des Gerichtsschreibers eines anderen Amtsgerichts (§ 11), wenn das Protokoll so abgefaßt wird, daß es eine „Beschwerdeschrift" darstellt, namentlich also vom Beschwerdeführer unterschrieben ist. „Eingelegt" ist eine solche Beschwerde aber erst, sobald das Protokoll bei einem der Gerichte des § 21 eingeht; vgl. § 11 Anm. 4.

§ 22.

Die sofortige Beschwerde ist binnen einer Frist von zwei Wochen einzulegen.[1]) Die Frist beginnt mit dem Zeitpunkt, in welchem die Verfügung dem Beschwerdeführer bekannt gemacht worden ist.[2])

Einem Beschwerdeführer, der ohne sein Verschulden verhindert war, die Frist einzuhalten, ist auf Antrag von dem Beschwerdegerichte die Wiedereinsetzung in den vorigen Stand zu ertheilen, wenn er die Beschwerde binnen zwei Wochen nach der Beseitigung des Hindernisses einlegt und die Thatsachen, welche die Wiedereinsetzung begründen, glaubhaft macht.[3]) Eine Versäumung der Frist, die in dem Verschulden eines Vertreters[4]) ihren Grund hat, wird als eine unverschuldete nicht angesehen.[5]) Gegen die Entscheidung über den Antrag findet die sofortige weitere Beschwerde statt. Nach dem Ablauf eines Jahres, von dem Ende der versäumten Frist an gerechnet, kann die Wiedereinsetzung nicht mehr beantragt werden.[6])

[1]) Vgl. § 21 Anm. 1 a. E. u. § 18 Abs. 2.

[2]) Bei mehreren Betheiligten für jeden besonders mit der Bekanntmachung an ihn. Ausnahmen s. § 60 a. E., § 77 Abs. 3. Die Einlegung vor dem Fristbeginn ist wirksam, sofern die Verfügung überhaupt existent geworden ist (§ 18 Anm. 6). Durch das Verlangen einer Abschrift (§ 16 a. E.) wird der Fristbeginn nicht aufgehalten; vgl. aber Anm. 5.

[3]) § 15 Abs. 2. Ausnahme von § 22 Abs. 2 s. § 68 Abs. 2.

[4]) Gesetzlichen Vertreters oder Bevollmächtigten.

[5]) Wohl aber die Verzögerung der Abschriftsertheilung im Falle von § 16 a. E.

[6]) Wiedereinsetzung in anderen Fällen s. in §§ 92, 187.

§. 23.

Die Beschwerde kann auf neue Thatsachen und Beweise gestützt werden.[1])

[1]) Ausnahme s. § 96.

§. 24.

Die Beschwerde hat nur dann aufschiebende Wirkung, wenn sie gegen eine Verfügung gerichtet ist, durch die eine Strafe festgesetzt wird.[1])

Das Gericht, dessen Verfügung angefochten wird, kann anordnen, daß die Vollziehung auszusetzen ist.[2])

Das Beschwerdegericht kann vor der Entscheidung eine einstweilige Anordnung erlassen; es kann insbesondere anordnen, daß die Vollziehung der angefochtenen Verfügung auszusetzen ist.[3]) [4])

[1]) Auch in diesen Fällen bewirkt nur die thatsächliche Einlegung der Beschwerde einen Aufschub; bis zu

dieser Einlegung kann mit der Vollziehung verfahren werden. Anders wenn bestimmt ist, daß eine Entscheidung erst mit der Rechtskraft wirksam wird (§§ 26, 53, 56, 70, 82 a. E., 97, 98, 141—144, 158 Abs. 2).

2) Wenn nicht der Fall sofortiger Beschwerde vorliegt, kann der Vorderrichter der Beschwerde selbst abhelfen (§ 18).

3) § 24 Abs. 3 und § 26 Satz 2 sind bei der Annahme an Kindes Statt unanwendbar; vgl. § 68 Abs. 2.

4) Besondere Befugnisse des Beschwerdegerichts s. in § 123.

§. 25.

Die Entscheidung des Beschwerdegerichts ist mit Gründen zu versehen.[1]

1) Vgl. § 27 mit CPO. § 551 Nr. 7.

§. 26.

Die Entscheidung des Beschwerdegerichts wird in den Fällen, in welchen die sofortige weitere Beschwerde stattfindet,[1] erst mit der Rechtskraft[2] wirksam. Das Beschwerdegericht kann jedoch die sofortige Wirksamkeit der Entscheidung anordnen.[3] [4]

1) § 29 Abs. 2.

2) § 31 Anm. 3. Bis dahin bleibt es bei der erstinstanzlichen Anordnung.

3) Satz 2 bezieht sich nicht auf solche Entscheidungen, bei denen durch besondere Vorschrift bestimmt ist, daß jede, auch die erstinstanzliche Verfügung überhaupt erst mit der Rechtskraft in Wirksamkeit tritt; vgl. §§ 53, 56, 70, 82 a. E., 97, 98, 141—144, 158 Abs. 2. Hier hat das Beschwerdegericht ein einstweiliges Anordnungsrecht nur in demselben Umfang wie das Gericht erster Instanz, § 53 Abs. 2, § 82 a. E.

4) Vgl. § 24 Anm. 3.

§. 27.

Gegen die Entscheidung des Beschwerdegerichts ist das Rechtsmittel der weiteren Beschwerde zulässig,[1]) wenn die Entscheidung auf einer Verletzung des Gesetzes[2]) beruht. Die Vorschriften der §§. 550, 551, 561, 563 der Civilprozeßordnung[3]) finden entsprechende Anwendung.

[1]) Ausnahmen s. in §§ 64, 143 Abs. 2; vgl. auch § 159 Anm. 4.

[2]) Reichsgesetzes oder Landesgesetzes.

[3]) Das Rechtsmittel entspricht danach nicht der weiteren Beschwerde der CPO., sondern der Revision.

Civilprozessordnung:

§. 550.

Das Gesetz ist verletzt, wenn eine Rechtsnorm nicht oder nicht richtig angewendet worden ist.

§. 551.

Eine Entscheidung ist stets als auf einer Verletzung des Gesetzes beruhend anzusehen:

1. wenn das erkennende Gericht nicht vorschriftsmässig besetzt war;
2. wenn bei der Entscheidung ein Richter mitgewirkt hat, welcher von der Ausübung des Richteramts kraft Gesetzes ausgeschlossen war,[1]) sofern nicht dieses Hinderniss mittels eines Ablehnungsgesuchs ohne Erfolg geltend gemacht ist;
3. wenn bei der Entscheidung ein Richter

mitgewirkt hat, obgleich derselbe wegen Besorgniss der Befangenheit abgelehnt und das Ablehnungsgesuch für begründet erklärt war;[2])

4. wenn das Gericht seine Zuständigkeit[3]) oder Unzuständigkeit mit Unrecht angenommen hat;

5. wenn eine Partei[4]) in dem Verfahren nicht nach Vorschrift der Gesetze vertreten war, sofern sie nicht die Prozessführung ausdrücklich oder stillschweigend genehmigt hat;

6. wenn die Entscheidung auf Grund einer mündlichen Verhandlung ergangen ist, bei welcher die Vorschriften über die Oeffentlichkeit des Verfahrens verletzt sind;[5])

7) wenn die Entscheidung nicht mit Gründen versehen ist.[6])

[1]) Vgl. oben § 6.

[2]) Nr. 3 und 6 sind bei der freiwilligen Gerichtsbarkeit nicht anwendbar; vgl. § 6 a. E. und GVG. § 170 Anm. 1 (Anlage I).

[3]) Auch die örtliche; vgl. § 7 Anm. 2.

[4]) Hier ein Betheiligter; vgl. § 6 Anm. 4.

[5]) s. Anm. 2. [6]) Vgl. § 25.

§. 561.

Für die Entscheidung des Revisionsgerichts[1]) sind die in dem angefochtenen Urtheile[2]) gerichtlich festgestellten Thatsachen massgebend, Ausser denselben können nur die im §. 554 No. 2. 3 erwähnten Thatsachen[3]) berücksichtigt werden.

[1]) Hier: des Beschwerdegerichts.

[2]) Hier: der angefochtenen Entscheidung.

[3]) § 554 schreibt vor, daß die Revision enthalten muß:

„2. insoweit die Revision darauf gestützt wird, daß das Gesetz in Bezug auf das Verfahren verletzt sei, die Bezeichnung der Thatsachen, welche den Mangel ergeben;

3. insoweit die Revision darauf gestützt wird, daß unter Verletzung des Gesetzes Thatsachen festgestellt, übergangen oder als vorgebracht angenommen seien, die Bezeichnung dieser Thatsachen."

Nicht anwendbar ist § 554 Nr. 1 über Bezeichnung der verletzten Rechtsnorm. Die Beschwerde braucht demnach eine solche Bezeichnung nicht zu enthalten.

§. 563.

Ergeben die Entscheidungsgründe zwar eine Gesetzesverletzung, stellt die Entscheidung selbst aber aus anderen Gründen sich als richtig dar, so ist die Revision[1]) zurückzuweisen.

[1]) Hier: die weitere Beschwerde.

§. 28.

Ueber die weitere Beschwerde entscheidet das Oberlandesgericht.[1])

Will das Oberlandesgericht bei der Auslegung einer reichsgesetzlichen Vorschrift, welche eine der im §. 1 bezeichneten Angelegenheiten betrifft, von der auf weitere Beschwerde ergangenen Entscheidung eines anderen Oberlandesgerichts,[2]) falls aber über die Rechtsfrage bereits eine Entscheidung des Reichsgerichts[3]) ergangen ist, von dieser abweichen, so hat es die weitere Beschwerde unter Begründung seiner Rechtsauffassung dem Reichsgerichte vorzulegen.

Der Beschluß über die Vorlegung ist dem Beschwerdeführer bekannt zu machen.

In den Fällen des Abs. 2 entscheidet über die weitere Beschwerde das Reichsgericht.[4)] [5)]

1) Vgl. § 30 Anm. 1. — Für Bundesstaaten mit mehreren Oberlandesgerichten s. § 199. Dazu für Preußen Preuß. FGG. Art. 7 u. 8.

2) Die Veröffentlichung der Entscheidungen der Oberlandesgerichte ist den Justizverwaltungen und den Privatsammlungen vorbehalten.

3) Gleichviel ob in Sachen der freiwilligen Gerichtsbarkeit oder in einem Prozesse.

4) Auch dann, wenn es das Vorliegen einer Meinungsverschiedenheit im Sinne des Abs. 2 nicht anerkennt.

5) Abs. 2 u. 3 können auf landesrechtliche Angelegenheiten durch Landesgesetz nicht ausgedehnt werden, weil das letztere nicht befugt ist, dem Reichsgericht Geschäfte zu übertragen.

Gesetz betreffend Aenderungen des Gerichtsverfassungsgesetzes und der Strafprozessordnung. Vom 17. Mai 1898 (R.G.Bl. S. 252).

Artikel IV.

Wird gemäss §. 79 Abs. 2 der Grundbuchordnung oder gemäss §. 28 Abs. 2 des Gesetzes über die Angelegenheiten der freiwilligen Gerichtsbarkeit die weitere Beschwerde von dem Landesgerichte[1)] dem Reichsgerichte vorgelegt, so bleiben in Ansehung der Gerichtskosten die Vorschriften massgebend, welche Anwendung finden, wenn eine solche Beschwerde bei dem Landesgericht erledigt wird; die erhobenen Kosten fliessen jedoch in die Reichskasse.

1) D. i. dem Oberlandesgericht (§ 28 Abs. 2) oder dem obersten Landesgericht (§ 199).

§. 29.

Die weitere Beschwerde kann bei dem Gericht erster Instanz, bei dem Landgericht oder bei dem Oberlandesgericht eingelegt werden. Erfolgt die Einlegung durch Einreichung einer Beschwerdeschrift, so muß diese von einem Rechtsanwalt unterzeichnet sein.[1]) Der Zuziehung eines Rechtsanwalts bedarf es nicht, wenn die Beschwerde von einer Behörde[2]) oder von einem Notar eingelegt wird, der in der Angelegenheit für den Beschwerdeführer einen Antrag bei dem Gericht erster Instanz gestellt hat.[3])

Soweit eine Verfügung der sofortigen Beschwerde unterliegt, findet auch gegen die Entscheidung des Beschwerdegerichts die sofortige weitere Beschwerde statt.

Das Gericht erster Instanz und das Landgericht sind nicht befugt, der weiteren Beschwerde abzuhelfen.[4])

Im Uebrigen finden die Vorschriften über die Beschwerde entsprechende Anwendung.[5])

[1]) Materiell muß die Beschwerde gemäß § 554 Nr. 2 und 3 der CPO. begründet sein; vgl. oben S. 54 Anm. 3 zu § 561.

[2]) Ob den Organen des Handelsstandes (§ 126) die Behördeneigenschaft zukommt, bestimmt sich nach Landesrecht.

[3]) Die Frage, in wie weit der Notar einer Vollmacht bedarf, entscheidet sich nach den besonderen Bestimmungen, vgl. § 13 Anm. 7. — Für das Schiffs- und das Handelsregister s. übrigens noch § 124 und § 129 Satz 2.

[4]) Auch wenn keine sofortige Beschwerde vorliegt (§ 18 Abs. 2).

[5]) Danach kann auch die weitere Beschwerde zum Protokoll des Gerichtsschreibers eingelegt werden (§ 21 Abs. 2) und zwar gemäß dem ersten Satz des § 29 beim Gerichtsschreiber jedes der dort genannten drei Gerichte (KB. zu § 20, S. 24), nicht aber bei einem anderen Gericht.

§. 30.

Die Entscheidungen über Beschwerden erfolgen bei den Landgerichten durch eine Civilkammer, bei den Oberlandesgerichten und bei dem Reichsgerichte durch einen Civilsenat.[1]) Ist bei einem Landgericht eine Kammer für Handelssachen[2]) gebildet, so tritt für Handelssachen[3]) diese Kammer an die Stelle der Civilkammer.

Die Vorschriften des §. 137 des Gerichtsverfassungsgesetzes[4]) finden entsprechende Anwendung.

[1]) Im feststehenden Begriffe des gerichtlichen Rechtsmittels liegt es — trotzdem § 6 diesen Fall nicht hervorhebt —, daß ein Richter der Vorinstanz an der Entscheidung der höheren Instanz nicht Theil nehmen darf.

[2]) GVG. §§ 100 ff.; vgl. unten § 126 Anm. 3.

[3]) „Handelssachen" in diesem Sinne sind nur die in Abschn. VII behandelten Angelegenheiten. (Denkschrift zu §§ 18—29, S. 41), also z. B. nicht die Angelegenheiten des Schiffsregisters. Für Kompetenzkonflikte zwischen der Civilkammer und der Kammer für Handelssachen fehlt es an einer Vorschrift.

[4]) Betrifft die Einholung von Plenarentscheidungen des Reichsgerichts.

§. 31.[1])[2])

Zeugnisse über die Rechtskraft einer Verfügung[3]) sind von dem Gerichtsschreiber erster Instanz zu ertheilen.[4])

[1]) Auf andere als gerichtliche Behörden ist § 31 nicht anwendbar. § 194 Abs. 3.

[2]) Die §§ 31—33 sind in Preußen auch auf landesrechtliche Angelegenheiten anwendbar. Preuß. FGG. Art. 1.

[3]) Der Begriff der Rechtskraft ist nur auf Verfügungen anwendbar, die der sofortigen Beschwerde unterliegen (§§ 22, 29 Abs. 2). Eine Verfügung ist rechtskräftig, wenn die Rechtsmittelfrist unbenutzt abgelaufen ist oder alle zur Beschwerde Berechtigten auf die Beschwerde verzichtet haben oder wenn die letzte zulässige Instanz entschieden hat.

[4]) Wo dem Gerichtsschreiber selbstständige Verrichtungen übertragen sind, handelt er als Organ des Gerichts. Gegen seine Thätigkeit findet die Anrufung des Gerichts, gegen die gerichtliche Entscheidung die Beschwerde nach §§ 19 ff. statt.

§. 32.[1])

Ist eine Verfügung, durch die Jemand die Fähigkeit[2]) oder die Befugniß[3]) zur Vornahme eines Rechtsgeschäfts oder zur Entgegennahme einer Willenserklärung[4]) erlangt, ungerechtfertigt, so hat, sofern nicht die Verfügung wegen Mangels der sachlichen Zuständigkeit des Gerichts unwirksam ist,[5]) die Aufhebung der Verfügung[6]) auf die Wirksamkeit der inzwischen von ihm oder ihm gegenüber vorgenommenen Rechtsgeschäfte keinen Einfluß.[7])

[1]) Vgl. § 31 Anm. 2; siehe aber die weitergehende Vorschrift in Preuß. FGG. Art. 4 Satz 3.

[2]) Z. B. Ermächtigung für einen Minderjährigen zum selbstständigen Betrieb eines Erwerbsgeschäfts (BGB. § 112).

[3]) Z. B. Bestellung als Vormund, Pfleger, Liquidator oder Testamentsvollstrecker.

4) Z. B. der Kündigung im Falle des § 1141 Abs. 2 BGB.

5) Vgl. § 7 Anm. 3. Ein Mangel in der örtlichen Zuständigkeit beeinflußt die Wirksamkeit nicht; § 7.

6) Gleichviel ob sie erfolgt auf Grund des § 18, oder im Beschwerdeverfahren (s. auch § 53 Abs. 2) oder nach eingetretener Rechtskraft auf Grund des § 22 Abs. 2.

7) Fortführung des Grundsatzes von § 115 Satz 2 des BGB.; vgl. auch unten § 61.

§. 33.[1])

Soll in den gesetzlich zugelassenen Fällen[2]) Jemand durch Ordnungsstrafen zur Befolgung einer gerichtlichen Anordnung angehalten werden,[3]) so muß der Festsetzung der Strafe eine Androhung vorausgehen. Die einzelne Strafe darf den Betrag von dreihundert Mark[4]) nicht übersteigen.[5])

1) Vgl. § 31 Anm. 2.

2) Vgl. §§ 88, 132, 133, 140, 151, 154, 159, BGB. §§ 78, 1788, 1837, HGB. §§ 14, 319, 325 Nr. 9, Gen.-Ges. § 160 Abs. 1, Preuß. FGG. Art. 15.

3) Nicht hierher gehört BGB. § 1875 (Ordnungsstrafen gegen Familienrathsmitglieder wegen begangener Pflichtwidrigkeiten). Hier also keine Androhung erforderlich.

4) Nur Geldstrafe! Kein Mindestmaß! Keine Umwandlung in Haft!

5) Wiederholung ist zulässig. Eine Beschränkung hierin beim Zwang zur Uebernahme einer Vormundschaft s. in BGB. § 1788 Abs. 2.

§. 34.[1])

Die Einsicht der Gerichtsakten[2]) kann[3]) Jedem insoweit gestattet werden, als er ein berechtigtes Interesse glaubhaft macht.[4]) Das Gleiche gilt von der Ertheilung einer Abschrift; die Abschrift ist auf Verlangen zu beglaubigen.[5] [6])

[1]) Ueber die Anwendbarkeit des § 34 in landesrechtlichen Angelegenheiten s. Preuß. FGG. Art. 1 Anm. 10.

[2]) Notariatsakten s. Preuß. FGG. Art. 50, 61.

[3]) Nach dem Ermessen des Richters; gegen die Versagung Beschwerde nach § 19. [4]) § 15 Abs. 2.

[5]) Die Form der Beglaubigung bestimmt sich nach Landesrecht; vgl. Preuß. FGG. Art. 57.

[6]) Weitergehende Publizität s. in §§ 78, 85. BGB. §§ 79, 1563, 2228, 2264, 2384. HGB. § 9.

Zweiter Abschnitt.

Vormundschaftssachen.

Inhalts-Uebersicht. § 35. Sachliche Zuständigkeit. — §§ 36—45. Oertliche Zuständigkeit. — § 46. Abgabe der Vormundschaft. — § 47. Vorschrift für Deutsche im Auslande. — §§ 48—50 Meldungspflicht der Behörden gegenüber dem Vormundschaftsgericht. — §§ 51—53 Beginn der Wirksamkeit vormundschaftsgerichtlicher Verfügungen. — § 54. Sicherungshypothek des Vormundes. — § 55. Genehmigung von Rechtsgeschäften. — Ehelichkeitserklärung. — § 56. Volljährigkeitserklärung. — §§ 57—59. Beschwerderecht. — § 60. Sofortige Beschwerde. — §§ 61—62. Befugnisse des Beschwerdegerichts. — § 63. Weitere Beschwerde. — § 64. Entlassung von Mitgliedern des Familienraths.

§. 35.

Für die dem Vormundschaftsgericht obliegenden Verrichtungen[1]) sind die Amtsgerichte zuständig.[2])

[1]) Ein Verzeichniß derselben s. S. 16 ff.

[2]) Unbeschadet der Befugniß der Landesgesetzgebung, die Verrichtungen an andere als gerichtliche Behörden zu überweisen. EG. z. BGB. Art. 147; s. unten §§ 194 bis 196 und Einleitung S. 8.

§. 36.[1])

Für die Vormundschaft[2]) ist das Gericht zuständig, in dessen Bezirke der Mündel zu der Zeit, zu welcher die Anordnung der Vormundschaft erforderlich wird,[3]) seinen Wohnsitz[4]) oder in Ermangelung eines inländischen Wohnsitzes[5]) seinen Aufenthalt hat. Wird die Anordnung einer Vormundschaft über Geschwister[6]) erforderlich, die in den Bezirken verschiedener Vormundschaftsgerichte ihren Wohnsitz oder ihren Aufenthalt haben, so ist, wenn für einen der Mündel schon eine Vormundschaft anhängig ist,[7]) das für diese zuständige Gericht, anderenfalls dasjenige Gericht, in dessen Bezirke der jüngste Mündel seinen Wohnsitz oder seinen Aufenthalt hat, für alle Geschwister maßgebend.[8])

Ist der Mündel ein Deutscher und hat er im Inlande weder Wohnsitz noch Aufenthalt, so ist das Gericht zuständig, in dessen Bezirke der Mündel seinen letzten inländischen Wohnsitz hatte. In Ermangelung eines solchen Wohnsitzes[9]) wird das zuständige Gericht, falls der Mündel einem Bundesstaat angehört, von der Landesjustizverwaltung, anderenfalls[10]) von dem Reichskanzler bestimmt.

Für die Vormundschaft über einen Minderjährigen, dessen Familienstand nicht zu ermitteln ist,[11]) ist das Gericht zuständig, in dessen Bezirke der Minderjährige aufgefunden wurde.

[1]) Die §§ 36—45 behandeln die örtliche Zuständigkeit. Das danach zuständige Gericht bleibt zuständig,

auch wenn die die Kompetenz begründenden Umstände sich später ändern; vgl. aber § 46.

²) Ueber Minderjährige wie über Volljährige. Auch auf Ausländer anwendbar. (EG. z. BGB. Art. 28.)

³) Nicht der Zeitpunkt der thatsächlichen Einleitung der Vormundschaft.

⁴) BGB. §§ 7—11.

⁵) Diese Voraussetzung soll schon dann vorliegen, wenn ein inländischer Wohnsitz nicht zu ermitteln ist. K.B. zu § 33 (S. 38).

⁶) Vollbürtige oder halbbürtige, auch uneheliche Kinder derselben Mutter (BGB. § 1705). Nach der Absicht des Gesetzes aber nur auf die Vormundschaft über Minderjährige zu beziehen.

⁷) Z. B. beim Tode einer zum zweiten Mal verwittweten Frau; hier gehört die Vormundschaft über die Kinder zweiter Ehe vor das Gericht, bei welchem die Kinder erster Ehe bereits bevormundet werden (BGB. § 1697). Ebenso bei mehreren unehelichen Kindern derselben Mutter.

⁸) Vgl. aber § 46 Anm. 1.

⁹) Vgl. Anm. 5.

¹⁰) G. betr. d. Rechtsverhältnisse d. deutschen Schutzgebiete; Fassung v. 15. März 1888 § 6 (RGBl. S. 73).

¹¹) Findelkind. Ueber die Anzeigepflicht in solchem Falle s. § 48.

§. 37.

Soll Jemand nach §. 1909 des Bürgerlichen Gesetzbuchs[1]) einen Pfleger erhalten, so ist, wenn bei einem inländischen Gericht eine Vormundschaft über ihn anhängig ist, für die Pflegschaft dieses Gericht zuständig.[2]) Im Uebrigen finden auf die Pflegschaft die Vorschriften des §. 36 Anwendung.

Für die Pflegschaft über einen Ausländer, für

den bei einem inländischen Gericht eine Vormundschaft nicht anhängig ist und der im Inlande weder Wohnsitz noch Aufenthalt hat,[3]) ist[4]) das Gericht zuständig, in dessen Bezirke das Bedürfniß der Fürsorge hervortritt.

[1]) Betrifft die Pflegschaft für Personen, die unter elterlicher Gewalt oder unter Vormundschaft stehen.

[2]) Doch kann die Pflegschaft — gesondert von der Vormundschaft — nach § 46 Abs. 3 abgegeben werden, z. B. wenn sie entfernt gelegenen Grundbesitz betrifft.

[3]) Vgl. § 36 Anm. 5.

[4]) Z. B. wenn nach dem Recht des Auslandes die dort bestehende Vormundschaft oder Pflegschaft sich auf das inländische Vermögen nicht erstreckt. Vgl. EG. z. BGB. Art. 23.

§. 38.

Auf die Zuständigkeit für die Pflegschaft über einen Gebrechlichen[1]) finden die Vorschriften des §. 36 Abs. 1,[2]) 2 und des §. 37 Abs. 2 entsprechende Anwendung.

[1]) BGB. § 1910.

[2]) Von Abs. 1 ist nur der erste Satz „entsprechend" anwendbar.

§. 39.

Für die Pflegschaft über einen Abwesenden[1]) ist das Gericht zuständig, in dessen Bezirke der Abwesende seinen Wohnsitz[2]) hat.

Hat der Abwesende im Inlande keinen Wohnsitz,[3]) so finden die Vorschriften des §. 36 Abs. 2 und des §. 37 Abs. 2 entsprechende Anwendung.[4])

[1]) BGB. § 1911. [2]) BGB. §§ 7—11.

[3]) Vgl. § 36 Anm. 5.

4) Ueber die Abwesenheitspflegschaft zum Zwecke der Nachlaßtheilung s. § 88.

§. 40.

Für die Pflegschaft über eine Leibesfrucht[1]) ist das Gericht zuständig, welches für die Vormundschaft zuständig sein würde, falls das Kind zu der Zeit, zu welcher das Bedürfniß der Fürsorge hervortritt, geboren wäre.

1) BGB. § 1912.

§. 41.

Wird im Falle des §. 1913 des Bürgerlichen Gesetzbuchs[1]) die Anordnung einer Pflegschaft für den bei einer Angelegenheit Betheiligten erforderlich, so ist das Gericht zuständig, in dessen Bezirke das Bedürfniß der Fürsorge hervortritt.

1) Pflegschaft für unbekannte oder ungewisse Betheiligte.

§. 42.

Für die Pflegschaft zum Zwecke der Verwaltung und Verwendung eines durch öffentliche Sammlung zusammengebrachten Vermögens[1]) ist das Gericht des Ortes zuständig, an welchem bisher die Verwaltung geführt wurde.[2])

1) BGB. § 1914.

2) Außerhalb der §§ 37—42 steht die Nachlaßpflegschaft. Ueber diese s. § 75.

§. 43.

Die Zuständigkeit für eine Verrichtung des Vormundschaftsgerichts, die nicht eine Vormundschaft oder eine Pflegschaft betrifft,[1] bestimmt sich, soweit sich nicht aus dem Gesetz[2] ein Anderes ergiebt, nach den Vorschriften des §. 36 Abs. 1, 2;[3] maßgebend ist für jede einzelne Angelegenheit der Zeitpunkt, in welchem das Gericht mit ihr befaßt wird.[4]

Ist für die Person, in Ansehung deren die Verrichtung des Vormundschaftsgerichts erforderlich wird, eine Vormundschaft oder eine Pflegschaft anhängig oder ist der Mutter, unter deren elterlicher Gewalt sie steht, ein Beistand bestellt,[5] so ist das Gericht zuständig, bei welchem die Vormundschaft, Pflegschaft oder Beistandschaft anhängig ist.[6]

[1] Ein Verzeichniß dieser Angelegenheiten s. S. 17 ff.

[2] Siehe Abs. 2 u. §§ 44, 45.

[3] Danach entscheidet in erster Reihe der Wohnsitz des Kindes und zwar auch dann, wenn er von dem des Vaters oder der Mutter verschieden ist z. B. bei einer verheiratheten Tochter (BGB. § 10).

[4] Nicht, wie nach § 86 der Zeitpunkt, zu dem diese Befassung erforderlich geworden ist, sondern der, zu dem sie thatsächlich eintritt.

[5] BGB. §§ 1687 ff.

[6] Wegen Abgabe an ein anderes Gericht s. § 46 Abs. 3.

§. 44.

Für die in den §§. 1665,[1] 1846[2] des Bürgerlichen Gesetzbuchs und im Artikel 23 Abs. 2 des Einführungsgesetzes zum Bürgerlichen Gesetzbuche[3] bezeichneten Maßregeln ist auch[4] das Gericht zuständig, in dessen Bezirke das Bedürfniß der Fürsorge hervortritt. Das Gericht soll, wenn eine Vormundschaft, Pflegschaft oder Beistandschaft anhängig ist, von den angeordneten Maßregeln dem nach §. 43 Abs. 2 zuständigen Gerichte Mittheilung machen.

1) Verhinderung des Vaters oder der Mutter an der Ausübung der elterlichen Gewalt.

2) Fürsorge bei noch nicht erfolgter Bestellung oder bei Verhinderung des Vormundes.

3) Vorläufige Maßregeln zu Gunsten eines nicht bevormundeten Ausländers.

4) Nicht ausschließlich, sondern neben dem nach §§ 36, 43 zuständigen Gericht.

§. 45.

Wird in einer Angelegenheit, welche die persönlichen Rechtsbeziehungen der Ehegatten zu einander[1]) oder das eheliche Güterrecht[2]) betrifft, eine Verrichtung des Vormundschaftsgerichts erforderlich, so ist das Gericht zuständig, in dessen Bezirke der Mann seinen Wohnsitz oder in Ermangelung eines inländischen Wohnsitzes[3]) seinen Aufenthalt hat.

Ist der Mann ein Deutscher und hat er im Inlande weder Wohnsitz noch Aufenthalt,[4]) so finden die Vorschriften des §. 36 Abs 2 entsprechende Anwendung.

Hat der Mann die Reichsangehörigkeit verloren, die Frau sie aber behalten,[5]) so ist, wenn der Mann im Inlande weder Wohnsitz noch Aufenthalt hat, das Gericht zuständig, in dessen Bezirke die Frau ihren Wohnsitz oder in Ermangelung eines inländischen Wohnsitzes ihren Aufenthalt hat; hat sie im Inlande weder Wohnsitz noch Aufenthalt[6]) so finden die Vorschriften des §. 36 Abs. 2 entsprechende Anwendung.

Für die Zuständigkeit ist in Ansehung jeder einzelnen Angelegenheit der Zeitpunkt maßgebend, in welchem das Gericht mit ihr befaßt wird.[7])

[1]) Siehe oben S. 17 Nr. 6—8. Die Kindererziehung unter geschiedenen Eheleuten (BGB. §§ 1635, 1636) gehört nicht hierher. Hier entscheidet § 43.

[2]) Siehe oben S. 18 Nr. 9. Es sind nur Verrichtungen innerhalb des bestehenden Güterrechts gemeint. Die bei der Neubegründung oder Veränderung von Güterrechtsverhältnissen erforderliche vormundschaftsgerichtliche Genehmigung (s. o. S. 18 Nr. 10—12) folgt den Zuständigkeitsregeln der §§ 36, 43.

[3]) Vgl. § 36 Anm. 4 u. 5.

[4]) Vgl. E.G. z. BGB. Art. 14, 15 u. oben § 36 Anm. 5.

[5]) E.G. z. BGB. Art. 14 Abs. 2. G. v. 1. Juni 1870 (BGBl. S. 355) §§ 13, 19, 21 Abs. 2.

[6]) Vgl. § 36 Anm. 5.

[7]) Vgl. § 43 Anm. 4.

§. 46.

Das Vormundschaftsgericht kann die Vormundschaft aus wichtigen Gründen[1]) an ein anderes Vormundschaftsgericht[2]) abgeben,[3]) wenn sich dieses zur Uebernahme der Vormundschaft bereit erklärt; nach der Bestellung des Vormundes ist jedoch dessen Zustimmung erforderlich.

Einigen sich die Gerichte nicht oder verweigert der Vormund oder, wenn mehrere Vormünder die

Vormundschaft gemeinschaftlich führen, einer von ihnen seine Zustimmung, so entscheidet das gemeinschaftliche obere Gericht.[4]) Eine Anfechtung der Entscheidung findet nicht statt.

Diese Vorschriften finden auf die Pflegschaft[5]) und die im §. 43 bezeichneten Angelegenheiten entsprechende Anwendung.

[1]) Die Reichstagskommission hat es als „zweifellos“ bezeichnet, daß eine Verschiedenheit der Wohn- bez. Aufenthaltsorte von Geschwistern als ein wichtiger Grund im Sinne des § 46 anzusehen sei. K.B. zu § 33 (S. 39 a. E.); vgl. auch Anm. 3.

[2]) An jedes beliebige, wenn es geeignet erscheint. Weder die Zuständigkeitsregeln, noch die Grenzen der Bundesstaaten kommen hierbei in Betracht. Wegen Abgabe an das Ausland s. § 47 Abs. 2.

[3]) Bei mehreren Geschwistern kann die Vormundschaft auch betreffs einzelner abgegeben werden; vgl. Anm. 1.

[4]) Für Preußen und Bayern vgl. § 199 Anm. 4 u. 5; für andere als gerichtliche Behörden s. § 194 Abs. 2.

[5]) Vgl. § 87 Anm. 2.

§. 47.

Ist über einen Deutschen, der im Auslande seinen Wohnsitz oder Aufenthalt hat, die nach den Vorschriften des Bürgerlichen Gesetzbuchs erforderliche Vormundschaft im Ausland angeordnet,[1]) so kann[2]) die Anordnung der Vormundschaft im Inland unterbleiben, wenn dies im Interesse des Mündels liegt.[3])

Hat ein Deutscher, über den im Inland eine

Vormundschaft angeordnet ist, im Auslande seinen Wohnsitz oder Aufenthalt, so kann das Gericht, bei welchem die Vormundschaft anhängig ist, sie an den ausländischen Staat abgeben, wenn dies im Interesse des Mündels liegt, der Vormund seine Zustimmung ertheilt und der ausländische Staat sich zur Uebernahme bereit erklärt.[4] Verweigert der Vormund oder, wenn mehrere Vormünder die Vormundschaft gemeinschaftlich führen, einer von ihnen seine Zustimmung, so entscheidet an Stelle des Gerichts, bei welchem die Vormundschaft anhängig ist, das im Instanzenzuge vorgeordnete Gericht.[5] Eine Anfechtung der Entscheidung findet nicht statt.

Diese Vorschriften gelten auch für die Pflegschaft.

[1]) Die Denkschrift (zu § 44 S. 46) folgert aus den Grundsätzen des EG. z. BGB. über das internationale Privatrecht, daß über die Voraussetzungen der Bevormundung eines Deutschen das einheimische Recht auch dann entscheidet, wenn der Deutsche seinen Wohnsitz oder Aufenthalt im Auslande hat. § 47 soll eine Milderung dieses Satzes einführen.

[2]) Nach dem Ermessen des an sich zuständigen Gerichts.

[3]) Vgl. hierzu § 97 Abs. 2.

[4]) Wegen der Korrespondenz mit der ausländischen Behörde entscheiden die bestehenden Staatsverträge und die völkerrechtliche Uebung.

[5]) D. i. auch im Falle der §§ 194, 195 das Landgericht.

§. 48.

Wird bei einem Standesbeamten der Tod einer Person,[1]) die ein minderjähriges[2]) Kind hinterlassen[3]) hat, oder die Geburt eines ehelichen Kindes nach dem Tode des Vaters oder die Geburt eines unehelichen Kindes[4]) oder die Auffindung eines Minderjährigen, dessen Familienstand nicht zu ermitteln ist,[5]) angezeigt oder wird vor einem Standesbeamten von einer Frau, die ein minderjähriges eheliches Kind hat, eine Ehe geschlossen,[6]) so hat der Standesbeamte hiervon dem Vormundschaftsgericht Anzeige zu machen.

[1]) Mann oder Frau; für den Tod des Vaters s. BGB. §§ 1686, 1687; für den Tod der Mutter BGB. § 1640.

[2]) Auch wenn keine elterliche Gewalt über das Kind bestand (uneheliche Kinder, Vorkinder der wiederverheiratheten Wittwe), und zwar wegen der Anordnung Betreffs der Sorge für die Person des Kindes; vgl. BGB. §§ 1696, 1697, 1707.

[3]) „Hinterlassen". Nach der Fiktion von § 1589 Abs. 2 BGB. auf uneheliche Kinder eines Mannes nicht zu beziehen.

[4]) Vgl. BGB. §§ 1707, 1773.

[5]) BGB. § 1773 Abs. 2; Personenstandsgesetz v. 6. Februar 1875 § 24.

[6]) BGB. § 1697.

§. 49.

Erlangt der Gemeindewaisenrath[1]) von einem Falle Kenntniß, in welchem ein Vormund, ein Gegenvormund oder ein Pfleger zu bestellen ist, so hat er dem Vormundschaftsgericht Anzeige zu machen. Zugleich soll er die Person vorschlagen, die sich zum Vormunde, Gegenvormund oder Pfleger eignet.[2])

[1]) Die Organisation des Gemeindewaisenraths ist dem Landesrecht überlassen. Für Preußen vgl. AG. z. BGB. Art. 77.

[2]) Vgl. BGB. § 1779.

§. 50.

Wird die Anordnung einer Vormundschaft oder einer Pflegschaft in Folge eines gerichtlichen Verfahrens erforderlich,[1]) so hat das Gericht das zuständige Vormundschaftsgericht hiervon zu benachrichtigen.[2])

[1]) Z. B. einer Entmündigung. Vgl. außerdem CPO. §§ 657, 660, 674, 683.

[2]) Fernere Benachrichtigungspflichten des Prozeßgerichts, s. in CPO. § 627 Abs. 3, und § 680. Vgl. auch die Citate in Anm. 1.

§. 51.

Eine Verfügung, durch die von dem Vormundschaftsgerichte festgestellt wird, daß der Vater oder die Mutter auf längere Zeit an der Ausübung der elterlichen Gewalt thatsächlich verhindert ist,[1]) tritt mit der Bestellung des Vormundes in Wirksamkeit;[2]) hat jedoch während der Verhinderung des Vaters die Mutter die elterliche Gewalt auszuüben,[3]) so wird die Verfügung mit der Bekanntmachung an die Mutter wirksam.[4])

Eine Verfügung, durch die von dem Vormundschaftsgerichte festgestellt wird, daß der Grund für das Ruhen der elterlichen Gewalt des Vaters oder der Mutter nicht mehr besteht,[5]) wird mit der Bekanntmachung an den Vater oder an die Mutter wirksam.[6])

[1]) BGB. §§ 1677 Abs. 1, 1686.

[2]) Allen Betheiligten gegenüber. Abweichung vom § 16, um eine öffentliche Zustellung an abwesende Eltern entbehrlich zu machen.

[3]) Gleichviel ob Kraft Gesetzes (BGB. § 1685 Abs. 1) oder — bei aufgelösten Ehen — auf Grund der Uebertragung durch das Vormundschaftsgericht (§ 1685 Abs. 2).

[4]) Siehe Anm. 2.

[5]) BGB. §§ 1677 Abs. 2, 1686.

[6]) Siehe Anm. 2.

§. 52.

Eine Verfügung, durch die ein Volljähriger unter vorläufige Vormundschaft gestellt wird,[1]) tritt, wenn die Entmündigung wegen Geisteskrankheit beantragt ist, mit der Bestellung des Vormundes,[2]) wenn die Entmündigung wegen Geistesschwäche, wegen Verschwendung oder wegen Trunksucht beantragt ist, mit der Bekanntmachung an den zu Entmündigenden,[3]) eine Verfügung, durch die eine vorläufige Vormundschaft aufgehoben wird,[4]) tritt mit der Bekanntmachung an den Mündel in Wirksamkeit.[5])

[1]) BGB. § 1906.

[2]) Vgl. BGB. § 6 u. § 104 Nr. 3; s. auch CPO. § 661.

[3]) Vgl. BGB. § 6 u. § 114; s. auch CPO. §§ 661, 683.

[4]) Auf Grund des § 1908 Abs. 3 des BGB. oder auf Grund der §§ 18, 19 ff. des vorliegenden Gesetzes.

[5]) Vgl. § 51 Anm. 2. — Verfügungen, durch welche

eine Pflegschaft aufgehoben wird, werden mit der Bekanntmachung an den Pfleger wirksam (§ 16 Abs. 1).

§. 53.

Eine Verfügung, durch die auf Antrag die Ermächtigung oder die Zustimmung eines Anderen zu einem Rechtsgeschäft ersetzt[1]) oder dem Manne die im §. 1358 Abs. 1 des Bürgerlichen Gesetzbuchs vorgesehene Ermächtigung zur Kündigung[2]) ertheilt oder durch welche die Beschränkung oder die Ausschließung der nach §. 1357 des Bürgerlichen Gesetzbuchs der Frau zustehenden Rechte[3]) aufgehoben wird, tritt erst mit der Rechtskraft[4]) in Wirksamkeit.[5]) Das Gleiche gilt von einer Verfügung, durch die auf Antrag des Kindes die Zustimmung der Mutter zur Ehelichkeitserklärung ihres Kindes[6]) ersetzt wird.

Bei Gefahr im Verzuge kann das Gericht die sofortige Wirksamkeit der Verfügung anordnen. Die Verfügung tritt mit der Bekanntmachung an den Antragsteller in Wirksamkeit.

[1]) Siehe oben S. 17 Nr. 4, 5, 8, 9. Ob auch die Ersetzung der Genehmigung des Beistandes oder des Gegenvormundes (BGB. §§ 1690 Abs. 2, 1810, 1812) sowie die Ersetzung der Zustimmung des Schenkers zur Abweichung von seinen Anordnungen über Verwaltung des geschenkten Vermögens (§§ 1803 Abs. 3, 1917 Abs. 3, vgl. auch § 1639 Abs. 2) hierher zu rechnen sind, ist zweifelhaft. – Für das Verfahren bei Ersetzung der Einwilligung zur Eheschließung vgl. übrigens noch BGB. § 1847.

[2]) Bei Verträgen über persönliche Leistungen der Ehefrau.

3) Schlüsselgewalt.

4) Vgl. § 60 Nr. 6 und § 81 Anm. 3.

5) Abweichung von § 16 Abs. 1. Derartige Verfügungen müssen also allen Betheiligten in den Formen der CPO. und nöthigenfalls mittels öffentlicher Zustellung bekannt gemacht werden (§ 16 Abs. 2), wofern nicht die Bekanntmachung zu Protokoll erfolgt (§ 16 Abs. 3). — Vgl. noch ferner § 26 Anm. 3.

6) BGB. § 1727. Vgl. auch unten § 55 Abs. 2.

§. 54.

Liegen nach dem Ermessen des Vormundschaftsgerichts die Voraussetzungen vor, unter denen der Vormund, der Pfleger oder der Beistand zur Sicherheitsleistung angehalten werden kann,[1] so ist das Gericht befugt, das Grundbuchamt um die Eintragung einer Sicherungshypothek an Grundstücken des Vormundes, des Pflegers oder des Beistandes zu ersuchen.[2] Der Vormund, der Pfleger oder der Beistand soll soweit thunlich vorher gehört werden.[3] Die Hypothek entsteht mit der Eintragung.[4])

Diese Vorschriften finden auf die Eintragung eines Pfandrechts an einem im Schiffsregister eingetragenen Schiffe[5]) entsprechende Anwendung.

1) BGB. §§ 1844, 1915; vom Beistand kann nur im Falle des § 1698 Sicherheit gefordert werden.

2) Vgl. GBO. § 39 und CPO. § 867.

3) Insbesondere wegen seines Rechtes die Entlassung zu fordern. BGB. § 1786 Nr. 6 u. § 1889. Der Antrag auf Entlassung hindert indessen die Eintragung nicht unbedingt, wenn das Gericht eine Sicherung auch für die Vergangenheit oder für die Zeit bis zur Ausantwortung des Vermögens für erforderlich hält.

[4]) Die Löschung der Hypothek erfolgt nicht auf Ersuchen des Gerichts; vgl. aber BGB. § 1844 Abs. 2.

[5]) §§ 100 ff.

§. 55.

Eine Verfügung, durch welche die Genehmigung zu einem Rechtsgeschäft[1]) ertheilt[2]) oder verweigert wird, kann von dem Vormundschaftsgericht[3]) insoweit nicht mehr geändert werden, als die Genehmigung oder deren Verweigerung einem Dritten gegenüber wirksam geworden ist.[4])

Eine Verfügung, durch welche die Zustimmung zu einer Ehelichkeitserklärung ersetzt wird,[5]) kann nicht mehr geändert werden,[6]) wenn die Ehelichkeitserklärung[7]) erfolgt ist.[8])

[1]) BGB. §§ 1809—1816, 1819—1825, 1902; s. ferner Einl. S. 18 ff. Nr. 10—13, 16, 17, 24, 26, 27, 29 bis 31. Nicht zu verwechseln mit der Ersetzung der Zustimmung eines Anderen zu einem Rechtsgeschäft (§ 53 Satz 1).

[2]) Vgl. BGB. § 1828.

[3]) Auch von dem Beschwerdegericht, § 62.

[4]) Ausnahme von § 18.

[5]) Siehe Einl. S. 19 Nr. 25; nicht zu verwechseln mit Nr. 26 ebenda; vgl. auch § 53 Abs. 1 Satz 2.

[6]) Auch von dem Beschwerdegericht nicht, § 62.

[7]) Durch die zuständige Stelle. BGB. § 1723.

[8]) Sei es auf Grund von § 53 Abs. 2 oder in Folge irriger Annahme eingetretener Rechtskraft. Auch nicht im Falle der Wiedereinsetzung in den vorigen Stand (§ 22 Abs. 2).

§. 56.

Die Volljährigkeitserklärung[1]) soll nur auf Antrag des Minderjährigen oder desjenigen gesetzlichen Vertreters des Minderjährigen erfolgen, welchem die Sorge für die Person zusteht.[2])

Die Verfügung, durch welche der Minderjährige für volljährig erklärt wird, tritt erst mit der Rechtskraft[3]) in Wirksamkeit.[4])

[1]) BGB. §§ 3—5; s. auch § 1847.

[2]) Wer zwar die Sorge für die Person des Kindes hat, aber nicht gesetzlicher Vertreter ist, hat das Antragsrecht nicht, also namentlich nicht die wiederverheirathete und die außereheliche Mutter (BGB. §§ 1697, 1707).

[3]) Vgl. § 53 Anm. 4 u. 5 und § 196 Abs. 2.

[4]) Abs. 2 des § 53 findet hier keine Anwendung.

§. 57.

Die Beschwerde steht, unbeschadet der Vorschriften des §. 20,[1]) zu:

1. gegen eine Verfügung, durch welche die Anordnung einer Vormundschaft abgelehnt oder eine Vormundschaft aufgehoben wird, Jedem, der ein rechtliches Interesse an der Aenderung der Verfügung hat, sowie dem Ehegatten, den Verwandten und Verschwägerten des Mündels,[2]) es sei denn, daß die Verfügung eine vorläufige Vormundschaft betrifft;[3])

[1]) § 57 enthält Erweiterungen des Beschwerderechts; die Legitimation zur Beschwerde nach § 20 besteht noch außerdem (s. z. B. Anm. 12). — Weitere Beschwerde s. § 63.

[2]) Ohne Unterschied des Grades (vgl. BGB. §§. 1589, 1590). — Verschwägerung ist nach dem Gesetz ein engerer Begriff als nach dem Volksmund. Die Männer zweier Schwestern gelten rechtlich nicht als Schwäger, die Frauen zweier Brüder nicht als Schwägerinnen. Stiefeltern und Stiefkinder sind verschwägert. Stiefgeschwister ist kein rechtlicher Begriff: Halbgeschwister sind Verwandte; zusammengebrachte Kinder dagegen stehen überhaupt in keinem Familienverhältniß.

[3]) Für diesen Fall s. Nr. 2.

2. gegen eine Verfügung, durch welche die Anordnung einer vorläufigen Vormundschaft abgelehnt oder eine solche Vormundschaft aufgehoben wird, denjenigen, welche den Antrag auf Entmündigung[4]) zu stellen berechtigt sind;[5])

[4]) CPO. §§ 646, 680.

[5]) Vgl. BGB. §§ 1906, 1908.

3. gegen eine Verfügung, durch welche die Anordnung einer Pflegschaft[6]) abgelehnt oder eine Pflegschaft aufgehoben wird, Jedem, der ein rechtliches Interesse an der Aenderung der Verfügung hat,[7]) in den Fällen der §§. 1909, 1910 des Bürgerlichen Gesetzbuchs[8]) auch dem Ehegatten sowie den Verwandten und Verschwägerten[9]) des Pflegebefohlenen; diese Vorschrift gilt jedoch im Falle des § 1910 nur dann, wenn eine Verständigung mit dem Pflegebefohlenen nicht möglich ist;[10])

[6]) BGB. §§ 1909 ff.

7) Weitergehend als nach § 20; vgl. § 20 Anm. 1.

8) Pflegschaft für Personen unter elterlicher Gewalt oder Vormundschaft (§ 1909) und Pflegschaft über Gebrechliche (§ 1910).

9) Siehe Anm. 2.

10) Sonst hat nur dieser selbst das Beschwerderecht; vgl. BGB. § 1910 Abs. 3.

4. gegen eine Verfügung, durch welche die Einsetzung eines Familienraths abgelehnt oder der Familienrath aufgehoben wird,[11]) dem Ehegatten sowie den Verwandten und Verschwägerten[12]) des Mündels;

11) BGB. §§ 1858, 1859, 1879, 1880.

12) Siehe Anm. 2. Außerdem nach § 20 jedem Mitglied des Familienraths (vgl. Anm. 1).

5. gegen eine Verfügung, durch die in den Fällen des §. 1687 Nr. 1, 3 des Bürgerlichen Gesetzbuchs die Bestellung eines Beistandes der Mutter abgelehnt oder die Bestellung aufgehoben wird,[13]) dem Ehegatten sowie den Verwandten und Verschwägerten des Kindes;[14])

13) Ein Beistand soll nach § 1687 bestellt werden,
Nr. 1: wenn es der Vater angeordnet hat.
Nr. 2: wenn es die Mutter beantragt.
Nr. 3: wenn es das Vormundschaftsgericht aus besonderen Gründen für nöthig erachtet.

In den Fällen der Nr. 2 steht gegen die Ablehnung oder Aufhebung die Beschwerde nur der Mutter zu; vgl. § 20 Abs. 2.

14) Siehe Anm. 2.

6. gegen eine Verfügung, durch die ein Antrag

des Gegenvormundes[15]) oder des Beistandes[16]) zurückgewiesen wird, gegen den gesetzlichen Vertreter wegen pflichtwidrigen Verhaltens einzuschreiten oder den Vormund oder den Pfleger aus einem der im §. 1886 des Bürgerlichen Gesetzbuchs bezeichneten Gründe zu entlassen, dem Antragsteller;

15) BGB. § 1799.

16) BGB. § 1689 mit §§ 1665 ff.

7. gegen eine Verfügung, durch die dem Vormund oder dem Pfleger eine Vergütung bewilligt wird,[17]) dem Gegenvormunde;

17) BGB. § 1836. Bei Bewilligung einer Vergütung an den Beistand (BGB. § 1694) steht die Beschwerde der Mutter als Nutznießerin des Kindesvermögens nach § 20 zu.

8. gegen eine Verfügung, durch welche die Anordnung einer der in den §§. 1665 bis 1667 des Bürgerlichen Gesetzbuchs vorgesehenen Maßregeln[18]) abgelehnt oder eine solche Maßregel aufgehoben wird, den Verwandten und Verschwägerten[19]) des Kindes;

18) Einschreiten des Gerichts bei der elterlichen Gewalt wegen Verhinderung des Vaters oder der Mutter oder wegen Gefährdung des Kindes.

19) Siehe Anm. 2.

9. gegen eine Verfügung, die eine Entscheidung über eine die Sorge für die Person[20]) des Kindes oder des Mündels[21]) betreffende Angelegenheit enthält, Jedem, der ein berechtigtes

Interesse hat, diese Angelegenheit wahrzunehmen.[22])

Die Vorschrift des Abs. 1 Nr. 9 findet auf die sofortige Beschwerde[23]) keine Anwendung.[24])

[20]) Begriff: BGB. §§ 1631, 1632.

[21]) „Kind" ist eine Person in elterlicher Gewalt, „Mündel" eine Person unter Vormundschaft (vgl. § 59).

[22]) Vgl. Anm. 7. — Nach der Absicht der Antragsteller (K.B. zu § 54 S. 44) auf Pfarrer, Lokalschulinspektor u. s. w., insbesondere bei Fragen der religiösen Erziehung berechnet. Siehe aber Anm. 24.

[23]) § 22, s. auch § 60.

[24]) Weil nicht allen in Nr. 9 benannten Personen die Entscheidung zugestellt werden kann. Insoweit also die sofortige Beschwerde stattfindet, ist eine Beschwerdeführung auf Grund der Nr. 9 unzulässig.

§. 58.

Führen mehrere Vormünder oder Pfleger die Vormundschaft oder die Pflegschaft gemeinschaftlich, so kann jeder von ihnen für den Mündel[1]) das Beschwerderecht[2]) selbständig ausüben.[3])

Diese Vorschrift findet in den Fällen der §§. 1629, 1798 des Bürgerlichen Gesetzbuchs entsprechende Anwendung.[4])

[1]) Verschieden hiervon ist die Beschwerdeführung des Vormundes aus eigenem Recht: s. § 20 Anm. 2.

[2]) Auch das Recht der weiteren Beschwerde. § 63.

[3]) Abweichung vom BGB. § 1797 Abs. 1. Ist die Verwaltung nach Wirkungskreisen getrennt (§ 1797 Abs. 2), so steht jedem Vormunde nur das Beschwerderecht innerhalb seines Wirkungskreises zu.

[4]) § 1629 lautet:

„Steht die Sorge für die Person oder die Sorge für das Vermögen des Kindes einem Pfleger zu, so entscheidet bei einer Meinungsverschiedenheit zwischen dem Vater und dem Pfleger über die Vornahme einer sowohl die Person als das Vermögen des Kindes betreffenden Handlung das Vormundschaftsgericht."

§ 1798 bestimmt dasselbe für den Fall, daß dem einen Vormund die Sorge für die Person, dem anderen die für das Vermögen zusteht.

Abs. 2 des Textes giebt danach dem Vater, dem Pfleger und jedem der Vormünder das Beschwerderecht gegen die Entscheidung.

§. 59.

Ein unter elterlicher Gewalt stehendes Kind oder ein unter Vormundschaft stehender Mündel kann in allen seine Person[1]) betreffenden Angelegenheiten ohne Mitwirkung seines gesetzlichen Vertreters das Beschwerderecht[2]) ausüben. Das Gleiche gilt in Angelegenheiten, in denen der Mündel vor einer Entscheidung des Vormundschaftsgerichts gehört werden[3]) soll.[4])

Diese Vorschriften finden auf Personen, die geschäftsunfähig[5]) sind oder nicht das vierzehnte Lebensjahr vollendet haben, keine Anwendung.

[1]) „Seine Person", nicht blos die „Sorge für die Person" (BGB. § 1631); vgl. z. B. die oben S. 17 ff. Nr. 2—8, 14, 15, 23—27, 31, 32 bezeichneten Angelegenheiten — (bei Nr. 6—8, wenn die Ehefrau minderjährig ist, bei Nr. 23 kommt ein Beschwerderecht sowohl des minderjährigen Kindes als der minderjährigen Ehefrau in Frage); — sowie ferner in allen Angelegenheiten, welche Person und Vermögen zusammen betreffen, wie z. B. die Anordnung der Vormundschaft überhaupt.

[2]) Auch das Recht der weiteren Beschwerde; § 68.

[3]) BGB. 1827 Abs. 1 u. 2.

[4]) Gleichviel, ob er wirklich gehört worden ist oder nicht und ob die Anhörung thunlich war (BGB. § 1827 Abs. 2) oder nicht.

[5]) Begriff: BGB. § 104. Personen, die in der Geschäftsfähigkeit nur beschränkt sind (BGB. §§ 106, 114), haben das Beschwerderecht, wenn sie 14 Jahre alt sind.

§. 60.

Die sofortige Beschwerde[1]) findet statt:

1. gegen eine Verfügung, durch die ein als Vormund, Pfleger, Gegenvormund, Beistand oder Mitglied des Familienraths Berufener[2]) übergangen wird;

[1]) §§ 22, 29 Abs. 2, s. auch § 68.

[2]) BGB. §§ 1776, 1778, 1792 Abs. 4, 1861, 1897 bis 1900, 1915—1917, u. § 1694.

2. gegen eine Verfügung, durch welche die Weigerung, eine Vormundschaft, Pflegschaft, Gegenvormundschaft oder Beistandschaft zu übernehmen, zurückgewiesen wird;[3])

[3]) BGB. §§ 1787, 1788, 1792 Abs. 4, 1915, u. § 1694.

3. gegen eine Verfügung, durch die ein Vormund, Pfleger, Gegenvormund oder Beistand gegen seinen Willen entlassen wird;[4])

[4]) BGB. §§ 1886—1888, 1895, 1915, u. § 1694. Die Aufhebung der gesammten Vormundschaft, Pflegschaft oder Beistandschaft fällt nicht hierunter, sondern unterliegt der einfachen (unbefristeten) Beschwerde.

4. gegen eine Verfügung, durch die der Familien-

rath aufgehoben[5]) oder ein Mitglied des Familienraths gegen seinen Willen entlassen wird;[6])

[5]) BGB. §§ 1879, 1880.

[6]) BGB. § 1878. Ueber den Instanzenzug im Falle der Entlassung s. § 64.

5. gegen eine Verfügung, durch die ein Volljähriger unter vorläufige Vormundschaft gestellt wird;[7])

[7]) BGB. § 1906.

6. gegen Verfügungen, die erst mit der Rechtskraft wirksam werden.[8])

[8]) §§ 53, 56.

Die Frist beginnt[9]) in den Fällen des Abs. 1 Nr. 1 mit dem Zeitpunkt, in welchem der Beschwerdeführer von seiner Uebergehung Kenntniß erlangt,[10]) im Falle der Aufhebung des Familienraths mit dem Zeitpunkt, in welchem das Vormundschaftsgericht die bisherigen Mitglieder von der Aufhebung in Kenntniß setzt.[11])[12])

[9]) Für alle zur Beschwerde nach § 20 oder § 57 Berechtigten.

[10]) Wegen der Unmöglichkeit, in diesen Fällen die Verfügung allen etwaigen Beschwerdeberechtigten bekannt zu machen.

[11]) Vgl. BGB. § 1881 Abs. 2; s. auch Anm. 10.

[12]) In den übrigen Fällen ist für jeden Beschwerdeberechtigten die Frist nach § 22 zu berechnen.

§. 61.

Wird eine Verfügung, durch die ein Volljähriger unter vorläufige Vormundschaft gestellt ist,[1]) von dem Beschwerdegericht²) aufgehoben,³) so kann die Wirksamkeit der von oder gegenüber dem Volljährigen vorgenommenen Rechtsgeschäfte nicht auf Grund der aufgehobenen Verfügung in Frage gestellt werden.⁴)

[1]) BGB. § 1906.

[2]) Oder dem Gericht der weiteren Beschwerde, § 63.

[3]) Ebenso wenn die Aufhebung auf Grund des § 18 erfolgt.

[4]) Die von oder gegenüber dem Vormund vorgenommenen Rechtsgeschäfte bleiben gleichfalls bestehen; vgl. § 32 mit Anm. 7.

§. 62.

Soweit eine Verfügung nach §. 55 von dem Vormundschaftsgerichte nicht mehr geändert werden kann, ist auch das Beschwerdegericht[1]) nicht berechtigt, sie zu ändern.

[1]) Auch das Gericht der weiteren Beschwerde, § 63.

§. 63.

Auf die weitere Beschwerde[1]) finden die Vorschriften der §§. 57 bis 62 entsprechende Anwendung.

[1]) §§ 27, 29 Abs. 2.

§. 64.

Gegen eine Verfügung, durch die über die Entlassung eines Mitglieds des Familienraths von dem Gerichte, welches dem Vormundschaftsgericht im Instanzenzuge vorgeordnet ist,[1]) entschieden wird, findet die Beschwerde an das Oberlandesgericht[2]) statt. Die weitere Beschwerde ist ausgeschlossen.[3])

[1]) Vgl. § 47 Anm. 5 und BGB. § 1878 Abs. 2.

[2]) In Preußen an das Kammergericht, in Bayern an das oberste Landesgericht vgl. § 199 Anm. 4 u. 5.

[3]) Abweichung von § 27.

Dritter Abschnitt.

Annahme an Kindesstatt.

§. 65.

Die Bestätigung des Vertrags, durch welchen Jemand an Kindesstatt angenommen[1]) oder das durch die Annahme an Kindesstatt begründete Rechtsverhältniß wieder aufgehoben wird,[2]) gehört zur Zuständigkeit der Amtsgerichte.

[1]) BGB. § 1741.

[2]) BGB. §§ 1768, 1770.

§. 66.

Für die Bestätigung ist das Gericht zuständig, in dessen Bezirke der Annehmende[1]) zu der Zeit, zu welcher der Antrag auf Bestätigung eingereicht oder nach Maßgabe des §. 1753 Abs. 2 des Bürgerlichen Gesetzbuchs[2]) das Gericht oder der Notar mit der Einreichung betraut wird, seinen Wohnsitz[3]) oder in Ermangelung eines inländischen Wohnsitzes[4]) seinen Aufenthalt hat.

Ist der Annehmende ein Deutscher und hat er im Inlande weder Wohnsitz noch Aufenthalt, so ist das Gericht zuständig, in dessen Bezirke der Annehmende seinen letzten inländischen Wohnsitz hatte. In Ermangelung eines solchen Wohnsitzes wird das zuständige Gericht, falls der Annehmende einem Bundesstaat angehört, von der Landesjustizverwaltung, anderenfalls[5]) von dem Reichskanzler bestimmt.[6])

[1]) Gleichviel ob Deutscher oder Ausländer.

[2]) Betrifft die Bestätigung nach dem Tode des Annehmenden.

[3]) BGB. §§ 7—11.

[4]) Vgl. § 36 Anm. 5.

[5]) Vgl. § 36 Anm. 5 u. 10.

[6]) Für die Annahme durch einen Ausländer, der im Inlande weder Wohnsitz noch Aufenthalt hat, giebt es keine inländische Zuständigkeit.

§. 67.

Der Beschluß, durch den die Bestätigung[1]) ertheilt wird, tritt[2]) mit der Bekanntmachung an den Annehmenden in Wirksamkeit.

Ist die Bestätigung[3]) noch nach dem Tode des Annehmenden zulässig,[4]) so tritt der Beschluß, unbeschadet der Vorschriften des §. 1753 Abs. 3 und des §. 1770 des Bürgerlichen Gesetzbuchs,[5]) mit der Bekanntmachung an das Kind[6]) in Wirksamkeit; wird nach dem Tode des Kindes das zwischen den übrigen Betheiligten bestehende Rechtsverhältniß durch Vertrag aufgehoben, so tritt der Beschluß, durch welchen die Aufhebung nach dem Tode des Annehmenden bestätigt wird,[7]) mit der Bekanntmachung an die übrigen Betheiligten in Wirksamkeit.

Das Gericht ist zu einer Aenderung des Beschlusses nicht befugt.[8])

[1]) Für den Annahmevertrag oder für dessen Aufhebung.

[2]) Für alle Betheiligte. Abweichung von § 16.

[3]) Siehe Anm. 1.

[4]) BGB. § 1753 Abs. 2 und § 1770.

[5]) Dort ist bestimmt, daß die nach dem Tode erfolgte Bestätigung die gleiche Wirkung hat, wie wenn sie vor dem Tode erfolgt wäre.

[6]) Bei Minderjährigkeit an den gesetzlichen Vertreter, auch wenn das Kind über 14 Jahre alt ist (BGB. § 1750).

[7]) Es ist an folgenden Fall gedacht: wenn nach dem Tode des Kindes der Annehmende mit den übrigen Betheiligten die Aufhebung des Rechtsverhältnisses verabredet (BGB. § 1769) und wenn dann der Annehmende vor der Bestätigung des Aufhebungsvertrages stirbt (BGB. § 1770 mit § 1753 Abs. 2).

[8]) Ausnahme von § 18.

§. 68.

Gegen den Beschluß, durch welchen die Bestätigung ertheilt wird, findet kein Rechtsmittel statt.

Gegen den Beschluß, durch welchen die Bestätigung versagt wird, findet die sofortige Beschwerde statt.[1]) Die Beschwerde steht jedem der Vertragschließenden zu, auch wenn der Antrag auf Bestätigung von ihm nicht gestellt war.[2]) Die Vorschriften des §. 22 Abs. 2,[3]) des §. 24 Abs. 3 und des §. 26 Satz 2[4]) finden keine Anwendung.

[1]) § 22, § 29 Abs. 2.

[2]) Abweichung von § 20 Abs. 2.

[3]) Betrifft Wiedereinsetzung in den vorigen Stand.

[4]) Betreffen die Befugniß des Beschwerdegerichts zu einstweiligen Anordnungen.

Vierter Abschnitt.

Personenstand.[1])

[1]) Vgl. hierzu §§ 186, 197. — Uebergangsbestimmungen s. im Preuß. FGG. Art. 133, 142.

§. 69.

Für die nach dem Gesetz über die Beurkundung des Personenstandes und die Eheschließung vom 6. Februar 1875 (Reichs-Gesetzbl. S. 23) dem Gericht erster Instanz obliegenden Verrichtungen[1]) sind die Amtsgerichte[2]) zuständig.[3])

[1]) Entscheidung bei Weigerung des Standesbeamten, eine Amtshandlung vorzunehmen (§ 11 des G. vom 6. Februar 1875), Anordnung der Berichtigung der Standesregister (§ 66 ebenda) und Aufbewahrung des Nebenregisters (§ 14 Abs. 2 ebenda). Für letztere Thätigkeit s. aber unten § 197.

[2]) Oertlich zuständig ist für die Entscheidung über die Weigerung eines Standesbeamten das Gericht, in dessen Bezirk der Standesbeamte seinen Amtssitz hat (G. v. 6. Februar 1875 § 11 Abs. 3); für die übrigen Fälle wird in jedem Bundesstaat die örtliche Zuständigkeit durch die Centralbehörde bestimmt (§ 84 ebenda). In Preußen gilt die vorerwähnte Zuständigkeit auch für die anderen Fälle, für die Aufbewahrung der Nebenregister jedoch nur dann, wenn nicht die zuständigen Minister ein anderes Gericht bestimmen. Bek. v. 17. Oktober 1899 (Ministerial-Blatt der inneren Verwaltung S. 189).

[3]) Die Beischreibung und Beglaubigung nachträglicher Eintragungen im Nebenregister und die Ertheilung von Auszügen aus dem letzteren erfolgt selbstständig durch den Gerichtsschreiber. Bek. v. 25. März 1899 (RGBl. S. 225) § 24.

§. 70.

Gegen eine Verfügung, durch die angeordnet wird, daß eine Eintragung in dem Standesregister zu berichtigen ist,[1]) findet die sofortige Beschwerde[2]) statt. Die Verfügung tritt erst mit der Rechtskraft in Wirksamkeit.[3])

[1]) Vgl. § 69 Anm. 1.

[2]) § 22, § 29 Abs. 2. Gegen die Ablehnung eines Berichtigungsantrags einfache Beschwerde.

[3]) Vgl. § 53 Anm. 5.

§. 71.

Sind Vorgänge, die auf Antrag eines Betheiligten in dem Standesregister am Rande einer Eintragung zu vermerken sind,[1]) von einem Notar beurkundet, so gilt dieser als ermächtigt, im Namen des Betheiligten, dessen Erklärung beurkundet ist, die Eintragung des Vermerkes in das Standesregister zu beantragen.[2])

[1]) G. v. 6. Februar 1875 § 26; vgl. auch ebenda § 55 Abs. 2 in der Fassung des EG. z. BGB. Art. 46.

[2]) Vgl. hierzu: Preuß. AG. z. BGB. Art. 70 (Anl. V).

Fünfter Abschnitt.

Nachlaß- und Theilungssachen.[1])

[1]) Hierzu Preuß. FGG. Art. 19—28, 104 ff.

Inhalts-Uebersicht: § 72. Sachliche Zuständigkeit. — §§ 73, 74. Oertliche Zuständigkeit. — § 75. Nachlaßpflegschaft. — § 76. Nachlaßverwaltung. — § 77. Inventarfrist. — § 78. Akteneinsicht und Abschriften. — § 79. Offenbarungseid des Erben. — § 80. Fristbestimmung bei Wahlvermächtnissen und Aehnliches. — §§ 81,

82. Testamentsvollstrecker. — § 83. Erzwingung der Einlieferung eines Testaments. — § 84. Erbschein und Zeugnisse — § 85. Ertheilung von Ausfertigungen. — §§ 86, 87. Auseinandersetzung mehrerer Erben. Antrag — § 88. Pflegschaft für einen abwesenden Betheiligten. — §§ 89—91. Ladung. Vereinbarung. Bestätigung. Verfahren gegen den Ausgebliebenen. — § 92. Wiedereinsetzung. — § 93. Auseinandersetzungsplan. — § 94. Loosziehung. — § 95. Behandlung der Streitpunkte. — § 96. Rechtsmittel gegen die Bestätigung. — §§ 97, 98. Wirksamkeit der Bestätigung. Zwangsvollstreckung. — § 99. Auseinandersetzung nach aufgehobener Gütergemeinschaft.

§. 72.

Für die dem Nachlaßgericht obliegenden Verrichtungen sind die Amtsgerichte zuständig.[1])

[1]) Vgl. § 85 Anm. 2 u. dazu Preuß. FGG. Art. 104 ff.

§. 73.

Die örtliche Zuständigkeit bestimmt sich nach dem Wohnsitze, den der Erblasser zur Zeit des Erbfalls[1]) hatte; in Ermangelung eines inländischen Wohnsitzes[2]) ist das Gericht zuständig, in dessen Bezirke der Erblasser zur Zeit des Erbfalls seinen Aufenthalt hatte.

Ist der Erblasser ein Deutscher und hatte er zur Zeit des Erbfalls im Inlande weder Wohnsitz noch Aufenthalt, so ist das Gericht zuständig, in dessen Bezirke der Erblasser seinen letzten inländischen Wohnsitz hatte. In Ermangelung eines solchen Wohnsitzes wird das zuständige Amtsgericht, falls der Erblasser zur Zeit des Erbfalls einem Bundesstaat angehörte, von der Landesjustizverwaltung, anderenfalls von dem Reichskanzler bestimmt.[3])

Ist der Erblasser ein Ausländer und hatte er zur Zeit des Erbfalls[1]) im Inlande weder Wohnsitz noch Aufenthalt,[4]) so ist jedes Gericht, in dessen Bezirke sich Nachlaßgegenstände befinden, in Ansehung aller im Inlande befindlichen Nachlaßgegenstände[5]) zuständig. Die Vorschriften des §. 2369 Abs. 2 des Bürgerlichen Gesetzbuchs[6]) finden Anwendung.

[1]) D. i. beim Tode. BGB. § 1922. Ueber den Wohnsitz s. BGB. §§ 7—11.

[2]) Vgl. § 86 Anm. 5.

[3]) Vgl. § 86 Anm. 5 u. 10.

[4]) Vgl. EG. z. BGB. Art. 25—31.

[5]) Auch der nicht in seinem Bezirk befindlichen. Wegen der Konkurrenz verschiedener Gerichte s. § 4.

[6]) § 2369 Abs. 2 lautet:

„Ein Gegenstand, für den von einer deutschen Behörde ein zur Eintragung des Berechtigten bestimmtes Buch oder Register geführt wird, gilt als im Inlande befindlich. Ein Anspruch gilt als im Inlande befindlich, wenn für die Klage ein deutsches Gericht zuständig ist."

§. 74.

Für die Sicherung des Nachlasses[1]) ist jedes Amtsgericht zuständig, in dessen Bezirke das Bedürfniß der Fürsorge hervortritt.[2]) Das Gericht soll von den angeordneten Maßregeln dem nach §. 73 zuständigen Nachlaßgerichte Mittheilung machen.[3])

[1]) BGB. §§ 1960, 1961.

[2]) Aber nur für die in seinem Bezirk wahrzunehmenden Angelegenheiten.

[3]) Sicherungspflichten anderer Behörden s. Preuß. FGG. Art. 19, 20; vgl. auch ebenda Art. 104—107, 111, 118, 122, 123.

§. 75.

Auf die Nachlaßpflegschaft[1]) finden die für Vormundschaftssachen geltenden Vorschriften dieses Gesetzes Anwendung. Unberührt bleiben die Vorschriften über die Zuständigkeit des Nachlaßgerichts;[2]) das Nachlaßgericht kann jedoch die Pflegschaft nach Maßgabe des §. 46 an ein anderes Nachlaßgericht abgeben.[3])

[1]) BGB. §§ 1961, 1962. § 1962 bestimmt: „Für die Nachlaßpflegschaft tritt an die Stelle des Vormundschafsgerichts das Nachlaßgericht."

[2]) Die §§ 36—42 bleiben hiernach außer Anwendung.

[3]) Z. B. wenn der Nachlaß hauptsächlich aus Grundstücken eines anderen Bezirks besteht.

§. 76.

Gegen eine Verfügung, durch die dem Antrage des Erben,[1]) die Nachlaßverwaltung anzuordnen, stattgegeben wird, ist die Beschwerde unzulässig.[2])

Gegen eine Verfügung, durch die dem Antrag eines Nachlaßgläubigers,[3]) die Nachlaßverwaltung anzuordnen, stattgegeben wird, findet die sofortige Beschwerde[4]) statt. Die Beschwerde steht nur dem Erben,[5]) bei Miterben jedem Erben, sowie dem Testamentsvollstrecker zu, welcher zur Verwaltung des Nachlasses berechtigt ist.[6]) [7])

[1]) Nicht eines Nachlaßgläubigers (vgl. BGB. § 1981 Abs. 1 u. 2); wegen der Gläubiger s. den folgenden Absatz.

[2] Aber nur wenn der Antrag von allen Erben gestellt war (BGB. § 2062). Hat das Gericht gegen das Gesetz die Verwaltung auf Antrag einzelner Erben angeordnet, so steht den übrigen Erben die einfache (unbefristete) Beschwerde zu. Denkschrift zu § 73 (S. 57).

[3] BGB. § 1981 Abs. 2.

[4] §§ 22, 29 Abs. 2.

[5] Nicht einem Gläubiger. Abweichung von § 20.

[6] BGB. §§ 2205, 2208.

[7] Gegen die Ablehnung findet in allen Fällen die einfache (unbefristete) Beschwerde statt (§ 19).

§. 77.

Gegen eine Verfügung, durch die dem Erben eine Inventarfrist bestimmt wird,[1] findet die sofortige Beschwerde[2] statt.

Das Gleiche gilt von einer Verfügung, durch die über die Bestimmung einer neuen Inventarfrist oder über den Antrag des Erben, die Inventarfrist zu verlängern, entschieden wird.[3]

In den Fällen der Abs. 1, 2 beginnt die Frist zur Einlegung der Beschwerde für jeden Nachlaßgläubiger[4] mit dem Zeitpunkt, in welchem die Verfügung demjenigen Nachlaßgläubiger bekannt gemacht wird, welcher den Antrag auf die Bestimmung der Inventarfrist gestellt hat.[5]

[1] BGB. § 1994.

[2] §§ 22, 29 Abs. 2. Bei Ablehnung des Gesuches, einfache Beschwerde nach § 19.

[3] Vgl. BGB. §§ 1995 Abs. 3, 1996, 2005 Abs. 2. Gleichviel wie die Entscheidung ausfällt. Hier also auch bei Ablehnung sofortige Beschwerde.

[4]) Für die Erben gilt lediglich § 22 Abs. 1 Satz 2.

[5]) Im Falle des Abs. 2: welcher den Antrag auf die ursprüngliche Frist gestellt hat. Das Beschwerderecht anderer Gläubiger unterliegt indessen dem § 20 Abs. 2.

§. 78.

Hat das Nachlaßgericht nach §. 1964 des Bürgerlichen Gesetzbuchs festgestellt, daß ein anderer Erbe als der Fiskus nicht vorhanden ist, so steht die Einsicht der dieser Feststellung vorausgegangenen Ermittelungen Jedem zu,[1]) der ein berechtigtes Interesse glaubhaft macht.[2]) Das Gleiche gilt von der Einsicht einer Verfügung, welche die Bestimmung einer Inventarfrist[3]) oder die Ernennung oder die Entlassung eines Testamentsvollstreckers[4]) betrifft, eines Protokolls über die Leistung des im §. 79 bezeichneten Eides sowie von der Einsicht eines Erbscheins[5]) und eines der in den §§. 1507,[6]) 2368[7]) des Bürgerlichen Gesetzbuchs und den §§. 37, 38 der Grundbuchordnung[8]) vorgesehenen gerichtlichen Zeugnisse.

Von den Schriftstücken, deren Einsicht gestattet ist, kann[9]) eine Abschrift gefordert werden; die Abschrift ist auf Verlangen zu beglaubigen.[10])

[1]) Unbedingt, nicht blos fakultativ (vgl. § 34).

[2]) § 15 Abs. 2, s. auch BGB. § 1953 a. E. u. § 1957 a. E.

[3]) BGB. §§ 1994—1996, 2005 Abs. 2.

[4]) Nämlich die Ernennung und Entlassung durch das Gericht; BGB. §§ 2200, 2227. Wegen Einsicht der Schriften über anderweite Ernennung von Testaments-

vollstreckern sowie über Annahme, Ablehnung und Kündigung Seitens des Testamentsvollstreckers vgl. BGB. § 2228.

5) BGB. §§ 2353 ff. Wegen Einsicht des Testaments vgl. BGB. § 2264.

6) Zeugniß über Fortsetzung der Gütergemeinschaft.

7) Zeugniß zur Legitimation des Testamentsvollstreckers.

8) Siehe Anlage III.

9) Vgl. Anm. 1.

10) Vgl. § 84 Anm. 5. Siehe auch § 85. — Weitergehende Rechte s. in CPO. §§ 792, 896.

§. 79.

Verlangt ein Nachlaßgläubiger von dem Erben die Leistung des im §. 2006 des Bürgerlichen Gesetzbuchs vorgesehenen Offenbarungseids,[1]) so kann die Bestimmung des Termins zur Leistung des Eides sowohl von dem Nachlaßgläubiger als von dem Erben beantragt werden. Zu dem Termine sind beide Theile zu laden.[2]) Die Anwesenheit des Gläubigers ist nicht erforderlich.[3])

1) Offenbarungseid über die Richtigkeit des Inventars.

2) Vom Gericht. Ueber das Verfahren bei der Eidesabnahme siehe § 15. Bei Weigerung der Eidesleistung muß geklagt werden. Die Zwangsvollstreckung aus dem Urtheil ist kein Akt der freiwilligen Gerichtsbarkeit; vgl. CPO. § 889.

3) Ist die Nachlaßbehörde kein Gericht (§ 194) so ist nicht diese, sondern das Amtsgericht, in dessen Bezirk sie ihren Sitz hat, für die Abnahme zuständig. EG. z. BGB. Art. 147 Abs. 2.

§. 80.

Gegen eine Verfügung, durch die nach den §§. 2151, 2153 bis 2155, 2192, 2193[1]) und dem §. 2198 Abs. 2[2]) des Bürgerlichen Gesetzbuchs dem Beschwerten oder einem Dritten eine Frist zur Erklärung bestimmt wird, findet die sofortige Beschwerde[3]) statt.

[1]) Bestimmungen des Beschwerten oder eines Dritten bei Unvollständigkeit von Vermächtnißanordnungen oder Auflagen.

[2]) Wenn die Bestimmung der Person des Testamentsvollstreckers im Testament einem Dritten überlassen ist.

[3]) §§ 22, 29 Abs. 2.

§. 81.

Gegen eine Verfügung, durch die von dem Nachlaßgericht ein Testamentsvollstrecker ernannt[1]) oder einem zum Testamentsvollstrecker Ernannten eine Frist zur Erklärung über die Annahme des Amtes bestimmt wird,[2]) findet die sofortige Beschwerde[3]) statt.

Das Gleiche gilt von einer Verfügung, durch die ein Testamentsvollstrecker gegen seinen Willen entlassen wird.[4])

[1]) BGB. § 2200.

[2]) BGB. § 2202 Abs. 3.

[3]) §§ 22, 29 Abs. 2.

[4]) BGB. § 2227.

§. 82.

Führen mehrere Testamentsvollstrecker das Amt gemeinschaftlich,[1]) so steht gegen eine Verfügung, durch die das Nachlaßgericht Anordnungen des Erblassers für die Verwaltung des Nachlasses außer Kraft setzt[2]) oder bei einer Meinungsverschiedenheit zwischen den Testamentsvollstreckern entscheidet,[3]) jedem Testamentsvollstrecker die Beschwerde selbständig zu.[4])

Auf eine Verfügung, durch die bei einer Meinungsverschiedenheit zwischen den Testamentsvollstreckern über die Vornahme eines Rechtsgeschäfts das Nachlaßgericht entscheidet, finden die Vorschriften des §. 53 und des §. 60 Abs. 1 Nr. 6 entsprechende Anwendung.[5])

1) BGB. § 2224.

2) BGB. § 2216 Abs. 2.

3) BGB. § 2224.

4) Vgl. § 58.

5) D. h.: Gegen die Verfügung findet sofortige Beschwerde statt. Sie tritt erst mit der Rechtskraft in Wirksamkeit. Bei Gefahr im Verzuge gilt § 53 Abs. 2.

§. 83.

Das Nachlaßgericht kann im Falle des §. 2259 Abs. 1 des Bürgerlichen Gesetzbuchs[1]) den Besitzer des Testaments durch Ordnungsstrafen zur Ablieferung des Testaments anhalten.[2])

Besteht Grund zu der Annahme, daß Jemand ein Testament im Besitze hat, zu dessen Ablieferung er nach §. 2259 Abs. 1 des Bürgerlichen Gesetzbuchs verpflichtet ist, so kann er von dem Nachlaßgerichte zur Leistung des Offenbarungseids angehalten werden; die Vorschriften des §. 883 Abs. 2, 3, des

§. 900 Abs. 1 und der §§. 901, 902, 904 bis 910, 912, 913 der Civilprozeßordnung[3]) finden entsprechende Anwendung.[4])[5])

[1]) § 2259 Abs. 1 bestimmt:

„Wer ein Testament, das nicht in amtliche Verwahrung gebracht ist, im Besitze hat, ist verpflichtet, es unverzüglich, nachdem er von dem Tode des Erblassers Kenntniß erlangt hat, an das Nachlaßgericht abzuliefern."

[2]) Vgl. § 83 u. Preuß. FGG. Art. 17 Anm. 6. — Das Klagerecht eines Interessenten auf Grund des § 2259 des BGB. ist dadurch nicht beschränkt.

[3]) Siehe Anlage II.

[4]) Für das Verfahren ist die Nachlaßbehörde auch dann zuständig, wenn sie kein Gericht ist (§ 194), da es an einer entsprechenden Sonderbestimmung (vgl. § 79 Anm. 8) fehlt.

[5]) Offenbarungseid als Zwangsmittel in anderen Fällen s. Preuß. FGG. Art. 17 Abs. 2.

§. 84.

Gegen einen Beschluß, durch den ein Erbschein für kraftlos erklärt wird,[1]) findet die Beschwerde nicht statt. Das Gleiche gilt von einem Beschlusse, durch den eines der in den §§. 1507, 2368 des Bürgerlichen Gesetzbuchs und den §§. 37, 38 der Grundbuchordnung[2]) vorgesehenen gerichtlichen Zeugnisse für kraftlos erklärt wird.

[1]) BGB. § 2361 Abs. 2.

[2]) Vgl. § 78 Anm. 6—8.

§. 85.

Wer ein rechtliches Interesse glaubhaft macht,[1]) kann verlangen, daß ihm von dem Gericht eine

Ausfertigung des Erbscheins ertheilt werde. Das Gleiche gilt in Ansehung der im §. 84 Satz 2 bezeichneten Zeugnisse sowie in Ansehung der gerichtlichen Verfügungen, die sich auf die Ernennung oder die Entlassung eines Testamentsvollstreckers beziehen.[2])

[1]) § 15 Abs. 2.

[2]) Diese Rechte sind bereits in dem — von der Reichstagskommission hinzugefügten — zweiten Satz von § 78 Abs. 1 in Verbindung mit Abs. 2 daselbst verbürgt. Der § 85 erscheint deshalb im Wesentlichen gegenstandslos. Zwischen der Ausfertigung (§ 85 Satz 1) und der beglaubigten Abschrift (§ 78 Abs. 2) besteht kein erheblicher Unterschied.

§. 86.

Hinterläßt ein Erblasser mehrere Erben,[1]) so hat das Nachlaßgericht[2]) auf Antrag[3]) die Auseinandersetzung in Ansehung des Nachlasses zwischen den Betheiligten zu vermitteln,[4]) sofern nicht ein zur Bewirkung der Auseinandersetzung berechtigter Testamentsvollstrecker vorhanden ist.[5])

Antragsberechtigt ist jeder Miterbe, der Erwerber eines Erbtheils[6]) sowie derjenige, welchem ein Pfandrecht[7]) oder ein Nießbrauch[8]) an einem Erbtheile zusteht.

[1]) Vgl. BGB. §§ 2032 ff.

[2]) Zuständigkeit der Notare s. § 193.

[3]) Einschreiten von Amtswegen s. § 192.

[4]) Vorbereitung des Verfahrens durch die Ortsbehörden s. Preuß. FGG. Art. 113, 117, 122, 123. — Wegen der vor dem 1. Januar 1900 liegenden Todesfälle vgl. Preuß. F.G.G. Art. 139 Abs. 1.

5) Ist ein solcher vorhanden (BGB. §§ 2204, 2208), so findet der Antrag auf gerichtliche Vermittelung nicht statt. Eine Anordnung nach § 2048 BGB. hindert den Antrag nicht.

6) BGB. § 2033. 7) BGB. § 1258.

8) BGB. § 1066.

§. 87.

In dem Antrage sollen die Betheiligten und die Theilungsmasse bezeichnet werden.

Hält das Gericht vor der Verhandlung mit den Betheiligten eine weitere Aufklärung für angemessen, so hat es den Antragsteller zur Ergänzung des Antrags, insbesondere zur Angabe der den einzelnen Betheiligten in Ansehung des Nachlasses zustehenden Ansprüche, zu veranlassen. Es kann dem Antragsteller auch die Beschaffung der Unterlagen[1]) aufgeben.

1) Z. B. des Testaments oder des Nachlaßverzeichnisses.

§. 88.

Einem abwesenden Betheiligten kann, wenn die Voraussetzungen der Abwesenheitspflegschaft[1]) vorliegen und eine Pflegschaft über ihn nicht bereits anhängig ist, für das Auseinandersetzungsverfahren von dem Nachlaßgericht ein Pfleger bestellt werden.[2]) Für die Pflegschaft tritt an die Stelle des Vormundschaftsgerichts das Nachlaßgericht.

1) BGB. § 1911.

2) Kosten der Pflegschaft s. Preuß. FGG. Art. 28.

§. 89.

Das Gericht hat den Antragsteller und die übrigen Betheiligten,[1]) diese unter Mittheilung des

Antrags, zu einem Verhandlungstermine zu laden. Die Ladung durch öffentliche Zustellung ist unzulässig.[2]) Die Ladung soll den Hinweis darauf enthalten, daß ungeachtet des Ausbleibens eines Betheiligten über die Auseinandersetzung verhandelt werden würde[3]) und daß, falls der Termin vertagt oder ein neuer Termin zur Fortsetzung der Verhandlung anberaumt werden sollte, die Ladung zu dem neuen Termin unterbleiben könne. Sind Unterlagen für die Auseinandersetzung vorhanden, so ist in der Ladung zu bemerken, daß die Unterlagen auf der Gerichtsschreiberei eingesehen werden können.

[1]) Zu diesen soll nach Denkschrift zu §§ 82—94 (S. 61) bei Verfügungen über ein Grundstück auch der etwaige Nacherbe gehören (BGB. § 2113 Abs. 1).

[2]) Bei unbekanntem Aufenthalt eines Betheiligten findet sonach ein Verfahren gegen diesen nicht statt; vgl. aber § 88. Eine Auseinandersetzung unter den übrigen Betheiligten ist zulässig, soweit sie nach Lage der Sache möglich ist. Für Ladungen nach dem Ausland vgl. § 16 Abs. 2.

[3]) Wegen Vertretung armer Parteien s. CPO. § 116 Anm. 2 (Anlage II).

§. 90.

Die Frist zwischen der Ladung und dem Termine muß mindestens zwei Wochen betragen.[1])

Diese Vorschrift findet auf eine Vertagung sowie auf einen Termin zur Fortsetzung der Verhandlung keine Anwendung. In diesen Fällen kann die Ladung der zu dem früheren Termine geladenen Betheiligten durch die Verkündung des neuen Termins ersetzt werden.[2])

[1]) Daher Zustellung der Ladung in den Formen der CPO.; § 16 Anm. 10.

[2]) Auch wenn sie ausgeblieben sind. Das Gericht kann aber auch statt der Verkündung des Termins Ladungen erlassen.

§. 91.

Treffen die erschienenen Betheiligten vor der Auseinandersetzung eine Vereinbarung über vorbereitende Maßregeln,[1])[2]) insbesondere über die Art der Theilung, so hat das Gericht die Vereinbarung zu beurkunden.[3]) Das Gleiche gilt, wenn nur ein Betheiligter erschienen ist, in Ansehung der von diesem gemachten Vorschläge.

Sind die Betheiligten sämmtlich erschienen, so hat das Gericht die von ihnen getroffene Vereinbarung zu bestätigen.[4]) Dasselbe gilt, wenn die nicht erschienenen Betheiligten ihre Zustimmung zu gerichtlichem Protokoll oder in einer öffentlich beglaubigten Urkunde[5]) ertheilen.

Ist ein Betheiligter nicht erschienen,[6]) so hat das Gericht, sofern er nicht nach Abs. 2 Satz 2 zugestimmt hat, ihm den Inhalt der Urkunde, soweit dieser ihn betrifft, bekannt zu machen und ihn gleichzeitig zu benachrichtigen, daß er die Urkunde auf der Gerichtsschreiberei einsehen und eine Abschrift der Urkunde fordern könne.[7]) Die Bekanntmachung muß den Hinweis darauf enthalten, daß, wenn der

Betheiligte nicht innerhalb einer von dem Gerichte zu bestimmenden Frist[8]) die Anberaumung eines neuen Termins beantrage oder wenn er in dem neuen Termine nicht erscheine, sein Einverständniß mit dem Inhalte der Urkunde angenommen werden würde.[9]) Beantragt der Betheiligte rechtzeitig die Anberaumung eines neuen Termins und erscheint er in diesem Termine, so ist die Verhandlung fortzusetzen.[10]) Anderenfalls[11]) hat das Gericht die Vereinbarung[12]) zu bestätigen.[13])

[1]) Z. B. Herausgabe, Abschätzung oder Verkauf einzelner Stücke, oder Grundsätze für den Auseinandersetzungsplan, z. B. Uebernahme einer Sache durch einen Miterben. Derartige Grundsätze haben, wenn sie gemäß § 91 bestätigt sind, für den Auseinandersetzungsplan bindende Kraft (vgl. § 97).

[2]) Nothwendig sind solche nicht; es kann auch sofort nach § 93 verhandelt werden.

[3]) Durch Protokoll; dasselbe unterliegt den §§ 168 ff. (vgl. § 168 Anm. 6). Ausschließungsgründe sind sowohl nach § 6 als nach §§ 170, 171 zu beachten.

[4]) Vorausgesetzt, daß die Vereinbarung vollwirksam ist. Bedarf ein Betheiligter der Genehmigung einer Behörde, wie der Vormund und Pfleger (BGB. § 1822 Nr. 2), so muß diese vor der Bestätigung eingeholt werden (Denkschrift zu §§ 82—94 S. 63), ebenso die Genehmigung des etwaigen Beistandes für die Mutter als Inhaberin der elterlichen Gewalt (BGB. § 1690); vgl. Anm. 9.

[5]) Vgl. § 13 Anm. 6.

[6]) Dem steht gleich die freiwillige Entfernung oder die Entfernung im Wege der Sitzungspolizei nach § 176 GVG. Denkschrift a. a. O. S. 64.

7) Kosten der Säumniß s. Preuß. FGG. Art. 28.

8) Also Beurkundung nach § 16 Abs. 2 Satz 1.

9) Nur das Einverständniß des Betheiligten wird angenommen, nicht die etwa erforderliche Genehmigung des Vormundschaftsgerichts oder des Beistandes; vgl. Anm. 4.

10) Zum neuen Termin sind alle Betheiligten zu laden. Bleibt ein früher erschienener Betheiligter aus und wird in dem neuen Termin die frühere Vereinbarung geändert, so muß gegen den Ausgebliebenen nach Abs. 3 verfahren werden.

11) D. h. wenn er entweder keinen neuen Termin beantragt oder wenn er in dem neuen Termine ausbleibt (vgl. auch Anm. 6 u. 7). Widerspricht der Betheiligte in dem Termin oder verweigert er eine Erklärung, so ist nach § 95 zu verfahren. Ueber die Berechtigung des Widerspruchs ist vom Nachlaßgericht nicht zu entscheiden.

12) Im Falle von Abs. 1 Satz 2 den Vorschlag des einzelnen Betheiligten.

13) Ohne Rücksicht, ob sie den Gesetzen entspricht oder nicht. Aber im Falle von Anm. 4 und 9 nur nach Einholung der erforderlichen Genehmigung. Wird diese verweigert, so steht es ebenso, als ob der Betheiligte widersprochen hätte (Anm. 11). Die Genehmigung des Beistandes kann durch die des Vormundschaftsgerichts ersetzt werden (BGB. § 1690 Abs. 2). Die Bekanntmachung mit an den Beistand zu richten und die Versäumnißfolgen auch gegen ihn eintreten zu lassen, erscheint nicht zulässig, da der Beistand kein Recht zum selbständigen Antrage auf einen neuen Termin hat. Ein Versäumnißverfahren gegen die Mutter kann deshalb nur dann wirksam werden, wenn die Genehmigung des Beistandes anderweit beschafft wird.

§. 92.

War im Falle des §. 91 der Betheiligte ohne sein Verschulden verhindert, die Anberaumung eines neuen Termins rechtzeitig zu beantragen oder in dem neuen Termine zu erscheinen, so ist ihm auf Antrag von dem Gerichte die Wiedereinsetzung in den vorigen Stand zu ertheilen, wenn er binnen zwei Wochen nach der Beseitigung des Hindernisses die Anberaumung eines neuen Termins beantragt und die Thatsachen, welche die Wiedereinsetzung begründen, glaubhaft macht.[1] Eine Versäumung, die in dem Verschulden eines Vertreters ihren Grund hat, wird als eine unverschuldete nicht angesehen. Nach dem Ablauf eines Jahres, von dem Ende der versäumten Frist an gerechnet, kann die Wiedereinsetzung nicht mehr beantragt werden.

[1]) Vgl. § 15 Abs. 2. Rechtsmittel gegen den Beschluß s. § 96. Kosten s. § 91 Anm. 7.

§. 93.

Sobald nach Lage der Sache die Auseinandersetzung stattfinden kann,[1]) hat das Gericht[2]) einen Auseinandersetzungsplan anzufertigen.[3]) Sind die erschienenen Betheiligten mit dem Inhalte des Planes einverstanden, so hat das Gericht die Auseinandersetzung zu beurkunden.[4]) Sind die Betheiligten sämmtlich erschienen, so hat das Gericht die Auseinandersetzung zu bestätigen;[5]) dasselbe gilt, wenn die nicht erschienenen Betheiligten ihre Zustimmung zu gerichtlichem Protokoll oder in einer öffentlich beglaubigten[6]) Urkunde ertheilen.

Ist ein Betheiligter nicht erschienen, so hat das

Gericht nach §. 91 Abs. 3 zu verfahren. Die Vorschriften des §. 92 finden entsprechende Anwendung.

1) Vgl. § 91 Anm. 2.

2) Selbst oder durch einen Rechnungsverständigen, zu Protokoll oder in besonderer Schrift.

3) Hierbei sind die nach § 91 getroffenen und bestätigten Vereinbarungen bindend und nicht mehr anfechtbar; vgl. § 91 Anm. 1. Indessen muß die Rechtskraft des Bestätigungsbeschlusses abgewartet werden. § 97.

4) Vgl. § 91 Anm. 3 u. § 98 Anm. 4.

5) Vgl. § 91 Anm. 4 u. 9.

6) Vgl. § 18 Anm. 6.

§. 94.

Ist vereinbart, daß eine Vertheilung durch das Loos geschehen soll,[1] so wird das Loos, sofern nicht ein Anderes bestimmt ist, für die nicht erschienenen Betheiligten von einem durch das Gericht zu bestellenden Vertreter gezogen.[2]

1) Im Falle von §§ 752, 2042 des BGB. oder auch sonst.

2) D. h. insoweit nach der Vereinbarung ein nicht erschienener Betheiligter zur Looszziehung berufen ist, zieht an seiner Stelle der Vertreter das Loos.

§. 95.

Ergeben sich bei den Verhandlungen Streitpunkte, so ist ein Protokoll darüber aufzunehmen und das Verfahren bis zur Erledigung der Streitpunkte auszusetzen. Soweit bezüglich der unstreitigen Punkte die Aufnahme einer Urkunde ausführbar ist, hat das Gericht nach den §§. 91, 93 zu verfahren.

§. 96.

Gegen den Beschluß, durch welchen eine vorgängige Vereinbarung oder eine Auseinandersetzung bestätigt, sowie gegen den Beschluß, durch welchen über den Antrag auf Wiedereinsetzung in den vorigen Stand entschieden wird, findet die sofortige Beschwerde[1]) statt. Die Beschwerde gegen den Bestätigungsbeschluß kann nur darauf gegründet werden, daß die Vorschriften über das Verfahren nicht beobachtet seien.

[1]) §§ 22, 29 Abs. 2.

§. 97.

Eine vorgängige Vereinbarung[1]) sowie eine Auseinandersetzung[2]) ist nach dem Eintritte der Rechtskraft[3]) des Bestätigungsbeschlusses für alle Betheiligten[4]) in gleicher Weise verbindlich wie eine vertragsmäßige Vereinbarung oder Auseinandersetzung.[5])

Bedarf ein Betheiligter zur Vereinbarung oder zur Auseinandersetzung der Genehmigung des Vormundschaftsgerichts,[6]) so ist, wenn er im Inlande keinen Vormund, Pfleger oder Beistand hat,[7]) für die Ertheilung oder die Verweigerung der Genehmigung an Stelle des Vormundschaftsgerichts das Nachlaßgericht zuständig.

[1]) § 91.
[2]) § 93.
[3]) § 31 Anm. 3; vgl. auch § 26 Anm. 3.
[4]) D. h. die in Wirklichkeit Zugezogenen.
[5]) Aber auch nicht mehr. Die Anfechtung wegen

Bedrohung, Betrugs und Irrthums ist deshalb in gleicher Weise wie bei vertragsmäßiger Vereinbarung zulässig.

[6]) Vgl. § 91 Anm. 4, 9 und 13.

[7]) D. h. wenn hier keine Vormundschaft u. s. w. schwebt; nicht gemeint ist der Fall, wenn etwa der Vormund abgegangen und noch kein neuer bestellt ist.

§. 98.

Aus einer vorgängigen Vereinbarung sowie aus einer Auseinandersetzung findet nach dem Eintritte der Rechtskraft[1]) des Bestätigungsbeschlusses die Zwangsvollstreckung statt.[2]) Die Vorschriften der §§. 795, 797 der Civilprozeßordnung finden Anwendung.[3]) [4])

[1]) § 31 Anm. 3; vgl. auch § 26 Anm. 3.

[2]) Die Auflassung soll mit Rücksicht auf ihre besondere Natur (BGB. § 925) durch die Bestätigung nicht ersetzt werden. K.B. zu § 94 (S. 52), vgl. aber GBO. § 99 mit Preuß. AG. z. GBO. Art. 10 und EG. z. BGB. Art. 143.

[3]) Die Zwangsvollstreckung ist kein Akt der freiwilligen Gerichtsbarkeit; sie erfolgt im Parteiauftrag nach der CPO. Nur die Ertheilung vollstreckbarer Ausfertigung erfolgt von den Organen der freiwilligen Gerichtsbarkeit. Sie liegt dem Gerichtsschreiber desjenigen Gerichts ob, welches den Bestätigungsbeschluß erlassen hat (CPO. § 797 Abs. 1); in den Fällen des § 730 der CPO. erfolgt sie nur auf Anordnung des Richters. Das Gericht entscheidet auch über Einwendungen, welche die Zulässigkeit der Vollstreckungsklausel betreffen, sowie über die Ertheilung einer weiteren vollstreckbaren Ausfertigung (CPO. § 797 Abs. 3).

[4]) Kosten der Verfahrens s. Preuß. FGG. Art. 28.

§. 99.

Nach der Beendigung einer ehelichen Gütergemeinschaft[1]) oder einer fortgesetzten Gütergemeinschaft[2]) finden auf die Auseinandersetzung in Ansehung des Gesammtguts die Vorschriften der §§. 86 bis 98 entsprechende Anwendung.[3])

Für die Auseinandersetzung ist, falls ein Antheil an dem Gesammtgute zu einem Nachlasse gehört,[4]) das Amtsgericht zuständig, welches für die Auseinandersetzung in Ansehung des Nachlasses zuständig ist. Im Uebrigen[5]) ist das Amtsgericht zuständig, in dessen Bezirk der Ehemann oder bei fortgesetzter Gütergemeinschaft der überlebende Ehegatte zur Zeit der Beendigung der Gütergemeinschaft seinen Wohnsitz oder in Ermangelung eines inländischen Wohnsitzes[6]) seinen Aufenthalt hatte. Hatte der Ehemann oder der Ehegatte zu der bezeichneten Zeit im Inlande weder Wohnsitz noch Aufenthalt, so finden die Vorschriften des §. 73 Abs. 2 entsprechende Anwendung.[7])

[1]) Allgemeine Gütergemeinschaft (BGB. §§ 1471 ff.), Errungenschaftsgemeinschaft (BGB. § 1546) oder Fahrnißgemeinschaft (BGB. § 1549).

[2]) BGB. §§ 1497 ff., 1557.

[3]) Beim gesetzlichen Güterrecht (BGB. §§ 1363 ff.) und bei der Gütertrennung (BGB. §§ 1426 ff., 1436) findet eine gerichtliche Vermittelung nicht statt.

[4]) Hauptsächlich also, wenn die Beendigung der Gütergemeinschaft durch Tod eines Ehegatten erfolgt ist.

[5]) Bei Beendigung der Gütergemeinschaft durch Ehescheidung oder durch Vertrag.

[6]) Vgl. § 36 Anm. 4 u. 5.

[7]) Wegen Zuständigkeit anderer als gerichtlicher Behörden oder der Notare vgl. § 198.

Sechster Abschnitt.

Schiffspfandrecht.[1])

[1]) Vgl. BGB. §§ 1259—1272. Wegen des Schiffsregisters s. Einl. S. 6 u. 8 und Preuß. FGG. Art. 29. Wegen der im Bau befindlichen Schiffe s. EG. z. HGB. Art. 20.

Die §§ 100 ff. des Textes schließen sich an die GBO. an. Sie beziehen sich gleichmäßig auf Seeschiffe wie Binnenschiffe.

Inhalts-Uebersicht. §§ 100, 101. Voraussetzungen der Eintragung. — §§ 102—105. Berichtigungen, Löschungen, Uebertragungen. — §§ 106—109. Inhalt und Form der Anträge und Erklärungen. — § 110. Behördliches Ersuchen. — §§ 111, 112. Weitere Voraussetzungen der Eintragung. — §§ 113–115. Form und Reihenfolge der Eintragungen. — § 116. Mitverhaftung mehrerer Schiffe. — § 117. Theilschuldverschreibungen auf den Inhaber. — § 118. Umschreibung auf den Erben. — § 119. Unrichtige Eintragungen. — §§ 120, 121. Attestirung und Bekanntmachung der Eintragungen. — §§ 122—124. Beschwerde

§. 100.[1])

In Ansehung eines Pfandrechts an einem im Schiffsregister eingetragenen Schiffe soll, soweit nicht das Gesetz ein Anderes vorschreibt,[2]) eine Eintragung nur auf Antrag erfolgen. Der Zeitpunkt, in welchem der Antrag bei der Registerbehörde[3]) eingeht, soll auf dem Antrage genau vermerkt werden.

Antragsberechtigt ist Jeder, dessen Recht von der Eintragung betroffen wird oder zu dessen Gunsten die Eintragung erfolgen soll. Die Vorschriften der §§. 14 bis 18 der Grundbuchordnung[4]) finden entsprechende Anwendung.

[1]) Vgl. GBO. § 13.

[2]) Vgl. §§ 110, 116, 118, 119, 128. Die Eintragung eines Pfandrechts im Wege der Zwangsvollstreckung erfolgt nicht. CPO. § 870 Abs. 2; s. aber unten § 110 und ferner CPO. §§ 894, 895, 931 Abs. 3, 941, 942. Wegen Pfändung einer Schiffspart s. CPO. § 858.

[3]) Ueber die Registerbehörde s. Einl. S. 6 u. 8.

[4]) Siehe Anlage III.

§. 101.[1])

Eine Eintragung erfolgt, wenn derjenige sie bewilligt, dessen Recht von ihr betroffen wird.[2])

[1]) Vgl. GBO. § 19. BGB. § 1260.

[2]) Und wenn der Bewilligende als Berechtigter einzutragen ist § 111 Abs. 1; vgl. im Uebrigen § 100 Anm. 2.

§. 102.[1])

Zur Berichtigung des Schiffsregisters[2]) bedarf es der Bewilligung desjenigen, dessen Recht von der Berichtigung betroffen wird, nicht, wenn die Unrichtigkeit nachgewiesen wird. Dies gilt insbesondere für die Eintragung oder Löschung einer Verfügungsbeschränkung.

[1]) Vgl. GBO. § 22. [2]) BGB. § 1263.

§. 103.[1])

Ist eine Vormerkung oder ein Widerspruch auf Grund einer einstweiligen Verfügung eingetragen,[2]) so bedarf es zur Löschung nicht der Bewilligung des Berechtigten, wenn die einstweilige Verfügung durch eine vollstreckbare Entscheidung aufgehoben ist. Diese Vorschrift findet entsprechende Anwendung, wenn auf Grund eines vorläufig vollstreckbaren Urtheils nach den Vorschriften der Civilprozeßordnung[3]) eine Vormerkung oder ein Widerspruch eingetragen ist.

[1]) Vgl. GBO. § 25.

[2]) Vgl. BGB. § 1263 Abs. 2. CPO. §§ 941, 942 Abs. 2. [3]) § 895.

§. 104.[1])

Soll die Uebertragung einer Forderung, für die ein Pfandrecht am Schiffe eingetragen ist oder für die ein solches Pfandrecht als Pfand haftet, eingetragen werden, so genügt es, wenn an Stelle der Eintragungsbewilligung die Abtretungserklärung des bisherigen Gläubigers vorgelegt wird.

Diese Vorschrift findet entsprechende Anwendung, wenn eine Belastung der Forderung eingetragen werden soll.

[1]) Vgl. GBO. § 26.

§. 105.[1])

Ein Pfandrecht am Schiffe darf nur mit Zustimmung des eingetragenen Eigenthümers, ein das Pfandrecht belastendes Recht nur mit Zustimmung des eingetragenen Pfandgläubigers gelöscht werden. Für eine Löschung, die zur Berichtigung des Schiffsregisters erfolgen soll,[2]) ist die Zustimmung nicht erforderlich, wenn die Unrichtigkeit des Registers nachgewiesen wird.

[1]) Vgl. GBO. § 27. [2]) Vgl. § 102.

§. 106.[1])

In der Eintragungsbewilligung oder, wenn eine solche nicht erforderlich ist, in dem Eintragungsantrage sind der Name und die Ordnungsnummer, unter welcher das Schiff im Schiffsregister eingetragen ist,[2]) sowie die einzutragenden Geldbeträge in Reichswährung anzugeben.[3])

[1]) Vgl. GBO. § 28.

[2]) Flaggengesetz § 7 Nr. 1 u. 9. Binnenschiffahrtsgesetz § 124 Nr. 1, § 125.

[3]) Fernere Erfordernisse s. BGB. § 1260 Abs. 2 und § 1271.

§. 107.[1])

Eine Eintragung soll nur erfolgen, wenn die Eintragungsbewilligung oder die sonstigen zu der Eintragung erforderlichen Erklärungen vor der Registerbehörde[2]) zu Protokoll gegeben oder durch öffentliche oder öffentlich beglaubigte Urkunden[3]) nachgewiesen werden.

Andere Voraussetzungen der Eintragung bedürfen, soweit sie nicht bei der Registerbehörde offenkundig sind, des Nachweises durch öffentliche Urkunden. Die Vorschriften der §§. 33 bis 38 der Grundbuchordnung[4]) finden entsprechende Anwendung.

[1]) Vgl. GBO. § 29.

[2]) Welcher Beamte zuständig ist, bestimmt sich nach

Landesrecht; in Preußen ist es der Richter. Allg. Verf. v. 11. Dezember 1899 (JMBl. S. 753) § 3 Abs. 3.

[3]) Oeffentliche Urkunde s. § 167 Anm. 2; öffentlich beglaubigte Urkunde s. § 13 Anm. 6.

[4]) Siehe Anlage III.

§. 108.[1])

Für den Eintragungsantrag sowie für die Vollmacht zur Stellung eines solchen gelten die Vorschriften des §. 107 Abs. 1 nur, wenn durch den Antrag zugleich eine zu der Eintragung erforderliche Erklärung ersetzt werden soll.[2])

[1]) Vgl. GBO. § 30.

[2]) Sonst genügt Privatschrift.

§. 109.[1])

Erklärungen, durch die ein Eintragungsantrag zurückgenommen oder eine zur Stellung des Eintragungsantrags ertheilte Vollmacht widerrufen wird, bedürfen der im §. 107 Abs. 1 vorgeschriebenen Form.

[1]) Vgl. GBO. § 32.

§. 110.[1])

In den Fällen, in denen nach gesetzlicher Vorschrift eine Behörde befugt ist, die Registerbehörde um eine Eintragung zu ersuchen,[2]) erfolgt die Eintragung auf Grund des Ersuchens der Behörde.

[1]) Vgl. GBO. § 39.

[2]) Vgl. § 54 Abs. 2 und CPO. § 941; wegen des Arrestpfandrechts s. CPO. § 931 Abs. 3.

§. 111.[1])

Eine Eintragung soll nur erfolgen, wenn derjenige, dessen Recht durch sie betroffen wird, als der Berechtigte eingetragen ist.

Ist derjenige, dessen Recht durch eine Eintragung betroffen wird, Erbe des eingetragenen Berechtigten, so findet die Vorschrift des Abs. 1 keine Anwendung, wenn die Uebertragung oder die Aufhebung des Rechtes eingetragen werden soll oder wenn der Eintragungsantrag durch die Bewilligung des Erblassers oder eines Nachlaßpflegers oder durch einen gegen den Erblasser oder den Nachlaßpfleger vollstreckbaren Titel[2]) begründet wird. Das Gleiche gilt für eine Eintragung auf Grund der Bewilligung eines Testamentsvollstreckers oder auf Grund eines gegen diesen vollstreckbaren Titels, sofern die Bewilligung oder der Titel gegen den Erben wirksam ist.[3])

[1]) Vgl. GBO. §§ 40, 41.

[2]) Vgl. § 100 Abs. 2 mit GBO. § 14.

[3]) Vgl. BGB. §§ 2205—2213. CPO. § 327 u. § 728 Abs. 2.

§. 112.[1])

Bei einem Pfandrechte für die Forderung aus einer Schuldverschreibung auf den Inhaber,[2]) aus einem Wechsel oder einem anderen Papiere, das durch Indossament übertragen werden kann,[3]) soll eine Eintragung nur erfolgen, wenn die Urkunde vorgelegt wird.[4])

Diese Vorschrift findet keine Anwendung, wenn eine Eintragung auf Grund der Bewilligung eines nach den §§. 1189, 1270 des Bürgerlichen Gesetzbuchs[5]) bestellten Vertreters oder auf Grund einer gegen diesen erlassenen gerichtlichen Entscheidung bewirkt werden soll.

[1]) Vgl. GBO. § 44.

[2]) BGB. § 793.

[3]) HGB. § 363.

[4]) Vgl. BGB. § 1270.

[5]) Darnach kann, wenn dem Pfandrecht eine Schuldverschreibung auf den Inhaber oder ein Orderpapier zu Grunde liegt, für den jeweiligen Gläubiger ein Vertreter bestellt und in das Schiffsregister eingetragen werden, welcher zu wirksamen Verfügungen gegen jeden späteren Gläubiger legitimirt ist.

§. 113.[1])

Jede Eintragung soll den Tag, an welchem sie erfolgt ist, angeben und mit der Unterschrift des zuständigen Beamten[2]) versehen werden.

[1]) Vgl. GBO. § 45.

[2]) Die Zuständigkeit bestimmt sich nach Landesrecht; vgl. Preuß. FGG. Art. 29 Abs. 2.

§. 114.[1])

Die Eintragungen erhalten diejenige Reihenfolge, welche der Zeitfolge der Anträge entspricht; sind die Anträge gleichzeitig gestellt, so ist, wenn unter den Eintragungen ein Rangverhältniß besteht, im Schiffsregister zu vermerken, daß die Eintragungen gleichen Rang haben.

Diese Vorschriften finden insoweit keine Anwendung, als das Rangverhältniß von den Antragstellern abweichend bestimmt ist.

[1]) Vgl. GBO. § 46.

§. 115.[1])

Die Löschung eines Rechtes oder einer Verfügungsbeschränkung erfolgt durch Eintragung eines Löschungsvermerkes.

[1]) Vgl. GBO. § 47 Abs. 1.

§. 116.[1])

Werden mehrere Schiffe mit einem Pfandrechte belastet, so ist auf dem Blatte jedes Schiffes die Mitbelastung der übrigen von Amtswegen erkennbar zu machen. Das Gleiche gilt, wenn mit einem an einem Schiffe bestehenden Pfandrechte nachträglich noch ein anderes Schiff belastet wird. Soweit eine Mitbelastung erlischt, ist dies von Amtswegen zu vermerken.

[1]) Vgl. GBO. § 49.

§. 117.[1])

Bei der Eintragung eines Pfandrechts für Theilschuldverschreibungen auf den Inhaber genügt es, wenn der Gesammtbetrag der Forderungen unter Angabe der Anzahl, des Betrags und der Bezeichnung der Theile eingetragen wird.

[1]) Vgl. GBO. § 51 Abs. 1.

§. 118.[1])

Ist ein Testamentsvollstrecker ernannt, so ist dies bei der Eintragung des Erben des Gläubigers von Amtswegen miteinzutragen, es sei denn, daß das eingetragene Recht der Verwaltung des Testamentsvollstreckers nicht unterliegt.[2])

[1]) Vgl. GBO. § 53.

[2]) BGB. §§ 2205, 2208.

§. 119.[1])

Ergiebt sich, daß die Registerbehörde unter Verletzung gesetzlicher Vorschriften eine Eintragung vorgenommen hat, durch die das Schiffsregister unrichtig geworden ist, so ist von Amtswegen ein Widerspruch einzutragen.[2]) Erweist sich eine Eintragung nach ihrem Inhalt als unzulässig, so ist sie von Amtswegen zu löschen.

[1]) Vgl. GBO. § 54 Abs. 1.

[2]) Wegen Berichtigung des Schiffsregisters im Wege einstweiliger Verfügung s. CPO. §§ 941, 942 Abs. 2.

§. 120.

Jede Eintragung ist baldthunlichst[1]) auf dem Schiffszertifikat[2]) oder dem Schiffsbriefe[3]) zu vermerken.[4])

Wird eine Urkunde über die Pfandforderung vorgelegt, so ist die Eintragung auch auf dieser Urkunde unter kurzer Bezeichnung des Inhalts der Eintragungen, welche dem Pfandrecht im Range vorgehen oder gleichstehen, zu vermerken.[5]) Der Vermerk ist mit Unterschrift und Siegel[6]) zu versehen.

1) Also nicht nothwendig sofort, falls die Urkunde zur Zeit nicht vorgelegt werden kann, z. B. weil das Schiff auf Reisen ist.

2) Bei Seeschiffen! Flaggengesetz § 10; Erzwingung der Einreichung und Verfahren, wenn das Schiff im Ausland ist s. ebenda § 15.

3) Bei Binnenschiffen! Binnenschiffahrtsgesetz, § 125 Abs. 3. — Erzwingung der Einreichung s. Preuß. FGG. Art. 17 Anm. 2; § 127 des Binnenschiffahrtsgesetzes umfaßt den Fall nicht.

4) Von dem nach Landesrecht zuständigen Beamten, in Preußen vom Richter; Allg. Verf. vom 11. Dezember 1899 (JMBl. S. 753) § 42 Abs. 4.

5) Von dem nach Landesrecht zuständigen Beamten, in Preußen vom Richter und Gerichtsschreiber; a. a. O. § 5.

6) Nicht Stempel; vgl. § 183 Anm. 10.

§. 121.[1])

Jede Eintragung soll dem Antragsteller und dem eingetragenen Eigenthümer sowie im Uebrigen allen aus dem Schiffsregister ersichtlichen Personen bekannt gemacht werden, zu deren Gunsten die Eintragung erfolgt ist oder deren Recht durch sie betroffen wird. Auf die Bekanntmachung kann verzichtet werden.

1) Vgl. GBO. § 55.

§. 122.[1])

Die Beschwerde gegen eine Eintragung ist unzulässig. Im Wege der Beschwerde kann jedoch verlangt werden, daß die Registerbehörde angewiesen wird, nach §. 119 einen Widerspruch einzutragen oder eine Löschung vorzunehmen.

1) Vgl. GBO. § 71 Abs. 2.

§. 123.[1])

Das Beschwerdegericht kann vor der Entscheidung durch eine einstweilige Anordnung der Registerbehörde aufgeben, eine Vormerkung oder einen Widerspruch einzutragen.

Die Vormerkung oder der Widerspruch wird von Amtswegen gelöscht, wenn die Beschwerde zurückgenommen oder zurückgewiesen wird.

[1]) Vgl. GBO. § 76.

§. 124.

Bei der Einlegung der weiteren Beschwerde durch Einreichung einer Beschwerdeschrift bedarf es der Zuziehung eines Rechtsanwalts[1]) nicht, wenn die Beschwerde von dem Notar eingelegt wird, der die zu der Eintragung erforderliche Erklärung beurkundet oder beglaubigt und im Namen eines Antragsberechtigten[2]) den Eintragungsantrag gestellt hat.[3]) Die Vorschrift des §. 29 Abs. 1 Satz 3[4]) bleibt unberührt.

[1]) § 29 Satz 2.

[2]) Auch wenn dieser nicht der Beschwerdeführer ist (weitergehend als § 29 Abs. 1 Satz 3).

[3]) Zur Beschwerdeführung gilt der Notar ohne Vollmacht als ermächtigt; vgl. § 100 Abs. 2 mit GBO. § 15.

[4]) Nämlich betreffs der Befugniß der Behörden bei der weiteren Beschwerde.

Siebenter Abschnitt.

Handelssachen.[1])

[1]) Vgl. § 30 mit Anm. 3 daselbst u. Preuß. FGG. Art. 29, 30.

Inhalts-Uebersicht. § 125. Handelsregister. Zuständigkeit. — § 126. Mitwirkung der Organe des Handelsstandes — § 127. Verhältniß zum ordentlichen Rechtsweg — §§ 128—130. Form der Urkunden und Eintragungen. — § 131. Zweigniederlassung. — §§ 132-140. Ordnungsstrafverfahren. — § 141. Löschung von Amtswegen. — §§ 142, 143. Beseitigung unzulässiger Eintragungen. — § 144. Nichtigkeit einer Aktiengesellschaft. — §§ 145, 146. Sonstige handelsrechtliche Geschäfte — §§ 147, 148. Genossenschaften und Gesellschaften mit beschränkter Haftung. Unfälle am Schiff und Floß. Bestellung eines Dispacheurs. — §§ 149—158. Aufmachung der Dispache

§. 125.

Für die Führung des Handelsregisters[1]) sind die Amtsgerichte zuständig.[2])

Durch Anordnung der Landesjustizverwaltung kann die Führung des Registers für mehrere Amtsgerichtsbezirke einem Amtsgericht übertragen werden.[3])

[1]) HGB. §§ 8 ff. Die Form des Handelsregisters ist der Landesgesetzgebung überlassen. Vgl. Preuß. FGG. Art. 29.

[2]) Oertliche Zuständigkeit i. HGB. §§ 29, 106, 195, vergl. auch ebenda § 13; G. betr. die Gesellschaften mit beschränkter Haftung. Fassung v. 20. Mai 1898 (RGBl. S. 846) § 7.

[3]) Ausdehnung der Zuständigkeit in diesem Falle s. § 145 Abs. 2.

§. 126.

Die Organe des Handelsstandes[1]) sind verpflichtet, die Registergerichte behufs der Verhütung unrichtiger Eintragungen sowie behufs der Berichtigung und Vervollständigung des Handelsregisters zu unterstützen;[2]) sie sind berechtigt, Anträge zu diesem Zwecke bei den Registergerichten zu stellen und gegen Verfügungen, durch die über solche Anträge entschieden wird, das Rechtsmittel der Beschwerde[3]) zu erheben.

Die näheren Bestimmungen[4]) werden von den Landesregierungen getroffen.[5])

[1]) Handelskammer, Aelteste der Kaufmannschaft u. s. w.

[2]) Vgl. hierzu für Preußen die Allg. Verf. vom 7. November 1899 (JMBl. S. 318) §§ 3 u. 14.

[3]) Einfachen oder sofortigen Beschwerde. Vgl. hierzu § 29 Anm. 2. — Bei der Entscheidung über Beschwerden, die von den Organen des Handelsstandes oder aus Anlaß ihrer Anträge von anderen Personen erhoben sind, dürfen die Mitglieder dieser Organe als Handelsrichter (§ 30 Abs. 1 Satz 2) nicht fungiren; vergl. § 6 Anm. 4.

[4]) Namentlich die Bezeichnung der zuständigen Organe.

[5]) Hierzu: (Preuß.) AG. z. HGB.

Art. 3. Die Gerichte, die Beamten der Staatsanwaltschaft, die Polizei- und Gemeindebehörden sowie die Notare haben von den zu ihrer amtlichen Kenntniß gelangenden Fällen einer unrichtigen, unvollständigen oder unterlassenen Anmeldung zum Handelsregister oder Genossenschaftsregister dem Registergerichte Mittheilung zu machen.

Die Steuerbehörden sind verpflichtet, dem Registergericht über die Anmeldung und die Abmeldung steuerpflichtiger Gewerbe, über das Ergebniß der Veranlagung zur Gewerbesteuer sowie über später eingetretene Veränderungen Auskunft zu ertheilen.

§. 127.

Das Registergericht kann,[1]) wenn eine von ihm zu erlassende Verfügung von der Beurtheilung eines streitigen Rechtsverhältnisses abhängig ist,[2]) die Verfügung aussetzen, bis über das Verhältniß im Wege des Rechtsstreits entschieden ist. Es kann, wenn der Rechtsstreit nicht anhängig ist, einem der Betheiligten eine Frist zur Erhebung der Klage bestimmen.[3]) [4])

[1]) Nach Ermessen! Befugt ist der Richter auch zur selbständigen Entscheidung.

[2]) Z. B. wenn der Veräußerer eines Geschäfts den Nachfolger wegen unbefugter Firmenführung anzeigt (§ 140) und letzterer behauptet, die Firma mit erworben zu haben.

[3]) Aber ohne Präjudiz.

[4]) Das Urtheil stellt das Rechtsverhältniß unter den Parteien mit bindender Wirkung auch für den Registerrichter fest. Insoweit letzterer aber das öffentliche Interesse oder das Interesse anderer Betheiligter wahrzunehmen hat, ist er an das Urtheil nicht gebunden, vielmehr greift lediglich § 12 Platz; vgl. auch HGB. § 16.

§. 128.

Die Anmeldungen zur Eintragung in das Handelsregister sowie die zur Aufbewahrung bei dem Gerichte bestimmten Zeichnungen von Unterschriften[1]) können zum Protokolle des Gerichtsschreibers[2]) des Registergerichts[3]) erfolgen.[4])

[1]) HGB. § 12.

[2]) Auch des Richters, vgl. HGB. § 12 („bei dem

Gerichte"); für Preußen s. Allg. Verf. v. 7. November 1899 (JMBl. S. 813) § 1.

[3]) Nicht eines anderen Gerichts (auch nicht im Falle des § 125 Abs. 2). Erfolgen sie nicht vor dem Registergericht, so müssen sie „in öffentlich beglaubigter Form" eingereicht werden HGB. § 12. Vgl. hierzu oben § 13 Anm. 6.

[4]) Ueber den Nachweis der Vollmacht und der Rechtsnachfolge s. HGB. § 12 Abs. 2. Für den Nachweis anderer Thatsachen gilt § 12 des vorliegenden Gesetzes und freie Beweiswürdigung. Denkschrift zu §§ 122—128 S. 69 ff.

§. 129.

Ist die zu einer Eintragung erforderliche Erklärung von einem Notar beurkundet oder beglaubigt, so gilt dieser als ermächtigt, im Namen des zur Anmeldung verpflichteten[1]) die Eintragung zu beantragen. Die Vorschriften des §. 124 finden entsprechende Anwendung.

[1]) Jeder Notar im Namen desjenigen, dessen Erklärung er beurkundet oder beglaubigt hat.

§. 130.

Jede Eintragung soll den Tag, an welchem sie erfolgt ist, angeben und mit der Unterschrift des zuständigen Beamten[1]) versehen werden.

Jede Eintragung soll demjenigen, welcher sie beantragt hat, bekannt gemacht werden. Auf die Bekanntmachung kann verzichtet werden.

[1]) Die Zuständigkeit bestimmt sich nach Landesrecht. In Preußen ist der Gerichtsschreiber zuständig. Allg. Verf. v. 7. November 1899 (JMBl. S. 813) §§ 6, 22.

§. 131.

Die Eintragung einer Zweigniederlassung[1]) ist von Amtswegen dem Registergerichte der Hauptniederlassung mitzutheilen und in dessen Register zu vermerken. Das Gleiche gilt, wenn die Zweigniederlassung aufgehoben wird.

[1]) HGB. § 13.

§. 132.[1])

Sobald das Registergericht von einem sein Einschreiten nach den §§. 14, 319 und dem §. 325 Nr. 9 des Handelsgesetzbuchs rechtfertigenden Sachverhalte glaubhafte Kenntniß erhält, hat es den Betheiligten unter Androhung einer Ordnungsstrafe[2]) aufzugeben, innerhalb einer bestimmten Frist seiner gesetzlichen Verpflichtung nachzukommen oder die Unterlassung mittels Einspruchs gegen die Verfügung zu rechtfertigen.

Die Beschwerde gegen diese Verfügung ist unzulässig.

[1]) Die §§ 132—139 finden auch auf das Ordnungsstrafverfahren gegen Vorsteher und Liquidatoren einer eingetragenen Genossenschaft Anwendung. Gen.-Ges. § 160 Abs. 2.

[2]) Höhe der Strafe vgl. § 33, HGB. § 14 Satz 2, § 319 Abs. 1 Satz 2. Gen.-Ges. § 160.

§. 133.

Wird innerhalb der bestimmten Frist weder der gesetzlichen Verpflichtung genügt, noch Einspruch erhoben, so ist die angedrohte Strafe festzusetzen[1]) und zugleich die frühere Verfügung unter Androhung einer erneuten Ordnungsstrafe[2]) zu wiederholen.

In gleicher Weise ist fortzufahren, bis der gesetzlichen Verpflichtung genügt oder Einspruch erhoben wird.

[1]) Rechtsmittel s. § 189.

[2]) Vgl. § 132 Anm. 2.

§. 134.

Wird rechtzeitig Einspruch erhoben, so hat das Gericht, wenn sich der Einspruch nicht ohne Weiteres als begründet ergiebt,[1]) zur Erörterung der Sache den Betheiligten zu einem Termine zu laden.[2])

Das Gericht kann, auch wenn der Betheiligte nicht erscheint, nach Lage der Sache entscheiden.[3])

[1]) In diesem Falle wird die Verfügung zurückgenommen. War das Verfahren auf einen Antrag nach § 126 eingeleitet, so muß die Zurücknahme dem betr. Organ des Handelsstandes bekannt gemacht werden. Vgl. § 189 Anm. 2.

[2]) Die Verhandlung ist nicht öffentlich.

[3]) Es kann aber auch den Einspruch lediglich verwerfen.

§. 135.

Wird der Einspruch für begründet erachtet, so ist die erlassene Verfügung aufzuheben.[1])

Anderenfalls hat das Gericht den Einspruch zu verwerfen und die angedrohte Strafe festzusetzen.[2]) Das Gericht kann, wenn die Umstände es rechtfertigen,[3]) von der Festsetzung einer Strafe absehen oder eine geringere als die angedrohte Strafe festsetzen.

Im Falle der Verwerfung des Einspruchs hat das Gericht zugleich eine erneute Verfügung nach §. 132 zu erlassen. Die in dieser Verfügung bestimmte Frist beginnt mit dem Eintritte der Rechtskraft[4]) der Verwerfung des Einspruchs.

[1]) Vgl. § 134 Anm. 1.

[2]) Die Entscheidung kann durch Verkündung im Termin oder durch Zustellung bekannt gemacht werden (§ 16 Abs. 2 u. 3); in ersterer Art aber nur, wenn die ganze Verfügung einschließlich der Gründe sofort in das Protokoll aufgenommen wird.

[3]) Namentlich wenn der Betheiligte in gutem Glauben gehandelt hat.

[4]) Vgl. § 189.

§. 136.

Wird im Falle des §. 133 gegen die wiederholte Verfügung Einspruch erhoben und dieser für begründet erachtet, so kann das Gericht, wenn die Umstände es rechtfertigen,[1]) zugleich die früher festgesetzte Strafe[2]) aufheben[3]) oder an deren Stelle eine geringere Strafe festsetzen.

[1]) Vgl. § 135 Anm. 3.

[2]) Trotz der Rechtskraft der früheren Entscheidung und gleichviel ob die Festsetzung auf Einspruch (§ 135) oder ohne solchen (§ 133) erfolgt war.

[3]) Vgl. § 134 Anm. 1.

§. 137.

Gegen die Versäumung der Einspruchsfrist[1])

ist auf Antrag nach Maßgabe des §. 22 Abs. 2 die Wiedereinsetzung in den vorigen Stand zu ertheilen.

[1]) Aber nicht gegen das Ausbleiben im Termin.

§. 138.

Bei der Festsetzung der Ordnungsstrafe ist der Betheiligte zugleich in die Kosten des Verfahrens zu verurtheilen.[1])

[1]) Nur der Staatskasse, nicht etwaigen Anzeigenden gegenüber. Die Art. 9 ff. Preuß. FGG. finden keine Anwendung.

§. 139.

Gegen den Beschluß, durch welchen die Ordnungsstrafe festgesetzt oder der Einspruch verworfen wird, findet[1]) die sofortige Beschwerde[2]) statt.[3]) [4])

Ist die Strafe nach Maßgabe des §. 133 festgesetzt,[5]) so kann die Beschwerde nicht darauf gestützt werden, daß die Verfügung, durch welche die Strafe angedroht worden ist, nicht gerechtfertigt gewesen sei

[1]) Sowohl im Falle des § 133 als in dem des § 135 Abs. 2.

[2]) §§ 22, 29 Abs. 2, 30 Abs. 1 Satz 2. Gegen eine freisprechende Entscheidung steht im Falle des § 126 dem Organ des Handelsstandes (vgl. § 134 Anm. 1) die einfache Beschwerde zu.

[3]) Mit aufschiebender Wirkung, § 24.

[4]) Das Beschwerdegericht braucht keinen Termin (§ 134) anzusetzen, falls ein solcher in erster Instanz stattgefunden hat. — Die Befugnisse des § 135 Abs. 2 Satz 2 und des § 136 stehen ihm gleichfalls zu, aber nur, wenn auf Einspruch entschieden ist, sonst nicht; vgl. Abs. 2.

[5]) Wegen Versäumung der Einspruchsfrist.

§. 140.

Soll nach §. 37 Abs. 1 des Handelsgesetzbuchs gegen eine Person eingeschritten werden, die eine ihr nicht zustehende Firma gebraucht, so finden die Vorschriften der §§. 132 bis 139 mit der Maßgabe Anwendung, daß

1. in der nach §. 132 zu erlassenden Verfügung dem Betheiligten aufgegeben wird, sich des Gebrauchs der Firma zu enthalten oder binnen bestimmter Frist den Gebrauch der Firma mittelst Einspruchs gegen die Verfügung zu rechtfertigen;
2. die Ordnungsstrafe festgesetzt wird, falls kein Einspruch erhoben oder der erhobene Einspruch rechtskräftig verworfen ist und der Betheiligte nach der Bekanntmachung der Verfügung dieser zuwidergehandelt hat.

§. 141.

Soll nach §. 31 Abs. 2 des Handelsgesetzbuchs das Erlöschen einer Firma von Amtswegen in das Handelsregister eingetragen werden,[1]) so hat das Registergericht den eingetragenen Inhaber der Firma oder dessen Rechtsnachfolger von der beabsichtigten Löschung zu benachrichtigen und ihm zugleich eine angemessene Frist zur Geltendmachung eines Widerspruchs zu bestimmen. Die Frist darf nicht weniger als drei Monate betragen.

Sind die bezeichneten Personen oder deren

Aufenthalt nicht bekannt, so erfolgt die Benachrichtigung und die Bestimmung der Frist durch Einrückung in diejenigen Blätter, welche für die Bekanntmachungen der Eintragungen in das Handelsregister bestimmt sind.[2]) Es kann angeordnet werden, daß die Bekanntmachung noch in andere Blätter eingerückt wird.

Wird Widerspruch erhoben,[3]) so entscheidet über ihn das Gericht.[4]) Gegen die den Widerspruch zurückweisende Verfügung findet die sofortige Beschwerde[5]) statt.

Die Löschung darf nur erfolgen, wenn Widerspruch nicht erhoben oder wenn die den Widerspruch zurückweisende Verfügung rechtskräftig geworden ist.

[1]) Weil die Anmeldung des Erlöschens nicht herbeigeführt werden kann. Das G. betr. die Löschung nicht mehr bestehender Firmen u. s. w. v. 30. März 1888 ist aufgehoben. EG. z. HGB. Art. 8 Nr. 1.

[2]) HGB. §§ 10, 11. Die Frist wird — nach Analogie von § 16 Abs. 2 mit CPO. § 206 — vom Ablauf eines Monats seit der letzten Einrückung ab zu berechnen sein.

[3]) Nach Denkschrift zu § 137 (S. 72) auch dann, wenn der Widerspruch zwar nach Fristablauf, aber vor der Löschung erfolgt. (Zweifelhaft.)

[4]) Ein Termin (§ 134) ist nicht erforderlich. Ist der Widerspruch begründet, so wird die Verfügung zurückgenommen.

[5]) §§ 22, 29 Abs. 2, 30 Abs. 1 Satz 2. — Vgl. auch § 126, § 134 Anm. 1, § 139 Anm. 2.

§. 142.

Ist eine Eintragung in das Handelsregister bewirkt, obgleich sie wegen Mangels einer wesentlichen Voraussetzung unzulässig war,[1] so kann das Registergericht sie von Amtswegen löschen.[2] Die Löschung geschieht durch Eintragung eines Vermerkes.[3]

Das Gericht hat den Betheiligten von der beabsichtigten Löschung zu benachrichtigen und ihm zugleich eine angemessene Frist zur Geltendmachung eines Widerspruchs zu bestimmen.

Auf das weitere Verfahren finden die Vorschriften des §. 141 Abs. 3, 4 Anwendung.[4][5]

[1] Z. B. wenn eine Firma eingetragen ist, die den Vorschriften über die Firmenbildung nicht entspricht oder die sich von einer vorhandenen Firma nicht unterscheidet, nicht aber wenn bloße Ordnungsvorschriften, z. B. wegen der Form der Anmeldung (HGB. § 12), nicht beachtet worden sind.

[2] Einschränkungen hiervon für Gesellschaften und Genossenschaften in § 144 u. § 147 Abs. 2; vgl. § 144 Anm. 2.

[3] „Versehen rein äußerlicher Art, beispielsweise Eintragungen, die an falscher Stelle, insbesondere bei einer Firma, zu der sie nicht gehören, erfolgt sind, können selbstverständlich kurzer Hand berichtigt werden.“ Denkschrift zu §§ 138—140 (S. 173). Aber jedenfalls mittels gehöriger Eintragungen, nicht mittels Durchstreichens oder Aenderns der Schrift. Vgl. für Preußen: Allg. Verf. v. 7. November 1899 (JMBl. S. 313) §§ 24, 26.

[4] Keine Anwendung finden: die Vorschrift über das Mindestmaß der Frist (§ 141 Abs. 1) und über die öffentliche Bekanntmachung (ebenda Abs. 2). Ist der Aufent-

halt des Betheiligten unbekannt, so erfolgt die Zustellung durch Anheftung an die Gerichtstafel (§ 16 Abs. 2 mit §§ 204, 208 der CPO.).

5) Hierzu (Preuß.) AG. z. HGB.

„Art. 2. Ist auf Grund des bisherigen Landesrechts eine Eintragung in das Handelsregister bewirkt, die nach dem Handelsgesetzbuch unzulässig ist, so kann das Registergericht sie von Amtswegen löschen, soweit nicht das bisherige Recht maßgebend bleibt.

Das Gericht hat den Betheiligten, wenn sein Aufenthalt bekannt ist, von der beabsichtigten Löschung zu benachrichtigen und ihm zugleich eine angemessene Frist zur Geltendmachung eines Widerspruchs zu bestimmen.

Auf das weitere Verfahren finden die Vorschriften des §. 141 Abs. 3, 4 des Reichsgesetzes über die Angelegenheiten der freiwilligen Gerichtsbarkeit vom 17. Mai 1898 Anwendung.

Die Löschung erfolgt gebührenfrei. Wird jedoch der Widerspruch eines Betheiligten zurückgewiesen, so hat er für die Zurückweisung die für die Löschung bestimmte Gebühr zu entrichten.

Eintragungen, die den Güterstand einer zur Zeit des Inkrafttretens des Bürgerlichen Gesetzbuchs bestehenden Ehe betreffen, bleiben unberührt."

§. 143.

Die Löschung einer Eintragung kann gemäß den Vorschriften des §. 142 auch von dem Landgerichte verfügt werden, welches dem Registergericht im Instanzenzuge vorgeordnet ist. Die Vorschrift des §. 30 Abs. 1 Satz 2[1]) findet Anwendung.

Gegen die einen Widerspruch zurückweisende Verfügung des Landgerichts findet die sofortige

Beschwerde[2]) an das Oberlandesgericht[3]) mit der Maßgabe statt, daß die Vorschriften des §. 28 Abs. 2, 3 zur entsprechenden Anwendung kommen.[4]) Die weitere Beschwerde ist ausgeschlossen.

[1]) Betrifft die Zuständigkeit der Kammern für Handelssachen.

[2]) § 22.

[3]) In Preußen an das Kammergericht, in Bayern an das oberste Landesgericht; vgl. § 199 Anm. 4 u. 5.

[4]) Die Beschwerde ist keine weitere, sondern eine erste Beschwerde; sie unterliegt deshalb weder der Einschränkung des § 27, noch dem Formzwang des § 29, ist aber gleichwohl, beim Vorliegen der Voraussetzungen des § 28 Abs. 2 vom Reichsgericht zu erledigen.

§. 144.

Eine in das Handelsregister eingetragene Aktiengesellschaft oder Kommanditgesellschaft auf Aktien kann[1]) gemäß den Vorschriften der §§. 142, 143 als nichtig gelöscht werden, wenn die Voraussetzungen vorliegen,[2]) unter denen nach den §§. 309, 310 des Handelsgesetzbuchs die Nichtigkeitsklage erhoben werden kann. Das Gleiche gilt für eine in das Handelsregister eingetragene Gesellschaft mit beschränkter Haftung, wenn die Voraussetzungen vorliegen, unter denen nach den §§. 75, 76 des Gesetzes, betreffend die Gesellschaften mit beschränkter Haftung, die Nichtigkeitsklage erhoben werden kann.

Ein in das Handelsregister eingetragener Beschluß der Generalversammlung oder Versammlung der Gesellschafter einer der im Abs. 1 bezeichneten

Gesellschaften kann gemäß den Vorschriften der §§. 142, 143 als nichtig gelöscht werden, wenn er durch seinen Inhalt zwingende Vorschriften des Gesetzes verletzt[3]) und seine Beseitigung im öffentlichen Interesse erforderlich erscheint[4]).

In den Fällen der Abs. 1, 2 soll die nach §. 142 Abs. 2 zu bestimmende Frist[5]) mindestens drei Monate betragen.[6]) [7])

[1]) Nicht „muß", also nach Ermessen des Registerrichters, aber auch des vorgesetzten Landgerichts (§ 143).

[2]) Nur unter diesen Voraussetzungen, nicht wegen sonstiger Mängel bei der Eintragung.

[3]) Das sind solche Vorschriften, welche auch durch die Betheiligten nicht abgeändert werden können; Beispiel: eine Statutenänderung, welche den Betrag der Aktien unter das gesetzliche Maß herabsetzt (HGB. § 180); vgl. auch Anm. 1 und 2.

[4]) Beide Voraussetzungen müssen kumulativ vorliegen. Verletzt der Beschluß zwar zwingende Vorschriften, aber zugleich nur das Interesse bestimmter Betheiligter, z. B. durch Nichteinhaltung der Vorschriften über die Abstimmung (HGB. § 252), so darf die Löschung nicht erfolgen. Hier bleibt den Betheiligten die Anfechtung überlassen (HGB. §§ 271, 320 Abs. 3).

[5]) Nach Denkschrift zu §§ 138—140 (S. 75, s. auch Sten. Ber. v. 15. Februar 1898 S. 1060) soll die Frist auch dem Zwecke dienen, den Mangel selbst, auf welchem die Nichtigkeit beruht, zu beseitigen; vgl. HGB. §§ 310, 320 Abs. 3 und G. betr. die Gesellschaften mit beschränkter Haftung § 76. Doch dürfte in solchem Falle Löschung und Neueintragung erforderlich sein.

[6]) Wird die Nichtigkeits- oder Anfechtungsklage erhoben, so gilt § 127.

[7]) Zu § 144 vgl. für Preußen Allg. Verf. v. 7. November 1899 (JMBl. S. 313) §§ 33, 34.

§. 145.

Die Amtsgerichte sind zuständig[1]) für die nach §. 146 Abs. 2, §. 147, §. 157 Abs. 2, §. 166 Abs. 3, §. 192 Abs. 3, §. 254 Abs. 3, §. 266 Abs. 2, §. 268 Abs. 2, §. 295 Abs. 2, 3, §. 302 Abs. 2 bis 4, §. 338 Abs. 3, §. 524 Abs. 1, 2, §. 530 Abs. 1, §§. 590, 685, §. 729 Abs. 1, §. 884 Nr. 4 des Handelsgesetzbuchs von dem Gerichte zu erledigenden Angelegenheiten.[2]) [3])

Ist die Führung des Handelsregisters für mehrere Amtsgerichtsbezirke einem Amtsgericht übertragen worden,[4]) so gehören zur Zuständigkeit dieses Amtsgerichts auch die im Abs. 1 bezeichneten Angelegenheiten, mit Ausnahme derjenigen Geschäfte, welche den Gerichten nach §. 524 Abs. 1, 2, §. 530 Abs. 1, §§. 590, 685, §. 729 Abs. 1, §. 884 Nr. 4 des Handelsgesetzbuchs obliegen.[5])

[1]) Ueber die örtliche Zuständigkeit s. die Bestimmungen des HGB.

[2]) §§ 146, 147, 157, 295, 302: Mitwirkung bei der Auflösung von Gesellschaften (Ernennung und Abberufung von Liquidatoren, Aufbewahrung und Einsicht von Büchern und Papieren u. dgl.) s. auch HGB. § 161 Abs. 2, § 320 Abs. 3, § 331 Abs. 2.

§§ 166, 338: Anordnung der Mittheilung einer Bilanz u. dgl. an den Kommanditisten oder stillen Gesellschafter.

§§ 192, 254, 266, 268: Aktienrechtliche Geschäfte

(Revisoren-Ernennung, Mitwirkung bei Berufung der Generalversammlung und bei der Prozeßführung gegen Gründer u. s. w.); s. auch HGB. §. 194, § 320 Abs. 3 und § 325.

§ 524: Verklarung. (Oertliche Zuständigkeit § 522 Abs. 2.) — § 580: Feststellung der Nothwendigkeit des Schiffsverkaufs. — § 590: Bestimmung der Abreisezeit für ein verfrachtetes Schiff. — § 685: Mitwirkung bei der Verbodmung. — § 729: Ernennung besonderer Dispacheure. (Oertliche Zuständigkeit unten § 149.) — § 884 Nr. 4: Ernennung von Sachverständigen für die Abschätzung eines theilweisen Schadens am Schiffe bei der Seeversicherung.

[3]) Auch für die gerichtlichen Geschäfte bei der Successivgründung einer Aktiengesellschaft. HGB. §§ 195 Abs. 1 u. 196 Abs. 1 mit § 125 des vorliegenden Gesetzes.

[4]) § 125 Abs. 2.

[5]) Diese gehören vor das sonst zuständige Amtsgericht.

§. 146.

Soweit in den im §. 145 bezeichneten Angelegenheiten ein Gegner des Antragstellers vorhanden ist,[1]) hat ihn das Gericht wenn thunlich zu hören.[2])

Gegen die Verfügung, durch welche über den Antrag entschieden wird,[3]) findet die sofortige Beschwerde[4]) statt.

Eine Anfechtung der Verfügung, durch welche einem nach §. 524 Abs. 1, 2, §. 530 Abs. 1, §. 685, §. 729 Abs. 1, §. 884 Nr. 4 des Handelsgesetzbuchs gestellten Antrage stattgegeben wird, ist ausgeschlossen.

[1]) Ob dies der Fall ist, ist nach dem Inhalt der beantragten Verfügung zu beurtheilen, insbesondere danach, ob die Verfügung dazu bestimmt ist, einen Streitpunkt zu erledigen.

[2]) Wegen der Kosten in diesem Falle s. Preuß. FGG. Art. 9—14.

[3]) Gleichviel ob gewährend oder zurückweisend.

[4]) §§ 22, 29 Abs. 2.

§. 147.

Die Vorschriften der §§. 127 bis 131,[1]) 142, 143 finden auf die Eintragungen in das Genossenschaftsregister[2]) entsprechende Anwendung.[3])

Eine in das Genossenschaftsregister eingetragene Genossenschaft kann gemäß den Vorschriften der §§. 142, 143 als nichtig gelöscht werden,[4]) wenn die Voraussetzungen vorliegen, unter denen nach den §§. 94, 95 des Gesetzes, betreffend die Erwerbs- und Wirthschaftsgenossenschaften, die Nichtigkeitsklage erhoben werden kann.

Ein in das Genossenschaftsregister eingetragener Beschluß der Generalversammlung einer Genossenschaft kann gemäß den Vorschriften der §§. 142, 143 als nichtig gelöscht werden,[5]) wenn er durch seinen Inhalt zwingende Vorschriften des Gesetzes verletzt und seine Beseitigung im öffentlichen Interesse erforderlich erscheint.[6])

In den Fällen der Abs. 2, 3 soll die nach §. 142 Abs. 2 zu bestimmende Frist mindestens drei Monate betragen.

[1]) Auch die §§ 125, 132—139, nicht aber § 126;

vgl. Gen.-Ges. § 10 Abs. 2, § 160 Abs. 2; s. auch § 187 des vorliegenden Gesetzes.

[2]) Gen.-G. § 10; Bek. v. 1. Juli 1899 (RGBl. S. 347).

[3]) Vgl.: statt § 128 Anm. 2 u. § 130 Anm. 1. die citirte Bek. §§ 1 u. 2 u. Allg. Verf. v. 8. November 1899 (JMBl. S. 334) Art. 1. Zu § 142 s. die citirte Bek. §§ 9 u. 24. Vgl. auch oben § 126 Anm. 5.

[4]) Hierzu die cit. Bek. § 22.

[5]) Hierzu ebenda § 23.

[6]) Vgl. die Anmerkungen zu § 144.

§. 148.

Die Vorschriften des §. 146 Abs. 1, 2 finden auf die nach §. 45 Abs. 3,[1]) §. 61,[2]) §. 83 Abs. 3, 4,[3]) §. 93[4]) des Gesetzes, betreffend die Erwerbs- und Wirthschaftsgenossenschaften, und nach §. 66 Abs. 2, 3, §. 74 des Gesetzes, betreffend die Gesellschaften mit beschränkter Haftung,[5]) von dem Registergerichte zu erledigenden Angelegenheiten Anwendung.[6])

Gegen die Verfügung, durch welche der im §. 11 des Gesetzes, betreffend die privatrechtlichen Verhältnisse der Binnenschiffahrt, oder der im §. 8 des Gesetzes, betreffend die privatrechtlichen Verhältnisse der Flößerei, bezeichnete Antrag[7]) auf Beweisaufnahme[8]) oder der im §. 87 Abs. 2 des ersteren Gesetzes bezeichnete Antrag auf Bestellung eines Dispacheurs zurückgewiesen wird, findet die sofortige Beschwerde[9]) statt. Eine Anfechtung der Verfügung, durch welche einem solchen Antrage stattgegeben wird, ist ausgeschlossen.

1) Ermächtigung zur Berufung der Generalversammlung oder zur Ankündigung von Beschlußgegenständen.

2) Bestellung des Revisors.

3) Ernennung und Abberufung von Liquidatoren.

4) Bestimmungen über Verwahrung und Einsicht der Bücher und Schriften nach der Auflösung.

5) Entsprechen den Angelegenheiten in Anm. 3 u. 4.

6) Die Zuständigkeit der Amtsgerichte für diese Angelegenheiten ergiebt sich aus den im Text citirten Bestimmungen mit Gen.-Ges. § 10 Abs. 2, G. betr. die Gesellschaften mit beschränkter Haftung § 7 Abs. 1 und § 125 des vorliegenden Gesetzes.

7) Des Schiffers oder Floßführers.

8) Wegen eines Unfalles am Schiff oder der Ladung beziehentlich am Floß. Für das übrige Verfahren bleiben die Vorschriften der im Text citirten Gesetze (§§ 12—14 bez. §§ 9—11) weiter in Kraft.

9) §§ 22, 29 Abs. 2.

§. 149.

Für die Verrichtungen, welche den Gerichten in Ansehung der nach dem Handelsgesetzbuch[1]) oder nach dem Gesetze, betreffend die privatrechtlichen Verhältnisse der Binnenschiffahrt,[2]) aufzumachenden Dispache obliegen, ist das Amtsgericht des Ortes zuständig, an welchem die Vertheilung der Havereischäden zu erfolgen hat.[3])

1) §§ 728 ff.

2) §§ 87 ff.

3) HGB. § 727; Binnenschiffahrtsgesetz § 86.

§. 150.

Lehnt der Dispacheur den Auftrag eines Betheiligten zur Aufmachung der Dispache aus dem

Grunde ab, weil ein Fall der großen Haverei nicht vorliege, so entscheidet über die Verpflichtung des Dispacheurs auf Antrag des Betheiligten das Gericht.[1]) Gegen die Verfügung[2]) findet die sofortige Beschwerde[3]) statt.

[1]) § 149. — Nicht anwendbar auf eine Ablehnung seitens des Schiffers. § 87 Abs. 1 des Binnenschiffahrtsgesetzes. Hier hilft die Uebertragung der Dispache an einen Dispacheur; § 87 Abs. 2 u. § 88 ebenda.

[2]) Gleichviel ob sie dem Antrage stattgiebt oder ihn zurückweist. Im ersten Falle steht die Beschwerde dem Dispacheur zu.

[3]) §§ 22, 29 Abs. 2.

§. 151.

Auf Antrag des Dispacheurs[1]) kann das Gericht[2]) einem Betheiligten unter Androhung von Ordnungsstrafen aufgeben, dem Dispacheur die in seinem Besitze befindlichen Schriftstücke, zu deren Mittheilung er gesetzlich verpflichtet ist,[3]) auszuhändigen. Die einzelne Strafe darf den Betrag von dreihundert Mark nicht übersteigen.[4])

[1]) Nicht aber des Schiffers selbst; vgl. § 150 Anm. 1.

[2]) § 149.

[3]) HGB. § 729 Abs. 2. Binnenschiffahrtsgesetz § 87 Abs. 3.

[4]) Vgl. § 33 Anm. 4 u. Preuß. FGG. Art. 17 Anm. 6.

§. 152.

Der Dispacheur ist verpflichtet, jedem Betheiligten Einsicht in die Dispache zu gewähren und ihm auf Verlangen eine Abschrift gegen Erstattung der Kosten zu ertheilen. Das Gleiche gilt, wenn die Dispache nach dem Gesetze, betreffend die privatrechtlichen Verhältnisse der Binnenschiffahrt,[1]) von dem Schiffer aufgemacht worden ist, für diesen.

[1]) § 87 Abs. 1.

§. 153.

Jeder Betheiligte ist befugt, bei dem Gericht[1]) eine Verhandlung über die von dem Dispacheur[2]) aufgemachte Dispache zu beantragen. In dem Antrage sind diejenigen Betheiligten zu bezeichnen, welche zu dem Verfahren zugezogen werden sollen.[3])

Wird ein Antrag auf gerichtliche Verhandlung gestellt, so hat das Gericht die Dispache und deren Unterlagen von dem Dispacheur einzuziehen und, wenn nicht offensichtlich die Voraussetzungen der großen Haverei fehlen,[4]) den Antragsteller sowie die von ihm bezeichneten Betheiligten[5]) zu einem Termine zu laden. Mehrere Anträge können von dem Gerichte zum Zwecke der gleichzeitigen Verhandlung verbunden werden.

Die Ladung muß den Hinweis darauf enthalten, daß, wenn der Geladene weder in dem Termin erscheine noch vorher Widerspruch gegen die Dispache bei dem Gericht anmelde,[6]) sein Einverständniß mit der Dispache angenommen werden würde. In der Ladung ist zu bemerken, daß die Dispache und deren Unterlagen auf der Gerichtsschreiberei eingesehen werden können.

Die Frist zwischen der Ladung und dem Termine muß wenigstens zwei Wochen betragen.[7])

[1]) § 149.

[2]) Nicht aber über die vom Schiffer selbst aufgemachte Dispache. Vgl. § 150 Anm. 1.

[3]) Der Antragsteller hat zu ermessen, gegen wen er eine Entscheidung erwirken will (§§ 155 Abs. 2, § 158 Abs. 1). Personen, mit denen er sich außergerichtlich verständigt hat oder verständigen will, braucht er nicht zuzuziehen.

[4]) In diesem Falle ist der Antrag zurückzuweisen; Rechtsmittel § 157.

[5]) Nur diese! vergl. Anm. 3.

[6]) Schriftlich oder nach § 11.

[7]) Also Zustellung nach § 16 Abs. 2 Satz 1.

§. 154.

Erachtet das Gericht eine Vervollständigung der Unterlagen der Dispache für nothwendig, so hat es die Beibringung der erforderlichen Belege anzuordnen. Die Vorschriften des §. 151 finden entsprechende Anwendung.

§. 155.

In dem Termin ist mit den Erschienenen über die Dispache zu verhandeln.

Wird ein Widerspruch gegen die Dispache nicht erhoben und ist ein solcher auch vorher nicht angemeldet, so hat das Gericht die Dispache gegenüber den an dem Verfahren Betheiligten[1]) zu bestätigen.[2])

Liegt ein Widerspruch vor, so haben sich die Betheiligten, deren Rechte durch ihn betroffen werden, zu erklären. Wird der Widerspruch als begründet anerkannt oder kommt anderweit eine Einigung zu Stande, so ist die Dispache demgemäß zu berichtigen. Erledigt sich der Widerspruch nicht, so ist die Dispache insoweit zu bestätigen, als sie durch den Widerspruch nicht berührt wird.

Werden durch den Widerspruch die Rechte eines in dem Termine nicht erschienenen Betheiligten betroffen, so wird angenommen, daß dieser den Widerspruch nicht als begründet anerkenne.

1) Vergl. § 153 Anm. 3.

2) Der Beschluß kann durch Verkündung bekannt gemacht werden. § 16 Abs. 3. Bei unterlassener Verkündung sowie den nicht Anwesenden gegenüber muß er nach Maßgabe der CPO. zugestellt werden. § 157 mit § 16 Abs. 2.

§. 156.

Soweit ein Widerspruch nicht gemäß §. 155 Abs. 3 erledigt wird, hat ihn der Widersprechende durch Erhebung der Klage gegen diejenigen an dem Verfahren Betheiligten, deren Rechte durch den Widerspruch betroffen werden, zu verfolgen. Die das Vertheilungsverfahren betreffenden Vorschriften der §§. 878, 879 der Civilprozeßordnung[1]) finden mit der Maßgabe entsprechende Anwendung, daß das Gericht einem Betheiligten auf seinen Antrag, wenn erhebliche Gründe glaubhaft gemacht werden,[2]) die Frist zur Erhebung der Klage verlängern kann und daß an die Stelle der Ausführung des Vertheilungsplans die Bestätigung der Dispache tritt.

Ist der Widerspruch durch rechtskräftiges Urtheil oder in anderer Weise erledigt, so wird die Dispache bestätigt, nachdem sie erforderlichen Falles von dem Amtsgericht nach Maßgabe der Erledigung der Einwendungen berichtigt ist.[3])

[1]) Dieselben lauten:

§ 878. Der widersprechende Gläubiger muß ohne vorherige Aufforderung binnen einer Frist von einem Monate, welche mit dem Terminstage beginnt, dem Gerichte nachweisen, daß er gegen die betheiligten Gläubiger Klage erhoben habe. Nach fruchtlosem Ablaufe dieser Frist wird die Ausführung des Plans ohne Rücksicht auf den Widerspruch angeordnet.

Die Befugniß des Gläubigers, welcher dem Plane widersprochen hat, ein besseres Recht gegen den Gläubiger, welcher einen Geldbetrag nach dem Plane erhalten hat, im Wege der Klage geltend zu machen, wird durch die Versäumung der Frist und durch die Ausführung des Planes nicht ausgeschlossen.

§ 879. Die Klage ist bei dem Vertheilungsgericht und, wenn der Streitgegenstand zur Zuständigkeit der Amtsgerichte nicht gehört, bei dem Landgerichte zu erheben, in dessen Bezirke das Vertheilungsgericht seinen Sitz hat.

Das Landgericht ist für sämmtliche Klagen zuständig, wenn seine Zuständigkeit nach dem Inhalte der erhobenen und in dem Termine nicht zur Erledigung gelangten Widersprüche auch nur in Betreff einer Klage begründet ist, sofern nicht die sämmtlichen betheiligten Gläubiger vereinbaren, daß das Vertheilungsgericht über alle Widersprüche entscheiden solle.

[2]) § 15 Abs. 2.

[3]) **Ein erneuter Termin (§ 153) ist nicht erforderlich.**

§. 157.

Gegen die Verfügung, durch welche ein nach §. 153 gestellter Antrag auf gerichtliche Verhandlung zurückgewiesen oder über die Bestätigung der Dispache entschieden wird, findet die sofortige Beschwerde[1]) statt.

Einwendungen gegen die Dispache, welche mittelst Widerspruchs geltend zu machen sind, können nicht im Wege der Beschwerde geltend gemacht werden.

[1]) §§ 22, 29 Abs. 2.

§. 158.

Die Bestätigung der Dispache ist nur für das gegenseitige Verhältniß der an dem Verfahren Betheiligten wirksam.[1])

Aus der rechtskräftig[2]) bestätigten Dispache findet die Zwangsvollstreckung nach den Vorschriften der Civilprozeßordnung statt.[3])

Für Klagen auf Ertheilung der Vollstreckungsklausel sowie für Klagen, durch welche Einwendungen gegen die in der Dispache festgestellten Ansprüche geltend gemacht werden oder die bei der Ertheilung der Vollstreckungsklausel als eingetreten angenommene Rechtsnachfolge bestritten wird, ist das Amtsgericht zuständig, welches die Dispache bestätigt hat. Gehört der Anspruch nicht vor die Amtsgerichte,[4]) so sind die Klagen bei dem zuständigen Landgerichte zu erheben.[5])

[1]) Vgl. § 153 Anm. 3.

[2]) § 81 Anm. 3.

[3]) Vgl. § 98 Anm. 8.
[4]) GVG. § 28 Nr. 1.
[5]) Kosten der Dispache s. Preuß. FGG. Art 30.

Achter Abschnitt.
Vereinssachen. Güterrechtsregister.

§. 159.

Auf die Eintragungen in das Vereinsregister[1]) finden die Vorschriften der §§. 127 bis 130, 142, 143,[2]) auf das Verfahren bei der Verhängung von Ordnungsstrafen gegen Mitglieder des Vorstandes oder Liquidatoren eines eingetragenen Vereins[3]) finden die Vorschriften der §§. 127, 132 bis 139 entsprechende Anwendung.[4])

[1]) BGB. §§ 21, 55 ff.; Preuß. FGG. Art. 29.
[2]) Vgl.:
statt § 128 Anm. 2: Allg. Verf. v. 6. November 1899 (JMBl. S. 302) Art. 3;
statt § 130 Anm. 1: ebenda Art. 5 u. Best. des Bundesraths vom 6. November 1898 (Centralblatt S. 438 u. JMBl. 1899 S. 299) § 3;
statt § 142 Anm. 3: ebenda Art. 8 mit Best. des Bundesraths § 5 Abs. 2.

§ 143 Abs. 1 Satz 2 (Zuständigkeit der Kammern für Handelssachen) ist nicht anwendbar.
[3]) BGB. § 78.
[4]) Gegen Beschlüsse wegen Zurückweisung einer Anmeldung und wegen Entziehung der Rechtsfähigkeit findet die sofortige Beschwerde nicht nach den Vorschriften des FGG., sondern nach denen der CPO. statt (BGB. §§ 60, 78). Im Uebrigen gelten für die Rechtsmittel in Vereinssachen die §§ 19 ff. des vorliegenden Gesetzes.

§. 160.

Im Falle des §. 37 des Bürgerlichen Gesetzbuchs[1]) soll das Gericht vor der Verfügung, durch welche über das Verlangen, eine Mitgliederversammlung zu berufen, entschieden wird, soweit thunlich den Vorstand des Vereins hören. Gegen die Verfügung[2]) findet die sofortige Beschwerde[3]) statt.

1) Ermächtigung einzelner Vereinsmitglieder zur Berufung einer Mitgliederversammlung.

2) Gleichviel ob gewährend oder zurückweisend.

3) Nach §§ 22, 29 Abs. 3, nicht nach der CPO.; vgl. § 159 Anm. 4.

§. 161.

Auf die Eintragungen in das Güterrechtsregister[1]) finden die Vorschriften der §§. 127 bis 130, 142, 143[2]) entsprechende Anwendung.

Von einer Eintragung sollen in allen Fällen[3]) beide Ehegatten benachrichtigt werden.

1) Vgl. BGB. §§ 1558 ff., EG. z. HGB. Art. 4, Preuß. FGG. Art. 29.

2) Vgl. § 159 Anm. 2.

3) Auch wenn der Antrag nur von einem Ehegatten gestellt war. (BGB. § 1561 Abs. 1 u. 3.)

§. 162.

Das Amtsgericht[1]) hat auf Verlangen eine Bescheinigung darüber zu ertheilen, daß bezüglich des Gegenstandes einer Eintragung weitere Eintragungen in das Vereins- oder Güterrechtsregister nicht vorhanden sind oder daß eine bestimmte Eintragung in das Register nicht erfolgt ist.[2])

[1]) D. i. der Richter. Die Ausfertigung erfolgt in Preußen durch den Gerichtsschreiber. Allg. Verf. v. 6. November 1899 (JMBl. S. 302) Art. 3.

[2]) Ergänzung der §§ 79, 1563 des BGB.; vgl. HGB. § 9 Abs. 3. Wegen der Bedeutung der Bescheinigungen vgl. BGB. § 69, GBO. § 34.

Neunter Abschnitt.

Offenbarungseid.[1]) Untersuchung und Verwahrung von Sachen. Pfandverkauf.

[1]) Vgl. auch Preuß. FGG. Art. 17 Abs. 2.

§. 163.

Ist in den Fällen der §§. 259,[1]) 260,[2]) 2028,[3]) 2057[4]) des Bürgerlichen Gesetzbuchs der Offenbarungseid nicht vor dem Prozeßgerichte zu leisten,[5]) so finden die Vorschriften des §. 79 entsprechende Anwendung.

[1]) Rechnungslegung über eine Verwaltung.

[2]) Verpflichtung zur Herausgabe oder Auskunftsertheilung betreffs eines Inbegriffs von Gegenständen.

[3]) Offenbarungseid über den Bestand einer Erbschaft.

[4]) Offenbarungseid über Zuwendungen, die bei der Erbtheilung zur Ausgleichung zu bringen sind.

[5]) Vor dem Prozeßgericht ist er zu leisten, wenn eine Verurtheilung zur Leistung vorausgegangen ist. CPO. § 889. In den anderen Fällen bestimmt sich die Zuständigkeit nach § 261 BGB.; vgl. BGB. § 2028 a. E. u. § 2057 a. E.

§. 164.

In den Fällen, in denen nach den Vorschriften des Bürgerlichen Rechtes[1]) Jemand den Zustand oder den Werth einer Sache durch Sachverständige feststellen lassen kann,[2]) ist für die Ernennung, Beeidigung und Vernehmung[3]) der Sachverständigen das Amtsgericht zuständig, in dessen Bezirke sich die Sache befindet. Durch eine ausdrückliche[4]) Vereinbarung der Betheiligten kann die Zuständigkeit eines anderen Amtsgerichts begründet werden.

Eine Anfechtung der Verfügung, durch welche dem Antrage stattgegeben wird, ist ausgeschlossen.[5])

Bei dem Verfahren ist der Gegner soweit thunlich zu hören.

[1]) Auch des Landesrechtes, insoweit nicht nach §§ 185 Abs. 2, 189 ein anderes bestimmt ist.

[2]) Vgl. BGB. §§ 1034, 1067 (Nießbrauch), 1372, 1439, 1528, 1550 (eheliches Güterrecht), 2122 (Vorerbschaft).

[3]) Form des Verfahrens s. § 15. Für die Ernennung s. CPO. § 404 Abs. 2 (Anlage II).

[4]) Nicht stillschweigende, aber sonst an keine Form gebundene.

[5]) Gegen die Ablehnung einfache Beschwerde nach § 19.

§. 165.

In den Fällen der §§. 432,[1]) 1217,[2]) 1281,[3]) 2039[4]) des Bürgerlichen Gesetzbuchs ist für die Bestellung des Verwahrers das Amtsgericht zuständig, in dessen Bezirke sich die Sache befindet.

Ueber eine von dem Verwahrer beanspruchte Vergütung[5]) entscheidet das Amtsgericht.

Vor der Bestellung des Verwahrers und vor der Entscheidung über die Vergütung sind die Betheiligten soweit thunlich zu hören.

[1]) Verwahrung einer untheilbaren, an Mehrere geschuldeten Sache.

[2]) Verwahrung des Pfandes.

[3]) Verwahrung einer zurückzugebenden Sache, wenn das Recht auf Herausgabe verpfändet ist.

[4]) Verwahrung einer zu einer Erbschaft geschuldeten Sache beim Vorhandensein mehrerer Erben.

[5]) Vgl. BGB. § 689.

§. 166.

Im Falle des §. 1246 Abs. 2 des Bürgerlichen Gesetzbuchs[1]) ist für die Entscheidung des Gerichts das Amtsgericht des Ortes zuständig, an welchem das Pfand aufbewahrt wird.

Vor der Entscheidung sind die Betheiligten soweit thunlich zu hören.

[1]) Anordnung einer Abweichung von den Gesetzen beim Pfandverkauf.

Zehnter Abschnitt.

Gerichtliche und notarielle Urkunden.[1])

[1]) Hierzu Preuß. FGG. Abschn. IV (Art. 31—65).

Inhalts-Uebersicht: § 167. Sachliche Zuständigkeit. — § 168. Verfahren bei der Beurkundung. — § 169. Taube, Blinde und Stumme. — §§ 170—173. Ausschließung der Urkundspersonen. — § 174. Anwesenheit der Urkundspersonen. — §§ 175—177. Protokoll. Verhandlung mit Schreibunfähigen. — §§ 178—180. Verhandlung mit Stummen, die nicht lesen können, und mit Sprachunkundigen. — § 181. Versteigerungen. — § 182. Ausfertigung der Protokolle. — § 183. Beglaubigung von Unterschriften und Handzeichen. — § 184. Zuständigkeit der Geschwader-Auditeure.

§. 167.[1])

Für die gerichtliche Beurkundung[2]) eines Rechtsgeschäfts[3]) sowie für die gerichtliche Beglaubigung eines Handzeichens[4]) sind die Amtsgerichte[5]) zuständig.

Für die öffentliche Beglaubigung einer Unterschrift sind außer den Notaren die Amtsgerichte zuständig.[6]) Das Gleiche gilt für die Aufnahme der im §. 1718 und im §. 1720 Abs. 2 des Bürgerlichen Gesetzbuchs vorgesehenen öffentlichen Urkunden über die Anerkennung der Vaterschaft;[7]) für die Aufnahme dieser Urkunden ist, wenn die Anerkennung der Vaterschaft bei der Anzeige der Geburt des Kindes oder bei der Eheschließung seiner Eltern erfolgt,[8]) auch der Standesbeamte zuständig, welcher die Geburt oder die Eheschließung beurkundet.

[1]) Hierzu Preuß. FGG. Art. 81—88, 89.

[2]) Das BGB. unterscheidet zwischen öffentlicher Beurkundung einerseits und gerichtlicher oder notarieller Beurkundung andererseits. Wo eine öffentliche Urkunde verlangt wird, bestimmt sich die Zuständigkeit für die Aufnahme grundsätzlich nach dem Landesrecht (CPO. § 415) und nur in besonderen Fällen (z. B. § 167 Abs. 2 Satz 2 des Textes) nach dem Reichsrecht. Wo die gerichtliche oder notarielle Aufnahme vorgeschrieben ist, sind nach dem BGB. die Gerichte und Notare zuständig; § 167 ergänzt dies dahin, daß die sachliche Zuständigkeit bei den Amtsgerichten ruht (s. Anm. 3).

Uebrigens können die Landesgesetze die Zuständigkeit der Gerichte zu Gunsten der Notare ausschließen und umgekehrt. EG. z. BGB. Art. 141.

[3]) BGB. Buch I Abschn. III. Auch auf Testamente

bezüglich. — Auf andere Beurkundungen als die von Rechtsgeschäften (vgl. Preuß. FGG. Art. 53 Anm. 1) beziehen sich § 167 Abs. 1 und die §§ 168—182 nicht. Bei solchen Beurkundungen entscheidet (abgesehen von § 167 Abs. 2 u. § 183) sowohl wegen der Zuständigkeit als wegen des Verfahrens das Landesrecht. Vgl. Preuß. FGG. Art. 31, 53—62.

Welche Rechtsgeschäfte der gerichtlichen oder notariellen Beurkundung bedürfen, bestimmt sich nach dem materiellen Recht.

[4]) Die „öffentliche Beglaubigung" ist im BGB. (§ 129) verschieden geregelt, je nachdem es sich um eine Unterschrift oder um ein Handzeichen handelt. Bei der Unterschrift sind zur Beglaubigung berufen: die Notare und außerdem jede sonst zuständige Behörde und Amtsperson. § 167 Abs. 2 ergänzt dies dahin, daß er als die sonst zuständigen Behörden die Amtsgerichte beruft (s. aber Anm. 6). Beim Handzeichen sind dagegen nach dem BGB. (§ 129 Abs. 1 Satz 2 mit § 126 Abs. 1) nur zuständig: Gerichte und Notare und zwar gemäß der Ergänzung im § 167 Abs. 1 des Textes nur Amtsgerichte und Notare; s. aber § 191 Abs. 2. Vgl. auch noch § 183 Anm. 12.

[5]) Sofern nicht gemäß § 200 ein anderes bestimmt ist (vgl. Preuß. FGG. Art. 33), ist örtlich jedes Amtsgericht zuständig.

[6]) Aber — im Gegensatz zum Handzeichen — nicht ausschließlich; § 191 Abs. 1; vgl. auch § 191 Abs. 2.

[7]) Und zwar auch dann, wenn den Notaren oder Gerichten die Beurkundung von Rechtsgeschäften auf Grund des Art. 141 des EG. z. BGB. entzogen ist. Die Zuständigkeit ist aber auch hier keine ausschließliche; s. den Schlußsatz von § 167 und § 191 Abs. 1.

Vgl. für diese Urkunden Preuß. AG. z. BGB. Art. 70 (Anlage V).

[8]) In Preußen gemäß § 191 auch dann, wenn sie zu anderer Zeit erfolgt; AG. z. BGB. Art. 70 (Anlage V).

§. 168.[1])

Für die gerichtliche und die notarielle Beurkundung eines Rechtsgeschäfts[2])[3]) gelten, unbeschadet der Vorschriften des Bürgerlichen Gesetzbuchs über die Errichtung von Testamenten und Erbverträgen,[4]) die §§. 169 bis 182.[5])[6]) Als Betheiligter im Sinne der §§. 169 bis 182 ist derjenige anzusehen, dessen Erklärung beurkundet werden soll.[7])

[1]) Hierzu Preuß. FGG. Art. 40 ff., 68 ff.

[2]) Vgl. § 167 Anm. 3. Nach Denkschrift (zu §§ 164—179 S. 87) soll auch die Beurkundung von Generalversammlungsbeschlüssen keine Beurkundung von Rechtsgeschäften sein. Für die Generalversammlungen der Aktien- und Kommandit-Aktiengesellschaften vgl. übrigens HGB. §§ 259, 320 Abs. 3; für die Versammlung der Besitzer von Schuldverschreibungen s. G. v. 4. Dezember 1899 (RGBl. S. 691) §§ 8, 9.

[3]) Auf die Beurkundung von Rechtsgeschäften in Prozessen, z. B. bei Vergleichen, beziehen sich die §§ 168 ff. nicht; diese erfolgen nach der CPO.

[4]) BGB. §§ 2233—2245, 2276. Diese Vorschriften sind — mit einigen Aenderungen — den §§ 168 ff. zu Grunde gelegt. Insoweit die letzteren einen Punkt regeln, den das BGB. ungeregelt gelassen hat (wie z. B. § 176 Abs. 3), gelten sie auch für Testamente und Erbverträge. — Schenkungen von Todeswegen s. BGB. § 2301.

[5]) Daneben sind die weiteren Förmlichkeiten der Landesgesetze (vgl. Preuß. FGG. Art. 40 ff., 63 ff., 66 ff.) noch außerdem zu beachten aber als nicht wesentliche, § 200.

[6]) Für die Aufnahme anderer öffentlicher Urkunden als gerichtlicher oder notarieller (vgl. § 167 Anm. 2) gelten die Vorschriften nicht; vgl. aber Preuß. AG. z.

BGB. Art. 12 § 4 (Anlage V). — In Vormundschafts- und Nachlaßsachen finden sie Anwendung, wenn in denselben ein Rechtsgeschäft beurkundet wird (z. B. §§ 91 ff.). Sie werden aber unanwendbar, wenn die Vormundschafts- oder Nachlaßbehörde kein Gericht ist; vgl. Einl. S. 8. In Grundbuchsachen (s. Einl. S. 7 Nr. 16) sind sie anwendbar, wenn die Gerichte zu Grundbuchämtern bestellt sind; vgl. Preuß. AG. z. GBO. Art. 1 u. 5.

7) Betheiligter ist hier soviel wie Komparent, also nicht wie sonst — § 6 Anm. 4 — derjenige, um dessen Angelegenheiten es sich handelt. Bei Erklärungen, die ein Vertreter abgiebt, ist dieser, nicht der Vertretene, der Betheiligte. § 13 Satz 2 u. 3 sind deshalb auf die Beurkundung von Rechtsgeschäften nicht anwendbar. Erklärungen eines Bevollmächtigten müssen auch ohne Beibringung einer Vollmacht aufgenommen werden. Bei Verträgen hängt es indessen vom Gegenkontrahenten ab, ob er sich mit einem unlegitimirten Bevollmächtigten einlassen will.

§. 169.

Ist ein Betheiligter[1]) nach der Ueberzeugung des Richters[2]) oder des Notars taub,[3]) blind,[4]) stumm oder sonst am Sprechen verhindert,[5]) so muß[6]) der Richter einen Gerichtsschreiber oder zwei Zeugen, der Notar einen zweiten Notar oder zwei Zeugen zuziehen.[7])

1) § 168 Satz 2.

2) Diese entscheidet. Wegen Irrthums des Richters (Notars) kann die Urkunde nicht angegriffen werden.

3) Vgl. § 177 Anm. 3 und Preuß. FGG. Art. 41.

4) Für die Verhandlung mit Blinden giebt es keine besonderen Vorschriften; vgl. § 177 Anm. 5.

5) Für Stumme ohne Schriftkunde s. aber § 178.

6) Bei Strafe der Nichtigkeit vgl. aber Anm 2.

7) Zuziehung einer anderen Urkundsperson s. § 198. Zuziehung eines Gerichtsschreibers außerhalb dieser Fälle s. Preuß. FGG. Art. 2 Abs. 2.

§. 170.[1])

Als Richter,[2]) Notar, Gerichtsschreiber oder Zeuge kann[3]) bei der Beurkundung nicht mitwirken:[4])

1. wer selbst Betheiligter ist[5]) sowie derjenige, für welchen ein Betheiligter als Vertreter[6]) handelt;
2. der Ehegatte eines Betheiligten, auch wenn die Ehe nicht mehr besteht;
3. wer mit einem Betheiligten in gerader Linie oder im zweiten Grade der Seitenlinie verwandt oder verschwägert ist;[7])
4. wer zu demjenigen, für welchen ein Betheiligter als Vertreter handelt,[8]) in einem Verhältnisse der unter Nr. 2, 3 bezeichneten Art steht.

1) Vgl. BGB. § 2234.

2) Die gerichtliche Beurkundung muß stets vor dem Richter, nicht vor dem Gerichtsschreiber erfolgen; vgl. § 11 Anm. 2.

3) „Kann — nicht", bei Strafe der Nichtigkeit des ganzen Aktes. Ausnahme von § 7.

4) § 6 bleibt außer Anwendung; dagegen bleiben landesgesetzliche weitere Ausschließungsgründe bestehen, aber als nicht wesentliche; vgl. § 168 Anm. 5 u. Preuß. FGG. Art. 85.

5) § 168 Satz 2.

6) Als Bevollmächtigter oder als gesetzlicher Vertreter.

— Wenn also Jemand als Bevollmächtigter eine Erklärung abgiebt, so kann der Machtgeber nicht als Urkundsperson mitwirken.

7) BGB. §§ 1589, 1590; vgl. § 57 Anm. 2.

8) D. i. zum Mündel, Machtgeber u. s. w. des Komparenten; vgl. Anm. 6; s. auch Preuß. FGG. Art. 85.

§. 171.[1])

Als Richter, Notar, Gerichtsschreiber oder Zeuge kann bei der Beurkundung nicht mitwirken:

1. derjenige, zu dessen Gunsten in der Urkunde eine Verfügung getroffen wird;
2. wer zu demjenigen, zu dessen Gunsten in der Urkunde eine Verfügung getroffen wird, in einem Verhältnisse der im §. 170 Nr. 2, 3 bezeichneten Art steht.

Die Mitwirkung einer hiernach ausgeschlossenen Person hat[2]) zur Folge, daß die Beurkundung insoweit nichtig ist, als sie eine Verfügung zu Gunsten einer der im Abs. 1 Nr. 1, 2 bezeichneten Personen zum Gegenstande hat.[3])

1) Vgl. BGB. § 2235.

2) Im Gegensatz zu § 170 Anm. 8.

3) Im Uebrigen bleibt die Beurkundung gültig. Vgl. aber BGB. § 139.

§. 172.[1])

Als Gerichtsschreiber oder zweiter Notar oder Zeuge kann[2]) bei der Beurkundung nicht mitwirken, wer zu dem Richter oder dem beurkundenden Notar in einem Verhältnisse der im §. 170 Nr. 2, 3 bezeichneten Art steht.

1) Vgl. BGB. § 2286.
2) Bei Strafe der Nichtigkeit.

§. 173.[1])

Als Zeuge soll[2]) bei der Beurkundung nicht mitwirken:

1. ein Minderjähriger;[3])
2. wer der bürgerlichen Ehrenrechte für verlustig erklärt ist, während der Zeit, für welche die Aberkennung der Ehrenrechte erfolgt ist;[4])
3. wer nach den Vorschriften der Strafgesetze unfähig ist, als Zeuge eidlich vernommen zu werden;[5])
4. wer als Gesinde oder Gehilfe im Dienste des Richters oder des beurkundenden Notars steht.

1) Vgl. BGB. § 2287.
2) „Soll"! Die Uebertretung bewirkt keine Nichtigkeit.
3) Wer für volljährig erklärt ist, kann Zeuge sein. BGB. § 3 Abs. 2. — Frauen können Zeugen sein.
4) StGB. § 34 Nr. 5.
5) StGB. § 161 (Verurtheilung wegen Meineides)

§. 174.

Die bei der Beurkundung mitwirkenden Personen[1]) müssen[2]) bei der Vorlesung, Genehmigung und Unterzeichnung der Urkunde zugegen sein.[3])

1) D. i. Richter, Notar, Gerichtsschreiber und Zeugen (§ 170). (Dolmetscher?)
2) Bei Zuwiderhandlung tritt Nichtigkeit ein, auch wenn das Protokoll den Mangel nicht ergiebt.

[3]) Abweichung von der Vorschrift für Testamente (BGB. § 2239). Selbstredend sind aber Richter und Notar noch außerdem verpflichtet, die Erklärung selbst (nicht blos ihre Vorlesung) entgegenzunehmen.

§. 175.[1])

Ueber die Verhandlung muß ein Protokoll in deutscher Sprache aufgenommen werden.[2])

[1]) Vgl. BGB. § 2240.

[2]) Bei Strafe der Nichtigkeit. Auch die Aufnahme in fremder Sprache bewirkt Nichtigkeit. Verhandlung mit Sprachfremden s. § 179.

§. 176.[1])

Das Protokoll muß enthalten:[2])

1. Ort und Tag der Verhandlung;
2. die Bezeichnung der Betheiligten[3]) und der bei der Verhandlung mitwirkenden Personen;[4])
3. die Erklärung der Betheiligten.

Wird in der Erklärung auf eine Schrift Bezug genommen[5]) und diese dem Protokoll als Anlage beigefügt, so bildet sie einen Theil des Protokolls.[6])

Das Protokoll soll[7]) eine Angabe darüber enthalten, ob der Richter oder der Notar die Betheiligten kennt oder, sofern dies nicht der Fall ist, in welcher Weise er sich Gewißheit über ihre Persönlichkeit verschafft hat. Kann er sich diese Gewißheit nicht verschaffen, wird aber gleichwohl die Aufnahme der Verhandlung verlangt, so sollen der Sachverhalt und dasjenige, was zur Feststellung der Persönlichkeit beigebracht ist, in das Protokoll aufgenommen werden.[8])

1) Vgl. BGB. § 2241.

2) Und zwar im vorgelesenen Theile der Schrift (vgl. § 177 Anm. 2 u. 7) und bei Strafe der Nichtigkeit. Fernere Erfordernisse s. im Preuß. FGG. Art. 40. Aeußere Form der Protokolle s. ebenda Art. 63, 64.

3) § 168 Satz 2.

4) § 174 Anm. 1.

5) Gleichviel ob die Schrift das Protokoll bloß ergänzen soll oder ob sie das Rechtsgeschäft selbst enthält und die Betheiligten sich gerichtlich oder notariell zu dem Inhalt bekennen wollen.

6) Namentlich auch für die Vorlesung (§ 177) und für die Ausfertigung (§ 182).

7) Die Nichtbeachtung bewirkt keine Nichtigkeit, hat aber zur Folge, daß durch die Urkunde die Identität nicht bewiesen wird.

8) Abs. 3 des § 176 ist auch auf Testamente und Erbverträge anwendbar (vgl. § 168 Anm. 4).

§. 177.[1])

Das Protokoll[2]) muß vorgelesen,[3]) von den Betheiligten[4]) genehmigt und von ihnen[5]) eigenhändig unterschrieben werden.[6]) Im Protokolle[7]) muß festgestellt werden, daß dies geschehen ist. Das Protokoll soll den Betheiligten auf Verlangen[8]) auch zur Durchsicht vorgelegt[9]) werden.[10])

Erklärt ein Betheiligter, daß er nicht schreiben könne,[11]) so muß diese Erklärung im Protokolle[12]) festgestellt werden. Bei der Vorlesung und der Genehmigung muß der Richter oder der Notar einen Zeugen zuziehen.[13]) In den Fällen des §. 169[14]) bedarf es dieser Zuziehung nicht; das Gleiche gilt,

wenn in anderen Fällen[15]) ein Gerichtsschreiber oder ein zweiter Notar zugezogen wird.

Das Protokoll muß von den mitwirkenden Personen[16]) unterschrieben werden.

[1]) Vgl. BGB. § 2242.

[2]) D. i. das ganze Protokoll (§ 175) mit allem Inhalt des § 176 Nr. 1—3.

[3]) Die Vorlesung erfolgt sowohl für die Betheiligten (§ 168 Satz 2) als für die etwa zugezogenen Nebenpersonen (§ 169 u. § 177 Abs. 2). Deshalb muß sie auch bei Taubheit eines Betheiligten erfolgen. Für den Tauben, der lesen kann, s. Satz 3 des Textes. Im Falle der Lesensunkunde bleibt es nach Denkschrift (zu §§ 164—179 S. 87) dem Ermessen des Tauben „anheimgestellt, ob er das Protokoll im Vertrauen auf die Gewissenhaftigkeit des Beurkundenden und der weiter zugezogenen Personen einfach genehmigen oder sich vorher durch eine der Zeichensprache kundige Vertrauensperson von dem Inhalt unterrichten will." Für Preußen vgl. aber Preuß. FGG. Art. 41 Abs. 2.

[4]) § 168 Satz 2.

[5]) Auch vom Blinden, wenn er schreibenskundig ist.

[6]) Weigert ein Betheiligter die Genehmigung oder die Unterschrift, so kann die Beurkundung in Ansehung seiner nicht zu Stande kommen.

[7]) D. i. in dem vorgelesenen Theile der Schrift (§ 177 Satz 1).

[8]) Einem tauben Betheiligten in Preußen auch ohne sein Verlangen. Preuß. FGG. Art. 41 Abs. 1.

[9]) Durch die Durchsicht wird aber niemals die obligatorische Vorlesung ersetzt.

[10]) Mit Ausnahme dieses — nur instruktionellen — Satzes bewirkt die Verletzung irgend einer Vorschrift des § 177 die Nichtigkeit des Aktes.

[11]) Wegen Unkunde oder wegen körperlichen Ge-

brechens. Die Erklärung des Betheiligten entscheidet, auch wenn sie der Wahrheit nicht entspricht.

12) Vgl. Anm. 7.

13) Auf den Schreibzeugen finden die §§ 170—178 Anwendung.

14) D. h. wenn ein Tauber, Blinder oder Stummer zugleich nicht schreiben kann.

15) Ohne gesetzliche Nöthigung; vgl. Preuß. FGG. Art. 2 Abs. 2.

16) § 170; im Fall von § 177 Abs. 2 auch vom Schreibzeugen.

§. 178.[1])

Ist nach der Ueberzeugung des Richters oder des Notars[2]) ein Betheiligter[3]) stumm oder sonst am Sprechen verhindert und eine schriftliche Verständigung mit ihm nicht möglich,[4]) so muß[5]) bei der Beurkundung ein vereideter Dolmetscher[6]) zugezogen werden.[7])

Im Protokolle[8]) muß festgestellt werden, daß der Richter oder der Notar die Ueberzeugung gewonnen hat, daß der Betheiligte am Sprechen verhindert und eine schriftliche Verständigung mit ihm nicht möglich ist. Das Protokoll[9]) muß von dem Dolmetscher genehmigt[10]) und unterschrieben werden.[11])[12])

Der Zuziehung eines Zeugen,[13]) eines Gerichtsschreibers oder eines zweiten Notars bedarf es in diesem Falle nicht.[14])

1) Die §§ 178—180 sind in Ansehung der Gerichtssprache erschöpfend; die §§ 187—193 des GVG. und § 9 des vorliegenden Gesetzes bleiben deshalb bei der Beurkundung von Rechtsgeschäften außer Anwendung.

2) Vgl. § 169 Anm. 2.

[3]) § 168 Satz 2.

[4]) Ist eine solche möglich, so folgt das Verfahren lediglich dem § 169.

[5]) Bei Strafe der Nichtigkeit.

[6]) Vgl. § 179 Anm. 5. Ein Verzicht auf die Beeidung ist (abweichend von § 179) nicht zulässig.

[7]) Auch wenn der Richter oder Notar die Zeichensprache versteht.

[8]) Vgl. § 177 Anm. 7.

[9]) Welches nach § 177 vorzulesen ist.

[10]) D. h. der Meinung des Stummen entsprechend befunden (nicht sachlich gebilligt) werden.

[11]) Außerdem von dem Stummen gemäß § 177. Kann der Stumme seinen Namen schreiben, so muß er auch unterschreiben.

[12]) Die Verletzung einer der Vorschriften in Abs. 2 bewirkt die Nichtigkeit des Aktes.

[13]) Gemäß § 169 oder § 177 Abs. 2.

[14]) Ob auch dann nicht, wenn der Stumme zugleich taub oder blind ist, ist zweifelhaft.

§. 179.[1])

Erklärt ein Betheiligter,[2]) daß er der deutschen Sprache nicht mächtig sei,[3]) so muß[4]) bei der Beurkundung ein vereideter[5]) Dolmetscher[6]) zugezogen werden.[7]) Der Zuziehung des Dolmetschers bedarf es nicht, wenn der Richter oder der Notar der Sprache, in der sich der Betheiligte erklärt, mächtig ist; die Beeidigung des Dolmetschers ist nicht erforderlich, wenn der Betheiligte[8]) darauf verzichtet.

Das Protokoll muß[9]) dem der deutschen Sprache nicht mächtigen Betheiligten durch den Dolmetscher oder, wenn ein Dolmetscher nicht zugezogen worden ist, durch den Richter oder den Notar in der fremden Sprache vorgetragen werden[10]) und die Feststellung enthalten,[11]) daß dies geschehen ist.

Im Protokoll muß festgestellt werden,[12]) daß der Betheiligte der deutschen Sprache nicht mächtig ist.[13])

Der Dolmetscher muß das Protokoll unterschreiben.[14])

Eine Beurkundung ist nicht aus dem Grunde unwirksam, weil den Vorschriften des Abs. 1 zuwider die Zuziehung eines Dolmetschers unterblieben ist.[15])

1) Vgl. § 178 Anm. 1.

2) § 168 Satz 2.

3) Die Erklärung allein entscheidet, nicht die Ueberzeugung des Richters oder Notars.

Form der Erklärung (ob bereits durch den Dolmetscher oder wie sonst) ist gleichgültig.

4) „Muß" hat hier nicht die sonstige Bedeutung; vgl. Abs. 5.

5) Beeidung s. für Preußen Geschäftssprachengesetz vom 28. August 1876 § 5 u. § 11 Abs. 2, Preuß. FGG. Art. 86 und AG. z. GVG. § 86 (Anlage IV).

6) „Der Dolmetscher ist . . . das Organ, durch welches der Verfügende zu den übrigen mitwirkenden Personen redet." (Motive z. BGB Bd. 5 S. 278). Mithin darf der Dolmetscher nicht zu den übrigen mitwirkenden Personen (§ 174 Anm. 1 und § 177 Abs. 2) gehören. § 192 GVG. findet keine Anwendung; vgl. § 178 Anm. 1.

7) Im Falle von § 169 sowie von § 177 Abs. 2 noch außerdem die dort genannten Nebenpersonen.

8) Vgl. § 9 Anm. 3 u. 4.

9) Bei Strafe der Nichtigkeit.

10) Statt der Vorlesung an den Betheiligten. Die Vorlesung des deutschen Protokolls wird aber erforderlich,

wenn noch andere Betheiligte vorhanden sind oder wenn Nebenpersonen (§ 169 u. § 177 Abs. 2) zugezogen sind (vgl. § 177 Anm. 3) und zwar auch dann, wenn diese Personen der fremden Sprache mächtig sind.

[11]) Vgl. § 177 Anm. 7.

[12]) Bei Strafe der Nichtigkeit; s. ferner § 177 Anm. 7.

[13]) Nämlich nach seiner Erklärung (Abs. 1).

[14]) Vgl. Anm. 9. Der Betheiligte selbst muß auch unterschreiben, § 177 Abs. 1, bei Schreibensunkunde s. Abs. 2 ebenda.

[15]) D. h. das Protokoll verliert dadurch nicht die Kraft einer gerichtlichen oder notariellen Urkunde. Die Anfechtbarkeit des Rechtsgeschäfts wegen eines durch die Sprachunkunde hervorgerufenen Irrthums bestimmt sich nach dem materiellen Recht.

§. 180.

Auf den Dolmetscher[1]) finden die nach den §§. 170 bis 173 für einen Zeugen geltenden Vorschriften entsprechende Anwendung.

[1]) Nach § 178, wie nach § 179.

§. 181.

Bei der gerichtlichen oder notariellen Beurkundung von Versteigerungen[1]) gelten Bieter nicht als Betheiligte;[2]) ausgenommen sind solche Bieter, die an ihr Gebot gebunden bleiben.[3]) Entfernt sich ein solcher Bieter[4]) vor dem Schlusse der Verhandlung, so genügt an Stelle seiner Unterschrift[5]) die Angabe des Grundes, aus welchem sie unterblieben ist.[6])

[1]) Hierzu Preuß. FGG. Art. 33, 66—76.

[2]) Namentlich bei Anwendung der §§ 169 bis

171, 176—179; danach ist auch keine Unterschrift der Bieter erforderlich.

3) Vgl. BGB. §§ 145, 156.

4) Nämlich einer, der an das Gebot gebunden bleibt.

5) Aber nicht an Stelle der Vorlesung und Genehmigung (§ 177 Abs. 1), daher von geringer praktischer Bedeutung.

6) Auf den Fall der Unterschriftsverweigerung nicht anwendbar.

§. 182.

Die Ausfertigung[1]) der Protokolle über die gerichtliche Beurkundung eines Rechtsgeschäfts[2]) ist von dem Gerichtsschreiber zu unterschreiben und mit dem Gerichtssiegel[3]) zu versehen.[4])

Auf Antrag können die Protokolle auch auszugsweise ausgefertigt werden.[5])

1) Die Ausfertigung ist eine Abschrift, welche bestimmt ist, die Urschrift im Verkehr zu ersetzen. Die Behandlung der Urschrift richtet sich nach Landesrecht; vgl. Preuß. FGG. Art. 42, 44.

2) Die Ausfertigung notarieller Protokolle richtet sich nach dem Landesrecht; vgl. Preuß. FGG. Art. 45.

3) Nicht Stempel; vgl. § 188 Anm. 10.

4) Fernere Erfordernisse der Ausfertigung s. Preuß. FGG. Art. 46; äußere Form ebenda Art. 63 Abs. 2 u. Art. 64.

5) Form s. Preuß. FGG. Art. 47.

§. 183.[1])

Die gerichtliche oder notarielle Beglaubigung einer Unterschrift[2])[3]) darf nur erfolgen, wenn die Unterschrift in Gegenwart des Richters oder des Notars vollzogen oder anerkannt[4]) wird.[5])

Die Beglaubigung geschieht[6]) durch einen unter die Unterschrift zu setzenden Vermerk.[7]) Der Vermerk muß[8]) die Bezeichnung desjenigen, welcher die Unterschrift vollzogen oder anerkannt hat,[9]) enthalten und den Ort und den Tag der Ausstellung angeben sowie mit Unterschrift und Siegel oder Stempel[10]) versehen sein.[11])

Diese Vorschriften finden auf die gerichtliche oder notarielle Beglaubigung eines Handzeichens[12]) entsprechende Anwendung.

[1]) Vgl. hierzu § 167 Abs. 2, § 191 u. Preuß. FGG. Art. 60. —Beglaubigung zum Zwecke diplomatischer Legalisation s. Preuß. AG. z. GVG. § 48 (Anlage IV).

[2]) Dieselbe ist keine Beurkundung eines Rechtsgeschäfts. Die §§ 169—182 sind deshalb unanwendbar. Für den Richter gelten §§ 6—9, für den Notar das Landesrecht; vgl. Preuß. FGG. Art. 84, 85.

[3]) Auch die Unterschriften von Analphabeten, Tauben, Stummen und Sprachfremden können beglaubigt werden; vgl. aber Anm. 4.

[4]) Beim Blinden (s. Anm. 8) ist nur Vollziehung zulässig, Anerkennung undenkbar.

[5]) Identitätsfeststellung (§ 176 Abs. 8) hier unbedingt erforderlich.

[6]) Bei Strafe der Nichtigkeit. Weitere Förmlichkeiten sind nicht erforderlich. Bei Sprachfremden (Anm. 3) ist zwar die Zuziehung eines Dolmetschers (s. Anm. 2), aber nicht die Beurkundung dessen erforderlich.

[7]) Also nicht in Protokollform.

[8]) Bei Strafe der Nichtigkeit.

[9]) Vgl. Anm. 5. Bei Zweifeln über die Geschäftsfähigkeit vgl. Preuß. FGG. Art. 60 Abs. 3.

[10]) Siegel ist Eindruck von Typen in einen weichen Stoff (Wachs, Lack, Oblate), Stempel ist Ausdruck der

Type auf das bloße Papier. Für Preußen s. Allg. Verf. v. 24. Januar u. 6. April 1900 (JMBl. S. 45 u. 297). Siegelmarken sind weder Siegel noch Stempel.

[11]) Auf andere Beglaubigungen als gerichtliche oder notarielle (vgl. § 191) findet § 183 keine Anwendung. Vgl. hierzu Preuß. FGG. Art. 115.

[12]) Vgl. § 167 Abs. 1 u. BGB. § 129 Satz 2. Ueber die Bedeutung der Handzeichen-Beglaubigung für das materielle Recht vgl. BGB. § 126 Abs. 1 s. auch CPO. §§ 416, 440.

§. 184.

Für die nach §. 167 den Amtsgerichten obliegenden Verrichtungen sind in Ansehung solcher Personen, die zur Besatzung eines in Dienst gestellten Schiffes der Kaiserlichen Marine gehören oder die in anderer Eigenschaft an Bord eines solchen Schiffes sind, auch die Geschwaderauditeure[1]) zuständig, solange das Schiff sich außerhalb eines inländischen Hafens befindet. Den Schiffen stehen die sonstigen Fahrzeuge der Kaiserlichen Marine gleich.[2])

Die Ausfertigung der Protokolle über die Beurkundung eines Rechtsgeschäfts ist von dem Auditeur zu unterschreiben und mit dem Gerichtssiegel zu versehen.

Die Vorschriften des Artikel 44 des Einführungsgesetzes zum Bürgerlichen Gesetzbuche[3]) bleiben unberührt.

[1]) Vom 1. Oktober 1900 ab die Kriegsgerichtsräthe und Oberkriegsgerichtsräthe; EG. zur Militärstrafgerichtsordnung v. 1. Dezember 1898 § 20.

2) Für das Landheer vgl. Reichs-Militärgesetz vom 3. Mai 1874 § 39 Abs. 3 und vorstehend Anm. 1.

3) Betrifft die Testamente der Marinepersonen.

Elfter Abschnitt.

Schlußbestimmungen.

Inhalts-Uebersicht: §. 185. Zeitpunkt des Inkrafttretens. Allgemeines Verhältniß zum Reichs- und Landesrecht. — §§ 186 bis 188. Abänderung einzelner Reichsgesetze. (Personenstand — Genossenschaften — Reichsschuldbuch.) — § 189. Allgemeiner Vorbehalt für das Landesrecht. — §§ 190 ff. Spezialvorbehalte. — § 190. Familienrath. — § 191. Zuständigkeit für die Urkundenaufnahme und die Beglaubigung. — §§ 192, 193. Theilungssachen. — §§ 194-196. Zuständigkeit anderer als gerichtlicher Behörden. — § 197. Standesnebenregister. — § 198. Besondere Urkundspersonen. — § 199. Bundesstaaten mit mehreren Oberlandesgerichten. — § 200. Landesrechtliche Ergänzungs- und Ausführungsvorschriften.

§. 185.

Dieses Gesetz tritt gleichzeitig mit dem Bürgerlichen Gesetzbuch in Kraft.

Die Artikel 2 bis 5, 32 des Einführungsgesetzes zum Bürgerlichen Gesetzbuche finden entsprechende Anwendung.

Artikel 2.

Gesetz im Sinne des Bürgerlichen Gesetzbuchs und dieses Gesetz ist jede Rechtsnorm.

Artikel 3.

Soweit in dem Bürgerlichen Gesetzbuch oder in diesem Gesetze die Regelung den Landesgesetzen vorbehalten oder bestimmt ist, dass landesgesetzliche Vorschriften unberührt bleiben oder erlassen werden können, bleiben die bestehenden landesgesetzlichen Vorschriften in Kraft und können neue landesgesetzliche Vorschriften erlassen werden.[1])

[1]) Ueber das allgemeine Verhältniß des vorliegenden Gesetzes zum Landesrecht vgl. noch ferner §§ 189, 200 u. Einl. S. 9 ff.

Artikel 4.

Soweit in Reichsgesetzen oder in Landesgesetzen auf Vorschriften verwiesen ist, welche durch das Bürgerliche Gesetzbuch oder durch dieses Gesetz ausser Kraft gesetzt werden, treten an deren Stelle die entsprechenden Vorschriften des Bürgerlichen Gesetzbuchs oder dieses Gesetzes.

Artikel 5.

Als Bundesstaat im Sinne des Bürgerlichen Gesetzbuchs und dieses Gesetzes gilt auch das Reichsland Elsass-Lothringen.

Artikel 32.

Die Vorschriften der Reichsgesetze bleiben in Kraft.[1]) Sie treten jedoch insoweit ausser Kraft, als sich aus dem Bürgerlichen Gesetzbuch oder aus diesem Gesetze die Aufhebung ergiebt.

[1]) Insbesondere über die Beurkundungsbefugniß der Konsuln (Konsulatsgesetz v. 8. November 1867 §§ 16 ff.), über die freiwillige Gerichtsbarkeit für Militärpersonen nach der Mobilmachung (oben § 184 Anm. 2)

und über den Wechselprotest (Wechsel-Ordnung Art. 87 ff.) — Auch die Staatsverträge mit dem Ausland, z. B. wegen Behandlung der Nachlässe, bleiben in Kraft.

§. 186.[1])

Die Vorschriften der §§. 11, 66 des Gesetzes über die Beurkundung des Personenstandes und die Eheschließung vom 6. Februar 1875 (Reichs-Gesetzbl. S. 23) werden insoweit aufgehoben, als sie der Landesgesetzgebung die Befugniß gewähren, das gerichtliche Verfahren abweichend zu regeln.

[1]) Vgl. §§ 69—71 u. 197.

§. 187.

Der §. 150 des Gesetzes, betreffend die Erwerbs- und Wirthschaftsgenossenschaften, vom 1. Mai 1889 (Reichs-Gesetzbl. S. 55) wird aufgehoben.[1])

[1]) Bezieht sich auf den § 150 alter Fassung, welcher in die neue Fassung (RGBl. 1898 S. 810) nicht mehr aufgenommen ist.

§. 188.

Der §. 11 Abs. 2 des Gesetzes, betreffend das Reichsschuldbuch, vom 31. Mai 1891 (Reichs-Gesetzbl. S. 321) wird dahin geändert:

> Zur Ausstellung dieser Bescheinigungen[1]) ist das Nachlaßgericht und, falls der Erblasser zur Zeit des Erbfalls[2]) im Inlande weder Wohnsitz noch Aufenthalt hatte,[3]) auch[4]) derjenige Konsul des Reichs zuständig, in dessen

Amtsbezirke der Erblasser zur Zeit des Erbfalls seinen Wohnsitz oder seinen gewöhnlichen Aufenthalt hatte, sofern dem Konsul von dem Reichskanzler die Ermächtigung zur Ausstellung solcher Bescheinigungen ertheilt ist.

[1]) Nämlich für Erben und Vermächtnißnehmer behufs Verfügung über Buchschulden.

[2]) § 73 Anm. 1.

[3]) Vgl. § 36 Anm. 5.

[4]) Neben dem nach § 78 Abs. 2 u. 3 zuständigen Gericht.

§. 189.

Soweit im Einführungsgesetze zum Bürgerlichen Gesetzbuche[1]) zu Gunsten der Landesgesetze Vorbehalte gemacht sind, gelten sie auch für die Vorschriften der Landesgesetze über diejenigen Angelegenheiten der freiwilligen Gerichtsbarkeit, welche Gegenstand dieses Gesetzes sind;[2]) den Landesgesetzen stehen nach Maßgabe der Artikel 57, 58 des Einführungsgesetzes zum Bürgerlichen Gesetzbuche die Hausverfassungen gleich.

[1]) Art. 56 ff.

[2]) D. h. insoweit die Landesgesetze das materielle Recht selbständig regeln können, wie z. B. betreffs der Familienfideikommisse (EG. z. BGB. Art. 59), dürfen sie auch das Verfahren in den betreffenden Sachen der freiwilligen Gerichtsbarkeit anderweit regeln; vgl. Preuß. FGG. Art. 32 Anm. 2, Art. 37, 136, 137.

§. 190.

Unberührt bleiben die landesgesetzlichen Vorschriften, welche für den Fall, daß nach Artikel 147 des Einführungsgesetzes zum Bürgerlichen Gesetzbuche die dem Vormundschaftsgericht obliegenden Verrichtungen durch Landesgesetz anderen Behörden als den Amtsgerichten[1]) übertragen sind, über den Vorsitz im Familienrathe Bestimmung treffen.[2])

[1]) Namentlich wenn hierfür kollegialische Behörden bestehen.

[2]) Es darf aber nur eine Person als Vorsitzender mitstimmen. (BGB. §§ 1860, 1874).

§. 191.

Unberührt bleiben die landesgesetzlichen Vorschriften, nach welchen für die Aufnahme der nach dem §. 1718 und dem §. 1720 Abs. 2 des Bürgerlichen Gesetzbuchs erforderlichen öffentlichen Urkunden[1]) sowie für die öffentliche Beglaubigung einer Unterschrift[2]) außer den Amtsgerichten und Notaren auch andere Behörden oder Beamte[3]) zuständig sind.[4])

Durch Landesgesetz kann die Zuständigkeit der Amtsgerichte[5]) für die öffentliche Beglaubigung einer Unterschrift oder eines Handzeichens ausgeschlossen werden.

[1]) Vgl. § 167 Abs. 2 Satz 2 mit Anm. 2 daselbst.

[2]) Nicht aber eines Handzeichens § 167 Anm. 4.

[3]) Auch die nicht richterlichen Beamten eines Gerichts. Denkschrift zu § 163 (S. 85).

[4]) Vgl. hierzu Preuß. FGG. Art. 111, 115, 122, 123 u. ferner Preuß. AG. z. BGB. Art. 68, 70 (Anl. V).

[5]) Aber nicht die der Notare; vgl. § 167 Anm. 4. Betreffs der Amtsgerichte enthält § 191 Abs. 2 eine Abänderung von § 126 Abs. 1 und § 129 Abs. 1 des BGB.

§. 192.

Unberührt bleiben die landesgesetzlichen Vorschriften, nach welchen, wenn die Auseinandersetzung in Ansehung eines Nachlasses nicht binnen einer bestimmten Frist bewirkt ist, das Nachlaßgericht die Auseinandersetzung von Amtswegen zu vermitteln hat; auf die Auseinandersetzung finden die Vorschriften der §§. 88 bis 98 Anwendung.

§. 193.

Unberührt bleiben die landesgesetzlichen Vorschriften, nach welchen für die gemäß §. 99 den Amtsgerichten obliegenden Verrichtungen[1]) andere als gerichtliche Behörden zuständig sind, sowie die landesgesetzlichen Vorschriften, nach welchen in den Fällen der §§. 86, 99 an Stelle der Gerichte oder neben diesen die Notare die Auseinandersetzung[2]) zu vermitteln haben.[3])

[1]) Auseinandersetzung bei aufgehobener Gütergemeinschaft.

[2]) Ganz oder nur einzelne Abschnitte derselben.

[3]) Das Verfahren der Notare richtet sich nach dem vorliegenden Gesetz. Vgl. im Uebrigen Preuß. FGG. Art. 21 ff.

§. 194.

Sind für die im §. 1 bezeichneten Angelegenheiten nach Landesgesetz andere als gerichtliche Behörden zuständig,[1]) so gelten die in dem ersten Abschnitte für die Gerichte gegebenen Vorschriften auch für die anderen Behörden.[2])

Als gemeinschaftliches oberes Gericht im Sinne der §§. 5, 46 gilt dasjenige Gericht, welches das gemeinschaftliche obere Gericht für die Amtsgerichte ist, in deren Bezirke die Behörden ihren Sitz haben. Durch Landesgesetz kann jedoch bestimmt werden, daß, wenn die Behörden in dem Bezirke desselben Amtsgerichts ihren Sitz haben, dieses als gemeinschaftliches oberes Gericht zuständig ist.[3])

Die Vorschriften des §. 8 über die Sitzungspolizei und über die Berathung und Abstimmung sowie die Vorschriften der §§. 6, 10, 11, des §. 16 Abs. 2 und des §. 31 finden keine Anwendung.[4])

Durch die Vorschrift des Abs. 1 wird die Verpflichtung der gerichtlichen Behörden, gemäß §. 2 Rechtshülfe zu leisten, nicht berührt.[5])

[1]) Vgl. Einleitung S. 8 und Preuß. FGG. Art. 21 ff., 104 ff.

[2]) Namentlich gehen auch die Beschwerden über diese Behörden an das Landgericht und das Oberlandesgericht; vgl. aber die Ausnahmen in §§ 195, 196.

[3]) Als das „im Instanzenzuge vorgeordnete Gericht" (§ 5 Abs. 1 Satz 2, § 47 Abs. 2) gilt stets das Landgericht; vgl. § 195 Anm. 3.

[4]) Die betreffenden Einrichtungen regeln sich nach dem Landesrecht. Betreffs der Notare im Falle des § 193 vgl. Preuß. FGG. Art. 24, 26, 84, 85.

[5]) D. h. auch die nicht gerichtlichen Behörden sind befugt, die Amtsgerichte um Rechtshülfe zu ersuchen.

§. 195.[1])

Durch die Gesetzgebung eines Bundesstaats, in dem für die dem Vormundschaftsgericht oder dem

Nachlaßgericht obliegenden Verrichtungen andere Behörden als die Amtsgerichte zuständig sind,[2]) kann bestimmt werden, daß die Abänderung einer Entscheidung einer solchen Behörde[3]) bei dem Amtsgerichte nachzusuchen ist, in dessen Bezirke die Behörde ihren Sitz hat.[4]) In diesem Falle finden auf das Verfahren die Vorschriften der §§. 20 bis 25 entsprechende Anwendung.[5])

Die Beschwerde findet gegen die Entscheidung des Amtsgerichts[6]) statt.

[1]) Entspricht dem § 100 der GBO.

[2]) Vgl. Einleitung S. 8. Auf die Geschäfte des Schiffsregisters ist die Vorschrift nicht anwendbar.

[3]) Nicht aber der Erlaß derjenigen Verfügungen, welche dem „im Instanzenzug vorgeordneten Gerichte" vorbehalten sind: § 194 Anm. 3.

[4]) Vgl. Preuß. FGG. Art. 104, 106, 111, 118, 122, 123.

[5]) Wo die sofortige Beschwerde stattfindet, muß also die Entscheidung des Amtsgerichts innerhalb der Frist des § 22 nachgesucht werden. Einreichung bei der außergerichtlichen Behörde oder beim Amtsgericht, § 21.

[6]) Diese Entscheidung gilt dabei als Entscheidung des Gerichts erster Instanz (§ 19).

§. 196.

Ist für die Volljährigkeitserklärung nach Landesgesetz die Zentralstelle des Bundesstaats zuständig,[1]) so finden die in dem ersten Abschnitte für die Gerichte gegebenen Vorschriften keine Anwendung.[2]) [3])

Die Verfügung, durch welche der Minderjährige

für volljährig erklärt wird, tritt mit der Bekanntmachung an den Minderjährigen in Wirksamkeit.[4])

[1]) Auf Grund des Art. 147 des BGB.

[2]) Also auch keine Beschwerde gegen einen ablehnenden Bescheid.

[3]) Die Zuständigkeitsbestimmung des § 43 greift auch hier Platz, ebenso der § 56 Abs. 1; die Centralstelle eines Bundesstaates ist zuständig, wenn nach § 43 ein Gericht dieses Staates zuständig sein würde. Bei Zuständigkeit mehrerer Bundesstaaten (§ 4) sowie für negative Kompetenzkonflikte (§ 5) fehlt es an einer Regel.

[4]) Weil hier die Bekanntmachung mit der Rechtskraft (§ 56 Abs. 2) zusammentrifft. Die Form der Bekanntmachung unterliegt dem Landesrecht (§ 200) und in Ermangelung einer Bestimmung dem freien Ermessen.

§. 197.

Durch die Landesjustizverwaltung kann angeordnet werden, daß die im §. 14 des Gesetzes über die Beurkundung des Personenstandes und die Eheschließung vom 6. Februar 1875 vorgesehene Aufbewahrung des Nebenregisters bei den Landgerichten erfolgen soll.[1])

[1]) Vgl. § 69 Anm. 1 und Preuß. FGG. Art. 133. — Eine besondere Bestimmung über den Instanzenzug in diesem Falle, z. B. wegen Ertheilung von Auszügen, Gestattung von Einsicht u. s. w. (G. v. 6. Februar 1875 §§ 15—16), ist nicht getroffen.

§. 198.

Unberührt bleiben die landesgesetzlichen Vorschriften, nach welchen bei der Beurkundung einer Erklärung in den Fällen des §. 169 der Richter an

Stelle des Gerichtsschreibers oder der zwei Zeugen eine besonders dazu bestellte Urkundsperson zuziehen kann.

Auf die Urkundsperson finden die Vorschriften der §§. 170 bis 172 Anwendung.[1])

[1]) § 198 entspricht dem EG. z. BGB. Art. 149.

§. 199.[1])

Durch die Gesetzgebung eines Bundesstaats, in dem mehrere Oberlandesgerichte errichtet sind,[2]) kann die Entscheidung über das Rechtsmittel der weiteren Beschwerde[3]) einem der mehreren Oberlandesgerichte[4]) oder an Stelle eines solchen Oberlandesgerichts dem obersten Landesgerichte[5]) zugewiesen werden.

Das Gericht, dem nach Abs. 1 die Entscheidung zugewiesen wird, tritt zugleich für die Beschwerde gegen eine Verfügung des Landgerichts an die Stelle des nach §. 64 und §. 143 Abs. 2 zuständigen Oberlandesgerichts.[6]) Auch gilt es im Sinne der §§. 5, 46 als gemeinschaftliches, oberes Gericht für alle Gerichte des Bundesstaats.[7])[8])

[1]) § 199 Abs. 1 entspricht dem § 102 GBO.

[2]) Zur Zeit nur für Preußen und Bayern von Bedeutung.

[3]) §§ 27 ff.

[4]) So in Preußen (Kammergericht). Preuß. FGG. Art. 7, 8.

[5]) So in Bayern. Art. 42 Abs. 3 des bayrischen AG. z. GVG. in der Fassung des Art. 167 Nr. 12 des bayrischen AG. z. BGB.

[6]) Kraft Reichsrechts. In Preußen findet in diesen

Fällen die Ueberweisungsbefugniß nach Art. 7 Satz 2 des Preuß. FGG. nicht statt.

[7]) D. h. wenn die Gerichte in verschiedenen Oberlandesgerichtsbezirken liegen; sonst ist das örtlich zuständige Oberlandesgericht das gemeinschaftliche obere Gericht.

[8]) Es ist auch bei Beschlußunfähigkeit des Landgerichts das „im Instanzenzuge vorgeordnete Gericht" § 5 Abs. 1 Satz 2.

Einführungsgesetz zum Gerichtsverfassungsgesetz. Fassung des Gesetzes vom 17. Mai 1898 (RGBl. S. 252). Art. III.

§. 10.

(Abs. 3.) Auf die Besetzung der Civilsenate des obersten Landesgerichts findet in Grundbuchsachen sowie in den nach §. 199 des Gesetzes über die Angelegenheiten der freiwilligen Gerichtsbarkeit dem obersten Landesgerichte zugewiesenen Angelegenheiten der §. 124 des Gerichtsverfassungsgesetzes Anwendung.[1])

[1]) Die Vorschrift lautet:

§ 124. Die Senate der Oberlandesgerichte entscheiden in der Besetzung von fünf Mitgliedern mit Einschluß des Vorsitzenden.

Das oberste Landesgericht wird also im Falle des § 199 nicht wie das Reichsgericht, sondern wie die Oberlandesgerichte besetzt.

§. 200.

Durch Landesgesetz können Vorschriften zur Ergänzung und Ausführung dieses Gesetzes,[1]) mit Einschluß der erforderlichen Uebergangsvorschriften, auch insoweit erlassen werden, als dieses Gesetz Vorbehalte für die Landesgesetzgebung nicht enthält.[2])

Soweit durch Landesgesetz allgemeine Vorschriften über die Errichtung gerichtlicher oder notarieller Urkunden erlassen werden,[3]) ist ein Verstoß gegen eine solche Vorschrift, unbeschadet der Vorschriften über die Folgen des Mangels der sachlichen Zuständigkeit,[4]) ohne Einfluß auf die Gültigkeit der Beurkundung.[5])

[1]) Vgl. Einl. S. 9 ff.

[2]) Nach § 185 in Verbindung mit Art. 3 des EG. z. BGB. hat dieses die Bedeutung, daß auch das bisherige Landesrecht in Kraft bleibt, insoweit es zur Ergänzung und Ausführung des vorliegenden Gesetzes dient.

[3]) Nämlich auf Grund des Vorbehalts in Abs. 1.

[4]) Eine Verletzung der sachlichen Zuständigkeit hat die Ungültigkeit der Beurkundung zur Folge. Sie liegt namentlich vor, wenn ein Amtsgericht die Beurkundung bewirkt hat, während auf Grund des Art. 141 des BGB. bestimmt war, daß nur die Notare zuständig sein sollen oder umgekehrt.

[5]) § 200 Abs. 2 entspricht dem Art. 151 Satz 2 des EG. z. BGB.

Urkundlich unter Unserer Höchsteigenhändigen Unterschrift und beigedrucktem Kaiserlichen Insiegel.

Gegeben Straßburg i. E., den 17. Mai 1898.

(L. S.) Wilhelm.

Fürst zu Hohenlohe.

D.

Preußisches Gesetz
über die
freiwillige Gerichtsbarkeit.

Vom 21. September 1899 (G.S. S. 249).

Wir **Wilhelm**, von Gottes Gnaden König von Preußen &c.

verordnen, unter Zustimmung der beiden Häuser des Landtags Unserer Monarchie, was folgt:

Erster Abschnitt.
Allgemeine Vorschriften.

Inhalts-Uebersicht: Art. 1. Anwendbarkeit der allgemeinen Vorschriften des Reichsgesetzes. — Art. 2. Stellung des Gerichtsschreibers. — Art. 3—6. Anfechtung gerichtlicher Verfügungen. — Art. 7 u. 8. Zuständigkeit des Kammergerichts. — Art. 9. Verurtheilung von Betheiligten zu den Kosten. — Art. 10. Kostenfestsetzung. — Art. 11. Anfechtung der Entscheidung über den Kostenpunkt. — Art. 12 u. 13. Abänderung der Kostenfestsetzung. — Art. 14. Zwangsvollstreckung aus der Kostenfestsetzung. — Art. 15 u. 16. Zwangsgewalt der Gerichte. Ordnungsstrafen. — Art. 17. Herausgabe von Personen oder Sachen. Gewalt-Anwendung. Offenbarungseid. — Art. 18. Ausfertigung gerichtlicher Verfügungen.

Artikel 1.

Die §§. 3, 4, 6, 7, 14, der §. 16 Abs. 2, 3 sowie die §§. 31 bis 33 des Reichsgesetzes über die Angelegenheiten der freiwilligen Gerichtsbarkeit vom 17. Mai 1898 finden, unbeschadet der Vorschriften des Grundbuchrechts über die Ausschließung und Ablehnung der Gerichtspersonen in der Beschwerdeinstanz,[1]) Anwendung auf diejenigen Angelegenheiten der freiwilligen Gerichtsbarkeit, welche durch Landesgesetz [2]) den ordentlichen Gerichten übertragen sind.[3]) Das Gleiche gilt von den Vorschriften der §§. 8, 9 über die Gerichtssprache und die Dolmetscher[4]) und, soweit nicht entgegenstehende Vorschriften gegeben sind,[5]) von den Vorschriften der §§. 13,[6]) 15,[7]) des §. 16 Abs. 1[8]) und der §§. 17,[9]) 34.[10]) [11])

[1]) Vgl. GBO. § 81 Abs. 2, G. betr. das Pfandrecht an Privateisenbahnen rc. v. 19. August 1895 § 9, AG. z. GBO. Art. 22, 32, 33 Nr. 1; s. auch Einl. S. 7 Nr. 16. — Ueber die Sonderstellung der Grundbuchsachen überhaupt s. Einl. S. 29.

In erster Instanz findet auch in Grundbuchsachen FGG. § 6 unbeschränkt Anwendung; wegen § 7 vgl. indessen GBO. § 10.

[2]) „Gesetz" im Sinne von Rechtsnorm, wie nach § 1 FGG. (vgl. oben S. 168 § 185 mit Art. 2), daher auch die — auf der V. v. 16. November 1899 (GS. S. 562) Art. 11 beruhenden — Ehedispense (s. Einl. S. 26 Nr. 8) umfassend.

[3]) Ein Verzeichniß derselben s. Einl. S. 24 ff.

[4]) Hierzu Art. 144 Nr. 18. Im Uebrigen vgl. FGG. § 8 Anm. 4.

[5]) Die im Text bis hierher citirten Vorschriften sind un-

bedingt anwendbar, die im Folgenden citirten nur mit dem Vorbehalt entgegenstehender Vorschriften des Landesrechts.

[6]) § 13 betrifft persönliches Erscheinen und Vollmacht. Unanwendbar in Grundbuchsachen: GBO. §§ 29, 30, 32.

[7]) § 15 betrifft das Beweisverfahren. Abweichungen in AGO. II 6 § 4 Nr. 2 und in den Landgüterordnungen (oben S. 25 Nr. 5): für Brandenburg § 13 Nr. V, dgl. für Schleswig-Holstein § 16 Abs. 3 (obligatorische Beeidung von Taxatoren).

[8]) § 16 Abs. 1 betrifft den Beginn der Wirksamkeit gerichtlicher Verfügungen. Unanwendbar namentlich für die Eintragung in Grundbuchsachen und in den landesrechtlichen Rollen und Registersachen (s. Einl. S. 25 f. Nr. 5, 6).

[9]) § 17 betrifft die Fristberechnung. Eine Ausnahme hiervon ist nirgends bestimmt.

[10]) § 34 betrifft die Aktieneinsicht und Abschriftsertheilung. Unanwendbar namentlich in Grundbuchsachen (GBO. §§ 11, 94), in Höfe- und Landgüterrollensachen (s. die in der Einl. S. 25 Nr. 5 citirten Spezialgesetze und zwar für Hannover § 8 Abs. 2, für Lauenburg § 7 Abs. 2, für Brandenburg, für Schlesien und für Schleswig-Holstein § 9, für Cassel § 11) und betreffs eines Theiles der gerichtlichen Register (s. die in der Einl. S. 26 f. Nr. 6, 18 citirten Gesetze).

[11]) Nicht für anwendbar erklärt sind die §§ 2, 5, 10—12, 18 und ein Theil des § 8. Dieserhalb vgl. FGG. § 2 Anm. 1, § 5 Anm. 1, § 8 Anm. 4, § 10 Anm. 3, § 11 Anm. 1, § 12 Anm. 4, § 18 Anm. 7. Wegen der §§ 19—30 FGG. s. Art. 4 ff.

Artikel 2.[1])

Wirkt in einer Angelegenheit der freiwilligen Gerichtsbarkeit,[2]) die nicht in der Beurkundung eines Rechtsgeschäfts besteht,[3]) ein Gerichtsschreiber

mit, so finden auf ihn die Vorschriften der §§. 6, 7 des Reichsgesetzes über die Angelegenheiten der freiwilligen Gerichtsbarkeit entsprechende Anwendung.

Die Zuziehung eines Gerichtsschreibers kann in den Fällen, in welchen das Gesetz sie nicht vorschreibt, erfolgen, wenn sie zur sachgemäßen Erledigung des Geschäfts[4]) zweckmäßig ist.

[1]) Art. 2 gilt auch für Grundbuchsachen; vgl. Art. 1 Anm. 1.

[2]) Gleichviel ob in einer reichsrechtlichen oder in einer landesrechtlichen Angelegenheit.

[3]) Siehe Art. 2 Abs. 2, Art. 18, 29, 35, 36, 38, 61, AG. z. BGB. Art. 81 § 3, AG. z. GVG. § 70, FGG. §§ 11, 21, 31, 128, GBO. § 73, AG. z. GBO. Art. 4, 6, 7. Auch die Mitwirkung bei Zustellungen gehört hierher. Vgl. ferner GVG. § 162 (Anlage I).

Für Beurkundung von Rechtsgeschäften gilt dagegen FGG. §§ 170—172.

[4]) Nach dem Ermessen des Richters, z. B. bei Zeugenvernehmungen, Theilungen, Taxen u. dgl.

Artikel 3.

Für die Anfechtung gerichtlicher Verfügungen in denjenigen Angelegenheiten der freiwilligen Gerichtsbarkeit, welche durch Landesgesetz den Gerichten übertragen sind,[1]) gelten die Vorschriften der Artikel 4 bis 7.[2]) Die Vorschriften des Grundbuchrechts[3]) und des Gesetzes, betreffend das Pfandrecht an Privateisenbahnen und Kleinbahnen 2c., vom 19. August 1895 (Gesetz-Samml. S. 499)[4]) bleiben unberührt.

[1]) Siehe Einl. S. 24 ff.

[2]) Mit Ausschluß älterer Spezialvorschriften, insoweit

sie nicht in Art. 4 u. 5 vorbehalten sind; vgl. hierzu Art. 144 Nr. 8 u. 16. Diejenigen abweichenden Vorschriften, welche in den gleichzeitig mit dem vorliegenden Gesetz erlassenen anderweiten Justizgesetzen getroffen oder bestätigt sind, behalten indessen ihre Kraft; vgl. Art. 6 Anm. 1.

3) GBO. §§ 71 ff. Auf Grundbuchsachen finden die Art. 4—6 überhaupt keine Anwendung; s. Einl. S. 29. Wegen Anwendung des Art. 7 auf Grundbuchsachen s. Art. 8.

4) Betreffs des Bahngrundbuchs gilt dasselbe wie in Anm. 3 (G. v. 19. August 1895 § 9, AG. z. GBO. Art. 32, 33); betreffs der übrigen Angelegenheiten in Bahnpfandsachen (s. Einl. S. 25 Nr. 4) gelten die Art. 4—7, insoweit nicht § 30 des G. v. 19. August 1895 entgegensteht; vgl. namentlich Konkurs-Ordnung § 189 Abs. 2 (frühere Fassung § 174 Abs. 2).

Artikel 4.

Die gerichtlichen Verfügungen[1]) erster Instanz können im Wege der Beschwerde angefochten werden. Die Beschwerde findet nicht statt, soweit sie durch besondere gesetzliche Vorschrift ausgeschlossen ist.[2]) Rechte Dritter, die auf Grund der angefochtenen Verfügung erworben sind,[3]) werden durch die Abänderung der Verfügung nicht beeinträchtigt.[4])

1) Vgl. FGG. § 19 Anm. 1.

2) Z. B. AG. z. GVG. § 20 Abs. 3 (Anlage IV).

3) Z. B. bei Ertheilung oder Verweigerung der Genehmigung zu Rechtsgeschäften in Familienfideikommiß- und in Stiftungssachen sowie nach den Anerbengesetzen v. 8. Juni 1896 § 15 Abs. 6 und v. 2. Juli 1898 § 19 Abs. 3.

4) Vgl. FGG. § 55.

Artikel 5.

Soweit nach besonderen gesetzlichen Vorschriften

die Einlegung des Rechtsmittels gegen die Entscheidung erster Instanz an eine Frist gebunden ist,[1]) findet die sofortige Beschwerde[2]) statt.[3])

[1]) LGO. für Cassel v. 1. Juli 1887 § 16.

[2]) FGG. §§ 22, 29 Abs. 2.

[3]) Vgl. aber Art. 6 Anm. 1.

Artikel 6.

Die Vorschriften der §§. 20 bis 27, 29 des Reichsgesetzes über die Angelegenheiten der freiwilligen Gerichtsbarkeit finden entsprechende Anwendung.[1])

Ueber die Beschwerde gegen eine Verfügung, die das Amtsgericht erlassen hat, entscheidet das Landgericht, über die Beschwerde gegen eine Verfügung, die das Landgericht in erster Instanz erlassen hat,[2]) entscheidet das Oberlandesgericht, über die Beschwerde gegen eine Verfügung, die das Oberlandesgericht in erster Instanz erlassen hat,[3]) der Justizminister.

Die Entscheidungen über Beschwerden erfolgen bei den Landgerichten durch eine Civilkammer, bei den Oberlandesgerichten durch einen Civilsenat.[4])

Eine weitere Beschwerde findet nur statt, wenn das Amtsgericht die erste Instanz bildet.[5])

[1]) Daneben bleiben aber die abweichenden Bestimmungen bestehen:

a) Betreffs der Rechtshülfe und der Sitzungspolizei; AG. z. GVG. §§ 87, 88 mit GVG. §§ 160, 183.

b) Betreffs der Gerichtskostensachen; Preuß. GKG. §§ 27, 28.

c) Betreffs der Gebühren der Notare; Geb.O. für Notare § 25 Abs. 4 u. 5.

Vgl. Art. 3 Anm. 2 u. Art. 130 Anm. 1.

[2]) Siehe Einl. S. 28 a. E. u. S. 29 und ferner Art. 51 Abs. 2.

[3]) Siehe Einl. a. a. O. Der Justizminister ist in diesen Sachen Beschwerdegericht. FGG. §§ 21, 24 Abs. 3, 25. Auf ihn findet FGG. § 6 Anwendung.

[4]) Vgl. FGG. § 30 Abs. 1 Satz 1.

[5]) In den übrigen Fällen giebt es nur zwei Instanzen.

Artikel 7.[1])

Für die Entscheidung über das Rechtsmittel der weiteren Beschwerde[2]) ist das Kammergericht[3]) zuständig.[4]) Hängt die Entscheidung nach der Auffassung des Kammergerichts[5]) von der Auslegung eines in seinem Bezirke nicht geltenden Gesetzes ab,[6]) so kann es[7]) die weitere Beschwerde demjenigen Oberlandesgerichte zur Entscheidung überweisen, zu dessen Bezirke das Landgericht gehört, welches die angefochtene Entscheidung erlassen hat. Der Ueberweisungsbeschluß ist dem Beschwerdeführer bekannt zu machen.[8])

[1]) Vgl. Art. 6 Anm. 1.

[2]) Nämlich in landesrechtlichen Angelegenheiten (Art. 3), s. aber Art. 8.

[3]) Und zwar in allen Fällen. Eine Vorlegung an das Reichsgericht findet nicht statt; vgl. FGG. § 28 Anm. 5.

[4]) Einlegung beim örtlichen Oberlandesgericht (FGG. § 21) deshalb unzulässig.

[5]) Nicht nach der etwaigen Begründung der Beschwerdeschrift.

[6]) Ausschließlich oder auch in Verbindung mit anderen Gesetzen.

[7]) Nach Ermessen ohne Verpflichtung.

[8]) FGG. § 16 Abs. 2.

Artikel 8.

Die Vorschriften des Artikel 7 gelten, unbeschadet der Zuständigkeit des Reichsgerichts,[1] auch für Grundbuchsachen[2] sowie für diejenigen Angelegenheiten der freiwilligen Gerichtsbarkeit, welche durch Reichsgesetz den Gerichten übertragen sind.[3]

[1] GBO. § 79 Abs. 2, FGG. § 28 Abs. 2. Der Ueberweisungsbeschluß (Art. 7 Satz 3) ist keine auf weitere Beschwerde ergangene Entscheidung. Das örtliche OLG. kann von der Begründung desselben selbstständig abweichen.

[2] Vgl. GBO. § 102.

[3] Vgl. FGG. § 199 Abs. 1. Ferner Zuständigkeiten des Kammergerichts s. ebenda Abs. 2.

Artikel 9.[1]

Sind an einer Angelegenheit der freiwilligen Gerichtsbarkeit[2] mehrere Personen betheiligt,[3] so kann[4] das Gericht bei der von ihm zu treffenden Entscheidung[5] auf Antrag[6] einen Betheiligten[7] verurtheilen, diejenigen Kosten des Verfahrens[8] ganz oder theilweise[9] zu tragen, welche er durch ein unbegründetes Gesuch,[10] einen unbegründeten Widerspruch oder eine unbegründete Beschwerde,[11] durch vorzeitiges Anrufen des Gerichts, durch eine Versäumung[12] oder durch grobes Verschulden veranlaßt hat.[13] [14]

Zu den nach Abs. 1 zu erstattenden Kosten des Verfahrens gehören die Gebühren und Auslagen, welche durch die Zuziehung eines Rechtsanwalts entstanden sind, nur insoweit,[15] als die Zuziehung nach dem Ermessen des Gerichts zur zweckent-

sprechenden Rechtsverfolgung oder Rechtsvertheidigung nothwendig war.[10])

1) Die Art. 9—18 finden auf Grundbuchsachen keine Anwendung (s. Einl. S. 29). Vgl. im Uebrigen Art. 28 Abs. 4, Art. 30 Abs. 3.

2) Reichsrechtlichen wie landesrechtlichen.

3) Vgl. z. B. Einl. S. 17 Nr. 5 ff. — Art. 9 bezieht sich nur auf das Verhältniß der Betheiligten unter einander; vgl. aber Preuß. GKG. § 1 Satz 2. — Begriff des Betheiligten s. FGG. § 6 Anm. 4.

4) Nach billigem Ermessen ohne Verpflichtung.

5) Also nur, wenn eine Entscheidung in der Sache selbst erlassen wird und nur mit dieser zugleich.

6) Niemals von Amtswegen.

7) Nur einem solchen (FGG. § 6 Anm. 4), nicht Jemand, der durch bloße Anzeige die Offizialthätigkeit des Gerichts herbeigeführt hat, sollte er auch ein sachliches Interesse haben.

8) Nämlich die einem Betheiligten erwachsenen Kosten (vgl. Anm. 3), nicht die Kosten eines bloßen Denunzianten; s. Anm. 7.

9) Insbesondere mit Einschluß von Anwalts-, Reise- und Versäumnißkosten (CPO. § 91 Abs. 1 Satz 2) oder ohne diese; wegen der Anwaltskosten aber nicht über Art. 9 Abs. 2 hinaus.

10) D. h. durch einen Parteiantrag, nicht durch eine bloße Anzeige; s. Anm. 7.

11) Die Kosten der Beschwerde kann nur das Beschwerdegericht auferlegen; s. Anm. 5.

12) Eines Termins oder einer Frist, auch eine unverschuldete.

13) Nur diese Gründe berechtigen zur Auferlegung der Kosten, nicht der Umstand, daß Jemand nach dem materiellen Recht zur Erstattung von Kosten verpflichtet

ist. Eine solche Pflicht muß vielmehr im Civilprozeß verfolgt werden.

14) Gegen die Entscheidung findet Beschwerde nach Art. 4 ff. statt, aber für alle nach Art. 9—13 u. 15—17 ergehenden Entscheidungen unter Ausschluß der reichsgerichtlichen Zuständigkeit; vgl. Einl. S. 24 u. FGG. § 28 Anm. 5. Eine Einschränkung des Beschwerderechts s. in Art. 11.

15) Abweichung von CPO. § 91 Abs. 2.

16) Auch insoweit sie dieses sind, können sie von der Erstattungspflicht ausgenommen werden; s. Anm. 9.

Artikel 10.

Wird eine gerichtliche Festsetzung der Betrags der Kosten erforderlich, zu deren Erstattung ein Betheiligter auf Grund der Artikel 9, 16 verurtheilt worden ist, so erfolgt sie durch das Gericht erster Instanz.[1]) Im Falle des §. 1875 Abs. 1 des Bürgerlichen Gesetzbuchs[2]) erfolgt die Festsetzung durch den Vorsitzenden des Familienraths.

Zur Berücksichtigung eines Ansatzes genügt, daß er glaubhaft gemacht wird.[3])

1) Auch wenn die verurtheilende Entscheidung vom Beschwerdegericht erlassen war.

2) Die Vorschrift lautet:

„Ein Mitglied des Familienraths, das ohne genügende Entschuldigung der Einberufung nicht Folge leistet oder die rechtzeitige Anzeige seiner Verhinderung unterläßt oder sich der Theilnahme an der Beschlußfassung enthält, ist von dem Vorsitzenden in die dadurch verursachten Kosten zu verurtheilen."

3) FGG. § 15 Abs. 2.

Artikel 11.

Findet gegen die Entscheidung in der Hauptsache die sofortige Beschwerde statt, so kann auch die Entscheidung über die Verpflichtung zur Tragung der Kosten sowie die Kostenfestsetzung nur mit der sofortigen Beschwerde[1]) angefochten werden.[2])

Die Kostenfestsetzung kann selbständig mit der weiteren Beschwerde[3]) nur angefochten werden,[4]) wenn die Beschwerdesumme den Betrag von fünfzig Mark übersteigt.[5])

[1]) FGG. §§ 22, 29 Abs. 2.

[2]) Im andern Falle findet auch gegen die Kostenfestsetzung die einfache Beschwerde statt. Abweichung von CPO. § 105 Abs. 4. — Ein Abänderungsrecht des Gerichts erster Instanz wie nach § 571 u. § 577 Abs. 3 CPO. ist nicht ausgesprochen; vgl. aber FGG. § 18 Anm. 7.

[3]) Die erste Beschwerde ist an keine Beschwerdesumme gebunden.

[4]) Wird in der Hauptsache die weitere Beschwerde eingelegt, so unterliegt die Anfechtung der Kostenfestsetzung der Beschränkung des Abs. 2 nicht.

[5]) Vgl. CPO. § 568 Abs. 3. Bezieht sich nur auf die Kostenfestsetzung, nicht auf die Entscheidung über die Kostenpflicht selbst (Art. 9). Vgl. ferner Art. 9 Anm. 14.

Artikel 12.

Ergeht nach der Kostenfestsetzung eine Entscheidung, die den Werth des Gegenstandes des Verfahrens festsetzt,[1]) so ist, falls diese Entscheidung von der Werthberechnung abweicht, welche der Kostenfestsetzung zu Grunde liegt, auf Antrag die Kostenfestsetzung entsprechend abzuändern. Ueber den Antrag entscheidet das Gericht erster Instanz.[2])

[1]) Vgl. Preuß. GKG. § 24.

[2]) Vgl. CPO. § 107 u. Art. 9 Anm. 14.

Artikel 13.

Wird eine in Betreff der Kosten ergangene Entscheidung abgeändert,[1]) so ist der Betheiligte auf Antrag zur Erstattung der ihm auf Grund der Entscheidung zuviel gezahlten Kosten zu verurtheilen.[2])

[1]) Durch das beschließende Gericht selbst oder im Beschwerdewege.

[2]) Und zwar entweder durch die abändernde Entscheidung selbst oder durch besondere Entscheidung, im letzteren Falle durch das Gericht erster Instanz. Vgl. übrigens Art. 9 Anm. 14.

Artikel 14.

Aus der gerichtlichen Kostenfestsetzung sowie aus der Entscheidung, durch die ein Betheiligter zur Erstattung der ihm zu viel gezahlten Kosten verurtheilt wird, findet die Zwangsvollstreckung nach den Vorschriften der Civilprozeßordnung[1]) statt.

[1]) D. i. nach § 794 Nr. 3, also gemäß §§ 795, 797 ebenda; vgl. CPO. § 801 und FGG. § 98 Anm. 8.

Artikel 15.[1])

Ist Jemandem durch eine Verfügung[2]) die Verpflichtung auferlegt,[3]) eine Handlung vorzunehmen, die ausschließlich von seinem Willen abhängt, oder eine Handlung zu unterlassen oder die Vornahme einer Handlung zu dulden,[4]) so kann ihn das Gericht,[5])

soweit sich nicht aus dem Gesetz ein Anderes ergiebt,[6]) zur Befolgung seiner Anordnung durch Ordnungsstrafen[7]) anhalten;[8]) die Ordnungsstrafen dürfen nur in Geld bestehen.[9])

[1]) Vgl. Art. 9 Anm. 1 u. 14. — Die Art. 15—17 regeln die gerichtliche Zwangsgewalt; s. Einl. S. 9 u. 24.

[2]) Welche gemäß FGG. § 16 bekannt gemacht und entweder rechtskräftig oder gemäß § 24 ebenda vollstreckbar ist.

[3]) Durch diese Vorschrift wird keine Befugniß der Gerichte begründet, Verpflichtungen aufzuerlegen; vielmehr ist Voraussetzung, daß diese Befugniß in anderweiten Gesetzen begründet ist sowie ferner, daß die Auferlegung der Verpflichtung gerade den Organen der freiwilligen Gerichtsbarkeit übertragen ist, wie z. B. beim Verkehr geschiedener Eheleute mit den Kindern (BGB. § 1636 Satz 2).

[4]) Vgl. CPO. §§ 888, 890.

[5]) Vorausgesetzt, daß dem Gericht nicht nur der Erlaß der auferlegenden Entscheidung, sondern auch deren Vollziehung (s. Anm. 1) zugewiesen ist. Danach z. B. nicht bei Außerkraftsetzung erblasserischer Anordnungen und bei Entscheidung einer Meinungsverschiedenheit unter mehreren Testamentsvollstreckern (BGB. §§ 2216, 2224). Die aus der Entscheidung sich ergebenden Rechte müssen hier im Civilprozeß verfolgt werden.

[6]) Insbesondere, wenn das Gesetz die Folgen der Zuwiderhandlung anderweit festsetzt, z. B. Ungehorsam eines Zeugen (FGG. § 15 mit CPO. §§ 380 ff., 390), Ausbleiben bei Anordnung des persönlichen Erscheinens (FGG. § 13, Präjudiz nur: die Nichtzulassung des Bevollmächtigten). Vgl. auch FGG. § 120 Anm. 2. Für Nichterscheinen eines Vormundes s. aber BGB. § 1837 Abs. 2).

[7]) Vgl. FGG. § 33; Beschwerde-Effekt s. ebenda § 24.

[8]) Und zwar von Amtswegen, wenn die Ent-

scheidung von Amtswegen zu vollstrecken ist, sonst nur auf Antrag. Im letzteren Falle steht dem Berechtigten auch die Klage aus der Entscheidung zu.

Für Unterlassungen ist die Vorschrift dunkel; es scheint gemeint zu sein, daß wegen der einzelnen Zuwiderhandlung eine Strafe festzusetzen ist (vgl. CPO. § 890, im Gegensatz zu § 880).

[9]) Umwandlung auch bei Uneinbringlichkeit nicht gestattet.

Artikel 16.[1])

Bei der Festsetzung einer Ordnungsstrafe[2]) ist der Betheiligte[3]) zugleich in die Kosten des Verfahrens[4]) zu verurtheilen.

Die zwangsweise Einziehung einer Ordnungsstrafe erfolgt im Wege des Verwaltungszwangsverfahrens.[5])

Eine Ordnungsstrafe kann nicht in den Nachlaß des Verurtheilten vollstreckt werden.

[1]) Vgl. Art. 9 Anm. 1 u. 14.

[2]) Nämlich nach Art. 15, nicht bei den Ordnungsstrafen des Reichsrechts (FGG. § 33 Anm. 2). Für diese gilt lediglich Art. 9; s. FGG. § 138.

[3]) D. i. der in die Ordnungsstrafe Verurtheilte.

[4]) Zunächst der Staatskasse gegenüber, beim Vorhandensein gegenüberstehender Betheiligter (vgl. Art. 9 Anm. 3) auch diesen gegenüber ohne Rücksicht auf die Voraussetzungen des Art. 9. Beitreibung der Kosten in diesem Falle s. Art. 10 u. 14.

[5]) V. v. 15. November 1899 (GS. S. 545); vgl. insbes. § 4 daselbst.

Artikel 17.[1])

Soll eine Sache oder eine Person herausgegeben[2]) oder eine Sache vorgelegt werden,[3]) oder

ist eine Anordnung[4]) ohne Gewalt nicht durchzuführen,[5]) so kann auf Grund einer besonderen Verfügung des Gerichts auch[6]) Gewalt gebraucht werden;[7]) der Verfügung hat in der Regel[8]) eine Androhung vorauszugehen. Der Vollstreckungsbeamte ist befugt, erforderlichenfalls die Unterstützung der polizeilichen Vollzugsorgane nachzusuchen.[9]) Die Kosten fallen dem Verpflichteten zur Last. Die Vorschriften des §. 752 und des §. 790 Abs. 1 der Civilprozeßordnung[10]) finden entsprechende Anwendung.

Wird die Sache oder die Person nicht vorgefunden, so kann der Verpflichtete von dem Gerichte zur Leistung des Offenbarungseids angehalten werden; die Vorschriften des §. 883 Abs. 2, 3, des §. 900 Abs. 1 und der §§. 901, 902, 904 bis 910, 912, 913 der Civilprozeßordnung[11]) finden entsprechende Anwendung.

[1]) Vgl. Art. 9 Anm. 1 u. 14.

[2]) Nämlich nach dem Inhalt der Verfügung (vgl. Art. 15 Anm. 3); z. B. ein Kind im Falle von §§ 1635 Abs. 1 Satz 2 u. § 1636 Satz 2 BGB., ein Erbschein bei Anordnung seiner Einziehung (BGB. § 2361). Vgl. auch FGG. § 120 Anm. 3.

[3]) Z. B. die Bücher und Papiere an den Kommanditisten oder stillen Gesellschafter im Falle von § 166 Abs. 3 u. § 338 Abs. 3 HGB.; vgl. FGG. § 145 Abs. 1.

[4]) Aber immer nur eine Anordnung von der im Art. 15 bezeichneten Art; vgl. Anm. 6.

[5]) Z. B. wegen Uneintreiblichkeit oder Erfolglosigkeit der Ordnungsstrafen oder weil durch das verzögerliche

Ordnungsstrafverfahren der Erfolg vereitelt werden würde.

6) „Auch". Die Zwangsmittel des Art. 15 u. 17 stehen zur Auswahl des Gerichts. Art. 17 findet aber immer nur dann Anwendung, wenn auch Art. 15 anwendbar wäre, sonach nicht auf die im Reichsrecht unter Ordnungsstrafe gestellten Handlungen (FGG. § 33 Anm. 2), wie die Ablieferung eines Testaments (FGG. § 83 Abs. 1) und die Aushändigung von Schriften zu Zwecken der Dispache (§ 151). Hier finden nur die reichsrechtlichen Zwangsmittel statt.

7) Aber nur gegen denjenigen, gegen welchen die „besondere Verfügung" wirksam geworden ist (FGG. § 16 Abs. 1; Art. 15 Anm. 2). — Mittel: Gewaltsame Fortnahme, Durchsuchung, Festhalten eines Widerstandleistenden während der Dauer der Vollzugshandlung. Zu Vorführungen und Verhaftungen ermächtigt Art. 17 nicht. — Vgl. übrigens Art. 15 Anm. 5 u 8.

8) Ausnahmen in eiligen Fällen gestattet.

9) Vgl. CPO. § 758 Abs. 3.

10) Betreffen die Zwangsvollstreckung gegen Militärpersonen; s. Anlage II.

11) Siehe Anlage II.

Artikel 18.

Die Ausfertigungen gerichtlicher Verfügungen[1]) sind von dem Gerichtsschreiber zu unterschreiben[2]) und mit dem Gerichtssiegel[3]) zu versehen.

1) Auch der Zeugnisse und sonstigen Bescheinigungen. — Ausfertigung der Protokolle s. FGG. § 182 und unten Art. 61 Abs. 1 Satz 2.

2) Die Anordnung der Ausfertigungsertheilung liegt dem Richter ob.

3) Vgl. FGG. § 183 Anm. 10 u. § 182 Anm. 3.

Zweiter Abschnitt.
Nachlaß- und Theilungssachen.

Inhalts-Uebersicht: Art. 19, 20. Sicherung des Nachlasses. — Art. 21. Ueberweisung der Auseinandersetzung an einen Notar. — Art. 22. Verhinderung des Notars. — Art. 23—25. Zuständigkeit des Notars. — Art. 26. Zustellungen im Notariatsverfahren. — Art. 27. Aufbewahrung der Notariatsakten über die Auseinandersetzung. — Art. 28. Kosten des Verfahrens.

Artikel 19.

Erhalten die Ortspolizeibehörden von einem Todesfalle Kenntniß, bei welchem gerichtliche Maßregeln zur Sicherung des Nachlasses angezeigt erscheinen können,[1]) so sollen sie dem Amtsgericht, in dessen Bezirke der Todesfall eingetreten ist, Mittheilung machen. Der Justizminister und der Minister des Innern können diese Verpflichtung auf die Gemeindebehörden übertragen.[2])

[1]) BGB. § 1960. Vgl. auch Art. 104 ff., 111, 118, 121, 122, 128, 128.

[2]) Eine allgemeine Anordnung hierüber ist nicht erlassen.

Artikel 20.

Nach dem Tode eines Beamten[1]) hat, unbeschadet der Zuständigkeit des Nachlaßgerichts, die Behörde, welcher der Verstorbene angehörte, oder die Aufsichtsbehörde für die Sicherung der amtlichen Akten und der sonstigen Sachen, deren Herausgabe auf Grund des Dienstverhältnisses verlangt werden kann,[2]) zu sorgen, soweit hierfür ein Bedürfniß besteht.

Werden bei der Ausführung einer Maßregel, die das Gericht zur Sicherung eines Nachlasses angeordnet hat, Sachen der im Abs. 1 bezeichneten Art vorgefunden, so hat das Gericht die Behörde, welcher der Verstorbene angehörte,[3]) oder die Aufsichtsbehörde hiervon zu benachrichtigen und ihr zugleich von den Sicherungsmaßregeln, die in Ansehung dieser Sachen vorgenommen worden sind, Mittheilung zu machen. Der Behörde liegt es ob, das Weitere zu veranlassen.[4])

[1]) Auch eines Reichsbeamten (Reichsbeamtengesetz v. 31. März 1873 § 20) und eines Offiziers (ALR. II 10 §§ 1 ff.), aber nur eines aktiven, nicht eines ausgeschiedenen Beamten und nicht des Beamten eines außerpreußischen Bundesstaates.

[2]) Vgl. R. v. 22. Mai 1818 (v. Kamptz, Jahrbücher für die preußische Gesetzgebung Bd. 11 S. 243) u. v. 8. Juli 1822 (ebda. Bd. 20 S. 44), deren Inhalt aber nicht unzweifelhaft ist; namentlich betreffs des Begriffes des Nachlasses s. jetzt BGB. § 1922.

[3]) Vgl. Anm. 1.

[4]) Vgl. Art. 144 Nr. 13.

Artikel 21.

Wird auf Grund der §§. 86, 99 des Reichsgesetzes über die Angelegenheiten der freiwilligen Gerichtsbarkeit die Vermittelung der Auseinandersetzung nachgesucht, so kann das Amtsgericht auf Antrag eines Betheiligten[1]) die Vermittelung der Auseinandersetzung einem Notar überweisen, der seinen Amtssitz[2]) in dem Bezirke des vorgeordneten Landgerichts hat.

Wird der Antrag vor dem ersten Verhandlungstermine von allen Betheiligten oder in diesem Termine von allen erschienenen Betheiligten[3]) gestellt, so hat ihm das Gericht stattzugeben. Einigen sich vor dem Termin alle Betheiligten oder in dem Termin alle erschienenen Betheiligten über einen bestimmten Notar, so hat das Gericht die Vermittelung der Auseinandersetzung diesem Notar zu überweisen, es sei denn, daß er an der Vermittelung rechtlich[4]) oder thatsächlich[5]) verhindert ist.

Gegen den Beschluß, durch welchen über die Ueberweisung entschieden wird, steht den Betheiligten[6]) die sofortige Beschwerde[7]) zu.

Ist der Ueberweisungsbeschluß rechtskräftig geworden, so hat ihn das Gericht mit den Akten unter Angabe des Tages, an welchem die Rechtskraft eingetreten ist,[8]) dem Notar zu übersenden.[9])

[1]) FGG. § 86 Abs. 2.

[2]) Art. 79.

[3]) Danach keine Rücksichtnahme auf Ausgebliebene.

[4]) Nach Art. 84, 85 oder nach FGG. §§ 170, 171; vgl. FGG. § 91 Anm. 3.

[5]) Art. 88.

[6]) FGG. § 86 Abs. 2.

[7]) FGG. §§ 22, 29 Abs. 2. Keine Zuständigkeit des Reichsgerichts vgl. FGG. § 28 Anm. 5.

[8]) Vgl. FGG. § 31 Anm. 3.

[9]) Uebergangsbestimmung s. in Art. 139 Abs. 1.

Artikel 22.

Ist der von dem Gericht ernannte Notar an der Vermittelung der Auseinandersetzung rechtlich oder thatsächlich[1]) verhindert,[2]) so finden auf die Ueberweisung an einen anderen Notar die Vorschriften des Artikel 21 mit der Maßgabe entsprechende Anwendung, daß die Ueberweisung auch ohne Antrag erfolgen kann, und daß als erster Verhandlungstermin der erste von dem Gerichte zur Fortsetzung der Verhandlung bestimmte Termin gilt.

Lehnt der Notar die Vermittelung der Auseinandersetzung ab, weil der ihm zustehende Vorschuß nicht gezahlt wird,[3]) so ist die Ueberweisung erledigt; die Ueberweisung an einen anderen Notar ist unzulässig.

[1]) Vgl. Art. 21 Anm. 4 u. 5.

[2]) sei es sofort oder nachträglich.

[3]) Gebühren-Ordnung für Notare § 23.

Artikel 23.

Durch den Ueberweisungsbeschluß gehen auf den Notar die Verrichtungen über, die nach dem §. 87 Abs. 2, den §§. 89 bis 91, dem §. 93 Abs. 1, Abs. 2 Satz 1 sowie nach den §§. 94, 95 des Reichsgesetzes über die Angelegenheiten der freiwilligen Gerichtsbarkeit dem Amtsgerichte zustehen.[1])[2])

Die Bestätigung der Auseinandersetzung oder einer vorgängigen Vereinbarung[3]) erfolgt durch das Gericht. Die Vernehmung eines Zeugen oder eines Sachverständigen kann von dem Notar nur dann angeordnet werden, wenn die erschienenen Betheiligten über seine Vernehmung einverstanden sind.[4]) Auch ist nur das Gericht zuständig, über die Rechtmäßigkeit der Weigerung eines Zeugnisses oder der Abgabe eines Gutachtens und über die Entbindung von der Abgabe eines Gutachtens zu entscheiden; das Gleiche gilt von der Verurtheilung eines Zeugen oder eines Sachverständigen in Strafe oder Kosten, von der Anordnung der zwangsweisen Vorführung eines Zeugen sowie von der Aufhebung der gegen einen Zeugen oder Sachverständigen getroffenen Anordnungen.[5]

[1]) Und zwar, insoweit nicht Abs. 2 oder Art. 26 Abs. 2 eine Ausnahme macht, mit allen Befugnissen des Gerichts, namentlich auch zu Eidesabnahmen.

[2]) Die in den nicht citirten Paragraphen enthaltenen Verrichtungen stehen nur dem Gericht zu.

[3]) FGG. § 91 Abs. 3, § 98 Abs. 2.

[4]) Sonst muß die Anordnung durch das Gericht geschehen. Die Vernehmung selbst erfolgt stets durch den Notar.

[5]) Vgl. FGG. § 15 mit CPO. §§ 380, 381, 387, 390, 402, 408, 409 (Anlage II).

Artikel 24.

Soweit nach Artikel 23 an Stelle des Gerichts der Notar zuständig ist, tritt der Notar auch an die Stelle des Gerichtsschreibers;[1]) an die Stelle der Gerichtsschreiberei treten die Geschäftsräume des Notars.

[1]) Ladung von Zeugen und Sachverständigen (FGG. § 15 mit CPO. §§ 307, 402), Aufnahme der Beschwerde und weiteren Beschwerde (FGG. § 21 Abs. 2 u. § 29 Abs. 4). Wegen Zustellungen s. Art. 26.

Artikel 25.

Der Antrag auf Wiedereinsetzung in den vorigen Stand[1]) kann bei dem Gericht oder dem Notar gestellt werden.

[1]) FGG. § 92, § 93 Abs. 2 Satz 2.

Artikel 26.

Auf die Bekanntmachung notarieller Verfügungen findet der §. 16 Abs. 2 des Reichsgesetzes über die freiwillige Gerichtsbarkeit entsprechende Anwendung.[1])

Soweit nach Abs. 1 die für die Zustellung von Amtswegen geltenden Vorschriften der Civilprozeßordnung maßgebend sind, tritt an die Stelle des Gerichtsschreibers[2]) der Notar, an die Stelle des Gerichtsdieners[3]) der Gerichtsvollzieher. Der §. 174 Abs. 1 der Civilprozeßordnung[4]) bleibt außer Anwendung. Bei einer Zustellung durch Aufgabe zur Post[5]) hat sich der Notar, wenn er nicht selbst das zuzustellende Schriftstück der Post übergiebt, der Vermittelung eines Gerichtsvollziehers zu bedienen. Die Bewilligung einer öffentlichen Zustellung[6]) kann nur durch das Gericht erfolgen; die Zustellung wird von dem Gerichtsschreiber besorgt.

[1]) § 16 Abs. 1 u. 3 finden Kraft Reichsrechts Anwendung; vgl. FGG. § 194 Abs. 1 u. 3.

[2]) CPO. §§ 209--211.

[3]) CPO. §§ 211, 212.

[4]) Vgl. Anlage II.

[5]) Vgl. CPO. § 218 mit Anm. 1 (Anlage II).
[6]) CPO. §§ 203 ff.

Artikel 27.

Ist das Verfahren vor dem Notar erledigt, so hat dieser die in dem Verfahren entstandenen Schriftstücke zu den Gerichtsakten abzugeben.[1])

[1]) Ausnahme von Art. 42, 61. Für spätere Ausfertigungen s. Art. 43 u. Art. 61 Abs. 1 Satz 2.

Artikel 28.[1])

Die Kosten des Verfahrens vor dem Gericht und des Verfahrens vor dem Notar fallen der Masse zur Last. Die Gebühren und Auslagen eines Bevollmächtigten trägt der Machtgeber, die Kosten einer für das Auseinandersetzungsverfahren angeordneten Abwesenheitspflegschaft[2]) der abwesende Betheiligte, die durch eine Versäumung verursachten Kosten der Säumige.

Diese Vorschriften finden keine Anwendung, soweit in der Auseinandersetzungsurkunde ein Anderes bestimmt ist.[3])

Wer die Kosten der Beschwerdeinstanz zu tragen hat, bestimmt sich nach dem Inhalte der darüber ergangenen gerichtlichen Entscheidung.

Die Vorschriften der Artikel 9 bis 14 finden keine Anwendung.

[1]) Art. 28 gilt für das gerichtliche und das notarielle Verfahren, aber nur für das Verhältniß der Betheiligten unter einander, nicht zur Staatskasse oder zum Notar.
[2]) FGG. § 88.
[3]) Vgl. FGG. § 98.

Dritter Abschnitt.

Vereins- und Güterrechtsregister. Schiffsregister und Handelssachen.

Artikel 29.

Die näheren Bestimmungen über die Einrichtung und die Führung des Vereins- und des Güterrechtsregisters[1]) sowie des Handels-[2]) und des Schiffsregisters[3]) werden vom Justizminister getroffen.[4])

Die Eintragungen in das Schiffsregister sollen von dem Richter mit Angabe des Wortlauts verfügt, von dem Gerichtsschreiber ausgeführt und von beiden unterschrieben werden.

Die beglaubigten Abschriften aus dem Schiffsregister sind von dem Richter und dem Gerichtsschreiber zu unterschreiben.[5])

[1]) FGG. §§ 159, 161. Dazu Allg. Verf. v. 6. November 1899 (JMBl. S. 299).

[2]) FGG. § 125. Dazu Allg. Verf v. 7. November 1899 (JMBl. S. 818).

[3]) Vgl. Einl. S. 6 Nr. 2. Dazu Allg. Verf. v. 11. Dezember 1899 (JMBl. S. 758).

[4]) Vgl. Anm. 1—3.

[5]) Entspricht dem AG. z. GBO. Art. 6 u. 7.

Artikel 30.

Ueber die Verpflichtung zur Tragung der Kosten, die durch eine gerichtliche Verhandlung über die Bestätigung der Dispache entstehen,[1]) entscheidet das Gericht, vor dem die Verhandlung stattfindet;[2]) die Entscheidung erfolgt nur auf Antrag eines der an dem Verfahren Betheiligten.[3])

Die Kosten sind, unbeschadet der Vorschrift des Artikel 9,[4]) von den an dem Verfahren Betheiligten[5]) in dem Verhältnisse zu tragen, in welchem sie zu dem Havereischaden beizutragen haben.[6]) Die den einzelnen Betheiligten entstandenen Kosten können,[7]) wenn die Umstände es rechtfertigen, gegen einander aufgehoben werden. Soweit die Betheiligten eine abweichende Vereinbarung treffen, ist diese maßgebend.

Die Vorschriften der Artikel 10 bis 14 dieses Gesetzes und des §. 158 Abs. 3 des Reichsgesetzes über die Angelegenheiten der freiwilligen Gerichtsbarkeit[8]) finden entsprechende Anwendung.

[1]) FGG. §§ 158 ff.

[2]) Aber nicht nothwendig in dem Bestätigungsbeschlusse, s. Anm. 8.

[3]) Vgl. FGG. § 158 Anm. 8. — Der Antrag ist auch nach der Bestätigung zulässig.

[4]) Liegen die Voraussetzungen des Art. 9 vor, so kann eine Entscheidung nach Art. 9 auch hier ergehen.

[5]) FGG. § 158 Anm. 3.

[6]) HGB. § 706 a. E. Binnenschifffahrtsgesetz § 84.

[7]) Nach dem Ermessen des Gerichts.

[8]) Abs. 2 des § 158 ist durch Art. 14 ersetzt. — Vgl. übrigens Art. 9 Anm. 14.

Vierter Abschnitt.

Gerichtliche und notarielle Urkunden.

Erster Titel.

Zuständigkeit.

Inhalts-Uebersicht: Art. 31. Zuständigkeit der Amtsgerichte und Notare im Allgemeinen. — Art. 32. Zuständigkeit anderer Amtsstellen. — Art. 33. Freiwillige Grundstücksversteigerung. — Art. 34. Eide und eidesstattliche Versicherungen. — Art. 35, 36. Zuständigkeiten der Gerichtsschreiber. — Art. 37. Beurkundungen der Land- und Oberlandesgerichte. — Art 38. Beauftragung der Gerichtsschreiber, Gerichtsvollzieher, Notare und Gemeindebehörden. — Art. 39. Bezirksüberschreitung.

Artikel 31.[1])

Für die Aufnahme von Urkunden der freiwilligen Gerichtsbarkeit sind die Amtsgerichte und die Notare zuständig. Die Zuständigkeit umfaßt die Befugniß zur öffentlichen Beurkundung von Rechtsgeschäften und von sonstigen Thatsachen.[2]) Sie erstreckt sich insbesondere auch auf die Vornahme freiwilliger Versteigerungen,[3]) auf die Mitwirkung bei Abmarkungen[4]) sowie auf die Aufnahme von Vermögensverzeichnissen.[5])

Die Notare sind auch zuständig, Zustellungen vorzunehmen und zu beurkunden. Die Zustellungsurkunden der Notare sind stempelfrei.

Der Justizminister kann die Amtsgerichte anweisen, Versteigerungen[6]) nur unter bestimmten Voraussetzungen vorzunehmen.[7])

[1]) Vgl. FGG. § 167 mit Anm. 2 u. 3.

[2]) Auch Ausstellung von Bescheinigungen.

[3]) Art. 33, 66—76. FGG. § 181.

[4]) BGB. § 919. ALR. I 17 §§ 862—871. (Letztere Vorschriften bestehen fort.)

[5]) Sei es im Auftrage eines Betheiligten (BGB. §§ 1035, 1372 Abs. 1, 1528 Abs. 1, 2121 Abs. 3, 2215 Abs. 4, vgl. auch ebenda § 1802 Abs. 2 u. § 2002 sowie Konk.O. § 123) oder auf amtliche Anordnung (BGB.

§§ 1640 Abs. 2, 1667 Abs. 2, 1692, 1760 Abs. 1, 1960 Abs. 2, 2003). Siehe hierzu Art. 128.

[6]) Von beweglichen oder unbeweglichen Sachen.

[7]) Eine allgemeine Anordnung ist nicht erlassen.

Artikel 32.

Unberührt bleiben die Vorschriften, wonach die im Artikel 31 bezeichneten Handlungen der freiwilligen Gerichtsbarkeit auch von anderen Behörden oder mit öffentlichem Glauben versehenen Personen als den Amtsgerichten oder Notaren[1]) oder nur von solchen anderen Behörden oder Personen[2]) oder nur von dem örtlich zuständigen Amtsgerichte[3]) vorgenommen werden können.

Beglaubigte Abschriften oder Bescheinigungen aus den bei Gericht geführten oder verwahrten Akten und öffentlichen Büchern sollen die Notare in der Regel[4]) nicht ertheilen.

[1]) Z. B. in Enteignungssachen, Gemeinheitstheilungen, Militärjustizsachen. Vgl. auch Abschn. VII dieses Gesetzes.

[2]) Z. B. Fideikommißsachen und gewisse Stiftungssachen; s. Einl. S. 28 a. E.; vgl. auch AG. z. GVG. §§ 41, 49 (Anlage IV).

[3]) Z. B. Familienschlüsse in Stiftungssachen, Auflassung, Successivgründung bei der Aktiengesellschaft, Austritt aus der Kirche.

[4]) Ausnahmen nach dem Ermessen des Notars zulässig.

Artikel 33.

Die Amtsgerichte und die Notare sollen[1]) die freiwillige Versteigerung eines Grundstücks[2]) nur vornehmen, wenn das Grundstück in ihrem Amtsbezirke[3]) belegen ist. Liegt das Grundstück in verschiedenen Amtsbezirken oder sollen mehrere Grundstücke, die in verschiedenen Amtsbezirken liegen, zusammen versteigert werden, so ist jedes Amtsgericht sowie jeder Notar, in dessen Amtsbezirk ein Theil des Grundstücks oder eines der Grundstücke liegt, zu der Versteigerung befugt.

Gehört das Grundstück zu einem Nachlaß oder zu einer ehelichen Gütergemeinschaft oder zu einer fortgesetzten Gütergemeinschaft, so darf die Versteigerung auch von dem Gerichte vorgenommen werden, welches auf Grund der §§. 86, 99 des Reichsgesetzes über die Angelegenheiten der freiwilligen Gerichtsbarkeit mit der Vermittelung der Auseinandersetzung befaßt ist; hat das Gericht die Vermittelung der Auseinandersetzung einem Notar übertragen,[4]) so ist an Stelle des Gerichts der Notar zuständig.

[1]) Die Vorschriften mit „soll" haben auch in diesem Gesetz die Bedeutung, daß eine Uebertretung die Gültigkeit des Aktes nicht beeinträchtigt; vgl. übrigens FGG. § 200 Abs. 2.

[2]) Vgl. Art. 66—76.

[3]) Amtsbezirk des Notars s. Art. 80.

[4]) Art. 21.

Artikel 34.

Ist zur Wahrnehmung von Rechten im Auslande die Leistung eines Eides[1]) oder eine Versicherung an Eidesstatt erforderlich, so ist zur Abnahme des

Eides oder der Versicherung an Eidesstatt sowohl das Amtsgericht als auch der Notar befugt.[2])

[3])Das Amtsgericht kann für eine einzelne Angelegenheit[4]) einen Sachverständigen auch dann beeidigen,[5]) wenn alle bei dieser Angelegenheit betheiligten Personen[6]) darauf antragen und die Beeidigung nach dem Ermessen des Gerichts angemessen erscheint.[7])

[1]) Seitens einer Partei oder eines Zeugen.

[2]) Behandlung der Urschrift s. Art. 44 mit Art. 61 Abs. 1 Satz 2.

[3]) Abs. 2 bezieht sich auf inländische Angelegenheiten.

[4]) Auch für eine außergerichtliche.

[5]) Allgemeine Beeidung s. AG. z. GVG. § 86 (Anlage IV).

[6]) Vgl. FGG. § 6 Anm. 4. Bei außergerichtlichen Angelegenheiten nach der Natur der Sache zu entscheiden.

[7]) Gegen die Versagung Beschwerde nach Art. 4.

Artikel 35.

Zur Beglaubigung von Abschriften[1]) sind auch[2] die Gerichtsschreiber[3]) befugt.[4]) Die Vorschriften über die Beglaubigung von Abschriften aus dem Grundbuch und dem Schiffsregister[5]) bleiben unberührt.

[1]) Vgl. Art. 57, 59.

[2]) Neben den Amtsrichtern (Art. 31).

[3]) Sowohl die der Amtsgerichte als die der Kollegialgerichte.

[4]) Bei Beglaubigung eines Auszugs aber nur unter Mitwirkung des Richters gemäß Art. 47 Satz 3; vgl. Art. 59.

[5]) Vgl. Art. 29 Abs. 3 mit Anm. 5.

Artikel 36.

Die Gerichtsschreiber bei den Amtsgerichten[1]) sind zuständig[2]) für Beurkundungen behufs Sicherstellung der Zeit, zu welcher eine Privaturkunde ausgestellt ist.[3])

[1]) Nicht die bei den Kollegialgerichten (Art. 35 Anm. 8).

[2]) Neben den Amtsrichtern (Art. 31); vgl. Art. 58.

[3]) Vgl. Art. 58, 59. — Fernere Zuständigkeiten s. im AG. z. GVG. §§ 70, 71 (Anlage IV).

Artikel 37.

Eine Beurkundung, für die das Landgericht oder das Oberlandesgericht zuständig ist,[1]) kann durch einen beauftragten[2]) oder ersuchten Richter erfolgen.[3]) Der Auftrag kann auch von dem Vorsitzenden der Kammer oder des Senats ertheilt werden. Der beauftragte oder ersuchte Richter soll[4]) sich in der Urkunde als solcher bezeichnen.

[1]) Vgl. AG. z. GVG. §§ 29, 41, 49 (Anl. IV); siehe auch Einl. S. 28 a. E.

[2]) Spezieller wie allgemeiner Auftrag zulässig.

[3]) Bei Beurkundung von Rechtsgeschäften nur durch einen solchen. Für die Form einer Beurkundung vor dem Kollegium fehlt es an Vorschriften. FGG. §§ 168 ff.

[4]) „soll“ vgl. Art. 33 Anm. 1.

Artikel 38.

Soweit die Gerichtsschreiber oder die Gerichtsvollzieher auf Antrag der Betheiligten oder im Auftrage des Gerichts die im Artikel 31 Abs. 1 bezeichneten Geschäfte vornehmen können,[1]) ist das

Amtsgericht befugt, die Ausführung eines Geschäfts, um dessen Vornahme es ersucht wird,[2]) dem Gerichtsschreiber oder einem Gerichtsvollzieher zu übertragen. In gleicher Weise kann, soweit für die Aufnahme von Vermögensverzeichnissen, die öffentliche Versteigerung beweglicher Sachen sowie die öffentliche Verpachtung an den Meistbietenden die im siebenten Abschnitte bezeichneten Behörden oder Beamten zuständig sind,[3]) diesen die Ausführung eines Geschäfts, um dessen Vornahme das Amtsgericht ersucht wird,[4]) übertragen werden.

Die Aufnahme eines Vermögensverzeichnisses kann auch einem Notar übertragen werden.

Der Justizminister kann für solche Bezirke, in denen dazu ein Bedürfniß besteht, die Amtsgerichte ermächtigen, in den ihnen geeignet scheinenden Fällen mit der Vornahme und der Beurkundung einer freiwilligen Grundstücksversteigerung, die außerhalb der Gerichtsstelle erfolgen soll, einen Gerichtsschreiber zu beauftragen; der Gerichtsschreiber soll[5]) nur mit Zustimmung der Betheiligten beauftragt werden.[6])

[1]) Vgl. Art. 35, 86, ferner AG. z. GVG. §§ 70, 74 (Anlage IV), Hinterlegungs-Ordnung § 17.

[2]) Sei es von den Betheiligten oder im Wege der Rechtshülfe.

[3]) Vgl. Art. 108, 109, 111, 122, 123, 125.

[4]) Siehe Anm. 2.

[5]) „soll" vgl. Art. 83 Anm. 1.

[6]) Eine Anordnung dieser Art ist nicht veröffentlicht.

Artikel 39.

Eine Beurkundung ist nicht deshalb ungültig, weil der beurkundende Beamte sie außerhalb der Grenzen seines Bezirkes vorgenommen hat.

Zweiter Titel.

Urkunden über Rechtsgeschäfte.[1])

[1]) Ergänzung zu FGG. §§ 168—182.

Inhalts-Uebersicht: Art. 40. Geschäftsfähigkeit. Ungültige Geschäfte. — Art. 41. Verhandlung mit tauben Betheiligten — Art. 42. Aufbewahrung der Urschrift. — Art. 43. Zuständigkeit für Ausfertigungen. — Art. 44. Gebrauch der Urkunde im Ausland. — Art. 45, 46. Form der Ausfertigung. — Art. 47. Auszugsweise Ausfertigung. — Art. 48. Behandlung der Anlagen bei der Ausfertigung. — Art. 49. Legitimation zum Antrage auf Ausfertigung. — Art. 50. Einsicht und Abschriftsertheilung — Art 51 Stellung des Gerichtsschreibers und des Notars bei der Ausfertigung. — Art. 52. Besondere Rechte auf Einsicht oder Mittheilung.

Artikel 40.[1])

Werden bei der Beurkundung eines Rechtsgeschäfts[2]) von dem Richter oder dem Notar Wahrnehmungen gemacht, welche Zweifel darüber begründen, ob ein Betheiligter[3]) die zu dem Rechtsgeschäft erforderliche Geschäftsfähigkeit[4]) oder Einsicht besitzt, oder bestehen sonstige Zweifel an der Gültigkeit des Geschäfts, so sollen[5]) die Zweifel den Betheiligten mitgetheilt und der Inhalt der Mittheilung sowie die von den Betheiligten darauf abgegebenen Erklärungen in dem Protokolle[6]) festgestellt werden.

Verstößt der Inhalt eines Geschäfts gegen ein

Strafgesetz oder ist das Geschäft offenbar ungültig,[7]) so hat der Richter sowie der Notar die Beurkundung abzulehnen.[8])

1) Die Art. 40 u. 41 beziehen sich sowohl auf Geschäfte unter Lebenden, wie auf Testamente und Erbverträge, die Art. 42—52 dagegen nur auf Geschäfte unter Lebenden und außerdem auf Erbverträge, falls diese nicht verschlossen werden. (BGB. § 2277).

2) Vgl. FGG. § 167 Anm. 3, § 168 Anm. 2 und unten Art. 53 Anm. 1.

3) FGG. § 168 Satz 2.

4) Nach den für das betreffende Geschäft geltenden materiellen Vorschriften zu beurtheilen.

5) „sollen" vgl. Art. 33 Anm. 1.

6) Vgl. FGG. § 177 Anm. 7.

7) Nicht blos von zweifelhafter Gültigkeit (Abs. 1).

8) Gegen richterliche Ablehnung Beschwerde nach Art. 4, betreffs des Notars s. Art. 83 Anm. 1.

Artikel 41.[1])

Das Protokoll soll,[2]) falls ein Betheiligter[3]) taub ist,[4]) ihm zur Durchsicht vorgelegt werden, auch wenn er dies nicht verlangt.[5]) In dem Protokolle[6]) soll festgestellt werden, daß dies geschehen ist.

Ist ein tauber Betheiligter nicht im Stande,[7]) Geschriebenes zu lesen,[8]) so soll[9]) eine Vertrauensperson zugezogen werden, die sich mit ihm zu verständigen vermag. In dem Protokolle soll[10]) festgestellt werden, daß der Betheiligte nach der Ueberzeugung des Richters oder des Notars die Vertrauensperson verstanden hat. Das Protokoll soll auch von der Vertrauensperson genehmigt[11]) und unterschrieben werden.[12)][13)] Die Vertrauensperson kann auch der Gerichtsschreiber, der zugezogene zweite Notar oder ein zugezogener Zeuge oder einer der Betheiligten[14)] sein.

1) Vgl. Art. 40 Anm. 1.

2) „soll" vgl. Art. 33 Anm. 1.

3) FGG. § 168 Satz 2.

4) Vgl. FGG. § 169 u. § 177 Anm. 3.

5) Weitergehend als FGG. § 177 Abs. 1 Satz 3 (auf Grund von FGG. § 200).

6) Vgl. FGG. § 177 Anm. 7.

7) Wegen Unkunde oder wegen Blindheit, Augenleidens u. dgl.

8) Das bedeutet bei Sprachfremden: auch nicht in fremder Sprache oder Schrift Geschriebenes. Kann der Taube letzteres, so ist bei Testamenten und Erbverträgen Abs. 1 des Art. 41 auf die Uebersetzung anzuwenden, falls nicht das Protokoll selbst in fremder Sprache abgefaßt wird (vgl. BGB. § 2244 Abs. 2, 2245). Bei Geschäften unter Lebenden muß der Dolmetscher die Verständigung über den Inhalt des Protokolls auf schriftlichem Wege erreichen.

9) Siehe Anm. 2. 10) Siehe Anm. 2 u. 6.

11) Vgl. FGG. § 178 Anm. 10.

12) Feststellung dessen im Protokoll nicht vorgeschrieben aber zu empfehlen. — Bei grundloser Weigerung Wiederholung des Aktes unter Zuziehung einer anderen Vertrauensperson.

13) Die Genehmigung des Betheiligten ist außerdem erforderlich, auch seine Unterschrift, falls er seinen Namen schreiben kann, FGG. § 177 Abs. 1; andernfalls ist nach Abs. 2 daselbst zu verfahren.

14) Auch der Gegenkontrahent (nach dem Ermessen des Richters oder Notars). — Die §§ 170—173 FGG. finden auf die Vertrauensperson keine Anwendung.

Artikel 42.[1])

Die Urschrift des gerichtlichen und des notariellen Protokolls über die Beurkundung eines Rechtsgeschäfts bleibt in der Verwahrung des Gerichts oder des Notars.[2])

[1]) Vgl. Art. 40 Anm. 1.

[2]) Ausnahme s. Art. 44, für Notare auch Art. 27, 97, 98, 102, 103.

Artikel 43.[1])

Eine Ausfertigung des Protokolls[2]) kann nur von dem Gericht oder dem Notar ertheilt werden, in dessen Verwahrung sich die Urschrift[3]) befindet.

Hat das Gericht oder der Notar, in dessen Verwahrung sich die Urschrift befindet, das Protokoll nicht aufgenommen,[4]) so soll[5]) in der Ausfertigung[6]) angegeben werden, weshalb sie von dem ausfertigenden Gericht oder Notar ertheilt worden ist.

[1]) Vgl. Art. 40 Anm. 1.

[2]) FGG. § 182 Anm. 1.

[3]) Im Falle des Art. 44 die zurückbehaltene Ausfertigung.

[4]) Vgl. Art. 27, 97, 98, 102, 103.

[5]) „soll" vgl. Art. 33 Anm. 1.

[6]) D. i. in dem Vermerk des Art. 46 Abs. 1.

Artikel 44.[1])

Wird glaubhaft gemacht,[2]) daß die Urkunde im Auslande gebraucht werden soll, so darf mit Zustimmung derjenigen,[3]) welche nach Artikel 49 Abs. 1 eine Ausfertigung fordern können, die Urschrift ausgehändigt werden. Geschieht dies, so soll[4]) eine Aus=

fertigung zurückbehalten und auf dieser vermerkt werden, wem und an welchem Tage die Urschrift ausgehändigt worden ist. Die zurückbehaltene Ausfertigung vertritt die Stelle der Urschrift.[5])

[1]) Vgl. Art. 40 Anm. 1.

[2]) FGG. § 15 Abs. 2.

[3]) D. h. mit Zustimmung aller derjenigen.

[4]) „soll" vgl. Art. 33 Anm. 1.

[5]) Vgl. Art. 43 Abs. 1 mit Anm. 3.

Artikel 45.

Die Vorschriften des §. 182 des Reichsgesetzes über die Angelegenheiten der freiwilligen Gerichtsbarkeit finden auch auf die gerichtliche Ausfertigung notarieller Protokolle[1]) Anwendung.

Notarielle Ausfertigungen[2]) sind von dem Notar zu unterschreiben und mit dem Dienstsiegel[3]) zu versehen. Auf Antrag können die Protokolle vom Notar[4]) auch auszugsweise ausgefertigt werden.[5])

[1]) In den Fällen der Art. 27, 98, 102, 103; siehe dazu Art. 43 Abs. 2.

[2]) Vgl. FGG. § 182 Anm. 2.

[3]) FGG. § 182 Anm. 3 u. § 183 Anm. 10.

[4]) Wegen auszugsweiser Ausfertigung durch das Gericht s. FGG. § 182 Abs. 2 und Art. 45 Abs. 1.

[5]) Form s. Art. 47.

Artikel 46.

Die Ausfertigung soll[1]) den Ort und den Tag der Ertheilung angeben und die Bezeichnung der Person enthalten, der sie ertheilt wird.

Auf der Urschrift soll vermerkt werden, wem und an welchem Tage Ausfertigungen ertheilt worden sind.

[1]) „soll" vgl. Art. 33 Anm. 1. Obligatorischer Inhalt der Ausfertigung s. FGG. § 182 Abs. 1 und Art. 45.

Artikel 47.[1])

Soll ein Protokoll auszugsweise ausgefertigt werden,[2]) so sind in die Ausfertigung außer solchen Theilen des Protokolls, welche die Beobachtung der Förmlichkeiten nachweisen, diejenigen Theile aufzunehmen, welche den Gegenstand betreffen, auf den sich der Auszug beziehen soll. In dem Ausfertigungsvermerk ist der Gegenstand anzugeben[3]) und zu bezeugen, daß weitere den Gegenstand betreffende Bestimmungen in dem Protokolle nicht enthalten sind. Bei gerichtlichen Ausfertigungen hat der Richter den Umfang des Auszugs und den Inhalt des Ausfertigungsvermerkes anzuordnen[4]) und der Gerichtsschreiber in dem Ausfertigungsvermerke die Anordnung des Richters zu erwähnen.

[1]) Vgl. Art. 40 Anm. 1.

[2]) FGG. § 182 Abs. 2 u. Art. 45 Abs. 1 u. Abs. 2 Satz 2.

[3]) Z. B.: „Auszugsweise ausgefertigt als Kaufvertrag über das Grundstück Blatt Nr. 14 des Grundbuchs von X."

[4]) Durch genaue Verfügung oder durch Genehmigung eines hierzu gemachten Entwurfs (Expedition).

Artikel 48.

Anlagen des Protokolls sind, soweit sie nicht

nach §. 176 des Reichsgesetzes über die Angelegenheiten der freiwilligen Gerichtsbarkeit einen Theil des Protokolls selbst bilden,[1]) der Ausfertigung oder dem Auszug in beglaubigter Abschrift[2]) beizufügen; die Beifügung erfolgt nur auf Antrag.

[1]) In diesem Falle werden sie hinter dem Protokoll und vor dem Ausfertigungsvermerk mit abgeschrieben.

[2]) Art. 57.

Artikel 49.[1])

Von den Protokollen können, sofern nicht in der Urkunde oder durch eine besondere Erklärung[2]) gegenüber dem Gericht oder dem Notar eine abweichende Bestimmung getroffen ist, eine Ausfertigung fordern:

1. diejenigen, welche das Rechtsgeschäft im eigenen Namen vorgenommen haben[3]) oder in deren Namen das beurkundete Rechtsgeschäft von Anderen vorgenommen worden ist;
2. die Rechtsnachfolger der in Nr. 1 bezeichneten Personen.

Die im Abs. 1 bezeichneten Personen sind auch berechtigt, eine einfache oder beglaubigte Abschrift zu verlangen und die Urschrift einzusehen.

Hat derjenige, welcher eine Ausfertigung fordert, sein Rechtsvorgänger oder sein Rechtsnachfolger schon eine Ausfertigung erhalten, so ist die Ertheilung einer weiteren Ausfertigung zu verweigern,[4]) wenn ihr rechtliche Bedenken entgegenstehen.[5])

[1]) Vgl. Art. 40 Anm. 1. Für Testamente gilt

BGB. § 2264, für eröffnete Erbverträge (vgl. BGB. § 2300) lediglich FGG. § 84.

[2]) Nämlich eines derjenigen, die nach Nr. 1 oder 2 eine Ausfertigung finden könne.

[3]) Ein Bevollmächtigter, der in fremdem Namen gehandelt hat, kann für sich keine Ausfertigung fordern; ob er es Namens des Machtgebers kann, richtet sich nach dem Inhalt der Vollmacht.

[4]) Rechtsmittel s. Art. 51.

[5]) Hauptfall: wenn eine Vollmacht unter Mitwirkung des Bevollmächtigten errichtet ist. Hier darf der Bevollmächtigte eine zweite Ausfertigung nur mit Zustimmung des Machtgebers erhalten (vgl. BGB. § 172 Abs. 2, § 175).

Artikel 50.[1])

Die Einsicht der notariellen Protokolle[2]) kann[3]) denjenigen gestattet werden, in deren Interesse die Urkunde errichtet worden ist, sowie den Rechtsnachfolgern dieser Personen. Das Gleiche gilt von der Ertheilung einer einfachen oder beglaubigten Abschrift.

[1]) Vgl. Art. 40 Anm. 1 u. Art. 49 Anm. 1.

[2]) Für die Einsicht der gerichtlichen Protokolle gilt FGG. § 34 u. Art. 1.

[3]) Nach Ermessen der verwahrenden Stelle. Rechtsmittel bei Weigerung s. Art. 51 Abs. 2 u. Art. 4.

Artikel 51.

Der Gerichtsschreiber soll[1]) Ausfertigungen oder Abschriften nur auf Anordnung des Gerichts[2]) ertheilen.[3])

Weigert sich ein Notar, eine Ausfertigung oder Abschrift zu ertheilen oder die Einsicht der Urschrift zu gestatten, so entscheidet auf Antrag des Betheiligten[4]) eine Civilkammer des Landgerichts,[5]) in dessen Bezirke der Notar seinen Amtssitz[6]) hat.

[1]) „soll" vgl. Art. 33 Anm. 1.

[2]) Erwähnung der Anordnung nur im Falle von Art. 47 erforderlich.

[3]) zur Zurückweisung von Anträgen ist er selbstständig befugt. Rechtsmittel hiergegen s. FGG. § 31 Anm. 4.

[4]) D. i. des Antragstellers.

[5]) Als Gericht erster Instanz. Gegen die Entscheidung Beschwerde an das örtliche OLG., aber keine weitere Beschwerde; Art. 6 Abs. 2 u. 4.

[6]) Art. 79.

Artikel 52.

Die Rechte, welche Behörden oder Beamten[1]) sowie anderen als den in den Artikeln 49, 50 bezeichneten Personen[2]) in Bezug auf die Aushändigung oder Einsicht gerichtlicher oder notarieller Urkunden oder in Bezug auf die Mittheilung ihres Inhalts zustehen, werden durch die Vorschriften dieses Titels nicht berührt.

[1]) Insbesondere in Stempelsachen (Stempelsteuergesetz v. 31. Juli 1895 § 31 Abs. 2), betreffs der gerichtlichen Urkunden auch in anderweiten Steuersachen (Einkommensteuergesetz v. 24. Juni 1891 § 35 Abs. 6, Gewerbesteuergesetz vom gleichen Tage § 25 Abs. 5, Ergänzungssteuergesetz v. 14. Juli 1893 § 25 Abs. 5).

[2]) CPO. §§ 792, 896.

Dritter Titel.

Sonstige Urkunden.

Inhalts-Uebersicht: Art. 53. Geltungsbereich dieses Titels — Art. 54, 55. Form der Urkunden. — Art. 56. Befreiung von der Protokollaufnahme. — Art. 57—59. Abschriftsbeglaubigung. Sicherung der Ausstellungszeit. — Art. 60. Unterschriftsbeglaubigung. — Art. 61. Urschrift und Ausfertigung. — Art. 62. Wechselproteste

Artikel 53.

Für notarielle Urkunden über andere Gegenstände als Rechtsgeschäfte [1]) gelten die Vorschriften der Artikel 54 bis 62.[2]) Die gleichen Vorschriften finden auf gerichtliche Urkunden der bezeichneten Art [3]) Anwendung, soweit nicht die Beurkundung einen Theil eines anderen Verfahrens bildet.[4])[5])

[1]) Beurkundung von Erklärungen, die keine Rechtsgeschäfte sind (Zeugenaussagen, Eide, eidesstattliche Versicherungen), Beurkundung anderer Thatsachen (Loosziehung, Vernichtung von Papieren), wie auch Zeugnisse und Bescheinigungen. Vgl. FGG. § 167 Anm. 3 u. § 168 Anm. 2.

[2]) Vorbehaltlich der besonderen Vorschriften des Reichsrechts für gewisse Geschäfte; vgl. FGG. § 168 Anm. 2 und Art. 62 Anm. 1.

[3]) Siehe Anm. 1.

[4]) D. h. einen wesentlichen Theil, wie z. B. die Verpflichtung des Vormundes (BGB. § 1789), die Terminsverhandlung in Registersachen (FGG. § 184) und dgl., nicht einen bloß zufällig in dieses Verfahren einbezogenen Theil, z. B. wenn der Vormundschaftsrichter ein Zeugniß über das Leben seines Mündels ertheilt. Urkunden letzterer Art unterliegen den Art. 54—62. Ueberhaupt ist die Befreiung der gerichtlichen Urkunden eng auszulegen, s. Anm. 5.

Rechtsgeschäfte, welche in einem derartigen Verfahren errichtet werden, unterliegen, falls sie als gerichtlich beurkundet gelten sollen, immer den §§ 168 ff. FGG.; vgl. FGG. § 91 Anm. 3.

[5]) Für die von den Art. 54 ff. befreiten Urkunden

(s. Anm. 4) gilt Tit. 3 nicht. Für sie giebt es demnach überhaupt keine Formvorschriften. Ob diese Schriften danach die Beweiskraft öffentlicher Urkunden im Prozesse genießen, ist zweifelhaft, da hierfür das Bestehen einer „vorgeschriebenen Form" die Voraussetzung bildet. CPO. §§ 415, 418.

Artikel 54.

Die Urkunde muß[1]) den Ort und den Tag der Verhandlung oder, falls sie nicht in der Form eines Protokolls aufgenommen wird,[2]) den Ort und den Tag der Ausstellung angeben und mit der Unterschrift des Richters oder des Notars versehen sein.[3]) Wird die Urkunde den Betheiligten in Urschrift ausgehändigt,[4]) so muß sie auch mit Siegel oder Stempel[5]) versehen sein.

[1]) Bei Strafe der Nichtigkeit.

[2]) Vgl. Art. 56. Die Form ist alsdann die eines Zeugnisses.

[3]) Mit dieser Unterschrift in beiden Fällen, bei Protokollaufnahme und bei bloßem Zeugniß.

[4]) Nämlich falls keine Protokollaufnahme erfolgt (Art. 61 Anm. 1) oder im Falle von Art. 44 mit Art. 61 Abs. 1 Satz 2.

[5]) Vgl. FGG. § 183 Anm. 10. Verbindung mit Schnur und Siegel s. Art. 63.

Artikel 55.

Die Beurkundung soll,[1]) sofern nicht ein Anderes bestimmt ist,[2]) in der Form eines Protokolls erfolgen. Außer dem Richter oder dem Notar sollen[3]) auch die übrigen bei der Verhandlung mitwirkenden Personen[4]) das Protokoll unterzeichnen.

Inwieweit das Protokoll den Betheiligten[5])

behufs der Genehmigung vorzulesen oder ihnen zur Durchsicht vorzulegen[6]) und von ihnen zu unterschreiben ist, bleibt dem Ermessen des Richters oder des Notars überlassen.[7])

[1]) Die Unterlassung der Protokollaufnahme hat keine Nichtigkeit zur Folge, vgl. Art. 33 Anm. 1.

[2]) Art. 56; s. Anm. 3 daselbst.

[3]) Vgl. Anm. 1.

[4]) Gerichtsschreiber (Art. 2 Abs. 2) und Dolmetscher (Art. 1 mit FGG. §§ 8, 9 und Art. 84).

[5]) Das sind hier die Personen, mit welchen verhandelt worden ist.

[6]) Keines von Beiden braucht zu geschehen.

[7]) Für das Verfahren gelten im Uebrigen bei gerichtlichen Akten Art. 1 u. 2, bei notariellen Akten Art. 83—86.

Artikel 56.

Bei Zustellungen,[1]) bei der Beglaubigung von Abschriften, bei der Sicherstellung der Zeit, zu welcher eine Privaturkunde ausgestellt ist, bei Lebensbescheinigungen und bei sonstigen einfachen Zeugnissen[2]) bedarf es nicht der Aufnahme eines Protokolls.[3])

[1]) Vgl. Art. 31 Abs. 2.

[2]) Die Einfachheit hat der Richter oder Notar zu ermessen. Die unrichtige Entscheidung hat keine Nichtigkeit zur Folge, vgl. Art. 55 Anm. 1.

[3]) Bei der Abschriftsbeglaubigung und der Sicherung der Ausstellungszeit ist die Protokollaufnahme verboten (Art. 57 Anm. 3, Art. 58 Anm. 2), ebenso Kraft Reichsrechts bei der Unterschriftsbeglaubigung (FGG. § 183 Anm. 7), bei den anderen Akten des Art. 56 ist sie zulässig.

Artikel 57.[1])

Die Beglaubigung einer Abschrift geschieht[2]) durch einen unter die Abschrift zu setzenden Vermerk[3]) der die Uebereinstimmung mit der Hauptschrift[4]) bezeugt. In dem Vermerke soll[5]) ersichtlich gemacht werden, ob die Hauptschrift eine Urschrift, eine einfache oder beglaubigte Abschrift oder eine Ausfertigung ist; ist sie eine beglaubigte Abschrift oder eine Ausfertigung, so ist der Beglaubigungsvermerk oder der Ausfertigungsvermerk in die beglaubigte Abschrift mitaufzunehmen.

Durchstreichungen, Aenderungen, Einschaltungen, Radirungen oder andere Mängel einer von den Betheiligten vorgelegten Schrift sollen in dem Vermerk angegeben werden.[6])

Soll ein Auszug aus einer Urkunde beglaubigt werden, so finden die Vorschriften des Artikel 47 Satz 1, 2 entsprechende Anwendung.

[1]) Vgl. hierzu Art. 144 Nr. 4 u. 9.

[2]) Wesentliche Form, deren Nichtbeachtung die Nichtigkeit zur Folge hat.

[3]) Also nicht durch ein Protokoll. Der Vermerk muß dem Art. 54 entsprechen.

[4]) Hauptschrift ist diejenige Schrift, von welcher die Abschrift genommen ist.

[5]) „soll" vgl. Art. 33 Anm. 1.

[6]) Keine wesentliche Vorschrift (vgl. Art. 33 Anm. 1). Beim Fehlen des Vermerkes muß aber als erwiesen gelten, daß keine Mängel vorhanden waren.

Artikel 58.[1])

Die Sicherstellung der Zeit, zu welcher eine

Privaturkunde ausgestellt ist, geschieht durch einen unter die Urkunde zu setzenden Vermerk,[2]) in welchem der Richter[3]) oder der Notar bezeugt, wann[4]) ihm die Urkunde vorgelegt worden ist. Die Vorschriften des Artikel 57 Abs. 2 finden Anwendung.[5])

[1]) Vgl. hierzu Art. 144 Nr. 7.

[2]) Vgl. Art. 57 Anm. 2 u. 3.

[3]) Oder der Gerichtsschreiber, Art. 59.

[4]) Tag, auf Verlangen auch Stunde.

[5]) Also Angabe der äußeren Mängel auch hier erforderlich.

Artikel 59.

Wird von dem Gerichtsschreiber eine Abschrift oder die Zeit, zu welcher eine Privaturkunde ihm vorgelegt worden ist, beglaubigt,[1]) so finden die Vorschriften der Artikel 54, 57, 58 und bei der Beglaubigung eines Auszugs auch die Vorschrift des Artikel 47 Satz 3[2]) entsprechende Anwendung.

[1]) Vgl. Art. 35, 36.

[2]) Wegen Mitwirkung des Richters.

Artikel 60.

Bei der Beglaubigung einer Unterschrift oder eines Handzeichens[1]) ist der Richter oder der Notar ohne Zustimmung der Betheiligten nicht befugt, von dem Inhalte der Urkunde Kenntniß zu nehmen.

Wenn der Notar den Entwurf einer Urkunde anfertigt und nach ihrer Vollziehung durch die Betheiligten die Unterschriften oder Handzeichen beglaubigt, so hat er eine beglaubigte Abschrift der

Urkunde zu seinen Akten zurückzubehalten;[2]) diese Abschrift ist stempelfrei.

Werden von dem Richter oder dem Notar Wahrnehmungen gemacht, die geeignet sind, Zweifel an der unbeschränkten Geschäftsfähigkeit der Person[3]) zu begründen, deren Unterschrift oder Handzeichen beglaubigt werden soll, so soll[4]) dies in dem Beglaubigungsvermerke festgestellt werden.

[1]) Vgl. FGG. §§ 183, 200.

[2]) Aus stempelfiskalischen Gründen. Stempelsteuergesetz v. 31. Juli 1895 § 15 Abs. 1 Satz 3 mit § 31 Abs. 2.

[3]) BGB. §§ 104 ff. Die Beglaubigung der Unterschrift beschränkt geschäftsfähiger Personen (§§ 106, 114 ebenda) ist zulässig, soll aber mit Sicherungsmaßregeln umkleidet werden.

[4]) „soll" vgl. Art. 33 Anm. 1.

Artikel 61.

Die Urschriften der im Artikel 53 bezeichneten Urkunden sind, falls die Beurkundung in der Form eines Protokolls erfolgt ist,[1]) in der Verwahrung des Gerichts oder des Notars zu belassen. Die Vorschriften des §. 182 des Reichsgesetzes über die Angelegenheiten der freiwilligen Gerichtsbarkeit und der Artikel 43 bis 48 dieses Gesetzes finden entsprechende Anwendung.

Eine Ausfertigung können,[2]) sofern nicht in der Urkunde oder durch eine besondere Erklärung gegenüber dem Gericht oder dem Notar eine abweichende Bestimmung getroffen ist,[3]) diejenigen Personen fordern, auf deren Antrag die Urkunde aufgenommen worden ist.[4]) Wer eine Ausfertigung fordern kann, ist auch berechtigt, eine einfache oder beglaubigte Abschrift zu verlangen und die Urschrift einzusehen. Inwieweit anderen Personen eine einfache oder beglaubigte Abschrift zu ertheilen oder die Einsicht der Urschrift zu gestatten ist, bestimmt sich auch für notarielle Urkunden[5]) nach den Vorschriften des §. 34 des Reichsgesetzes über die Angelegenheiten der freiwilligen Gerichtsbarkeit. Die Vorschrift des Artikel 52 findet entsprechende Anwendung.

[1]) Geschieht sie ohne Protokoll (Art. 56), so wird regelmäßig das Zeugniß in Urschrift ausgehändigt. In den Fällen von Art. 57, 58, 60 ist dieses Verfahren obligatorisch.

[2]) Art. 49—51 finden keine Anwendung. Der Gerichtsschreiber kann sonach Ausfertigungen ohne richterliche Anordnung ertheilen. — Wegen Weigerung des Notars nur Beschwerde im Aufsichtswege; Art. 91.

[3]) Nämlich von einem der im Folgenden erwähnten Antragsberechtigten.

[4]) Nur diese, aber bei mehreren Antragstellern Jeder von ihnen.

[5]) Für gerichtliche Urkunden folgt die Anwendbarkeit des § 34 FGG. schon aus Art. 1.

Artikel 62.

Wechselproteste[1]) werden den Auftraggebern in Urschrift ausgehändigt. Die beglaubigten Abschriften der Wechselproteste für das Protestregister[2]) sind stempelfrei.

[1]) Das Verfahren Betreffs dieser richtet sich nach Art. 87—91 der Wechselordnung. Von den Vorschriften dieses Titels sind nur Art. 61 Abs. 2 und Art. 62 anwendbar.

[2]) Wechsel-Ordnung Art. 90.

Vierter Titel.

Aeußere Form und Vernichtung der Urkunden.

Artikel 63.[1])

Umfaßt die Urschrift einer von einem Notar[2]) aufgenommenen Urkunde allein oder mit den Anlagen[3]) mehrere Bogen, so sollen[4]) diese entweder mit fortlaufenden Zahlen versehen und von dem Notar einzeln unterschrieben oder durch Schnur und Siegel[5]) verbunden werden.

Umfaßt die Ausfertigung, die beglaubigte Abschrift oder die den Betheiligten auszuhändigende[6]) Urschrift einer unter die Vorschriften des zweiten oder dritten Titels fallenden gerichtlichen oder notariellen Urkunde allein oder mit ihren Anlagen mehrere Bogen, so sollen diese durch Schnur und Siegel verbunden werden.[7])

[1]) Die Art. 63—65 beziehen sich auf Rechtsgeschäfte und auf sonstige Urkunden, auf Geschäfte unter Lebenden wie auf Testamente und Erbverträge; vgl. aber Anm. 2.

[2]) Auf gerichtliche Urkunden ist Abs. 1 nicht anwendbar.

[3]) Die verschlossene Testamentsschrift (BGB. §§ 2238, 2246, 2276 f.) gehört nicht hierher, weil sie nicht nach Bogen zählbar ist.

[4]) „sollen" vgl. Art. 33 Anm. 1.

5) „Siegel" s. FGG. § 183 Anm. 10 u. § 182 Anm. 3.
6) Art. 44, Art. 61 Anm. 1, Art. 62, FGG. § 183.
7) s. Anm. 4 u. 5.

Artikel 64.[1])

Die von den Notaren ausgestellten Urkunden[2]) und die Eintragungen in die Register der Notare[3]) sowie die gerichtlichen Urkunden, auf welche die Vorschriften des zweiten oder dritten Titels Anwendung finden,[4]) sollen[5]) deutlich und ohne Abkürzungen geschrieben, es soll in ihnen nichts radirt oder sonst unleserlich gemacht werden.

Zusätze sollen am Schlusse oder am Rande beigefügt und im letzteren Falle von den mitwirkenden Personen[6]) besonders unterzeichnet werden[7].) In entsprechender Weise sollen auch andere Aenderungen beurkundet werden. Auf Aenderungen geringfügiger Art finden diese Vorschriften[8]) keine Anwendung.

Wird eine Schrift nach §. 176 Abs. 2 des Reichsgesetzes über die Angelegenheiten der freiwilligen Gerichtsbarkeit dem Protokoll als Anlage beigefügt, so bedarf es einer Unterzeichnung der in der eingereichten Schrift sich findenden Aenderungen nicht, wenn aus dem Protokolle hervorgeht, daß die Aenderungen genehmigt worden sind.

1) Vgl. Art. 68 Anm. 1.
2) Urschriften, Ausfertigungen, beglaubigte Abschriften.
3) Art. 95, 96. Wechsel-Ordnung Art. 90.
4) Vgl. Art. 53 mit Anm. 4 u. 5.
5) „sollen" vgl. Art. 33 Anm. 1.

6) FGG. § 174. BGB. § 2239. Preuß. FGG. Art. 55 Anm. 4 (s. auch Art. 41 Abs. 2). Danach ist Abs. 2 nur auf Urschriften anwendbar. Ausfertigungen und beglaubigte Abschriften müssen erforderlichen Falles noch einmal geschrieben werden. — Siehe ferner Anm. 5.

7) Eine Unterzeichnung durch die Betheiligten ist nicht erforderlich.

8) d. h. die Vorschriften des Abs. 2. Dagegen ist Abs. 1 auch auf geringfügige Aenderungen anwendbar.

Artikel 65.[1])

Gerichtliche und notarielle Urkunden können nach Maßgabe der Anordnungen des Justizministers vernichtet werden.[2])

1) Vgl. Art. 63 Anm. 1.

2) Für gerichtliche Urkunden gilt zur Zeit noch die Allg. Verf. v. 20. Dezember 1896 (JMBl. S. 366) zu B. Für Notariatsurkunden sind bis jetzt keine Anordnungen erlassen.

Fünfter Abschnitt.

Verfahren bei der freiwilligen gerichtlichen Versteigerung von Grundstücken.[1])[2])

1) Siehe hierzu Art. 33 u. FGG. § 181. — Vgl. auch Art. 144 Nr. 10—12, 14, 20.

2) Auf notarielle Versteigerungen sind die Vorschriften dieses Abschnitts nicht anwendbar.

Artikel 66.

Wer die freiwillige gerichtliche Versteigerung eines Grundstücks beantragt, hat seine Befugniß zur Verfügung über das Grundstück dem Gerichte nachzuweisen.

Der Richter soll, soweit die Betheiligten[1]) nicht

ein Anderes bestimmen, bei der Versteigerung nach den Vorschriften der Artikel 67 bis 74 verfahren.

[1]) Das sind hier die Antragsteller. Diese können durch Bestimmung ihrerseits die Art. 67—74 ganz oder theilweise außer Kraft setzen. Vgl. übrigens noch Art. 33 Anm. 1.

Artikel 67.[1])

Der Versteigerungstermin soll[2]) erst bestimmt werden, nachdem ein das Grundstück betreffender neuester Auszug aus der Grundsteuermutterrolle und der Gebäudesteuerrolle beigebracht worden ist. In den Hohenzollernschen Landen tritt an die Stelle des Auszugs aus den Steuerrollen ein Auszug aus dem Besitz- und Steuerhefte des Schuldners. Wird das Grundbuch nicht bei dem Gerichte geführt, welches die Versteigerung vornimmt, so soll auch eine beglaubigte Abschrift des Grundbuchblatts beigebracht werden.

Der Zeitraum zwischen der Anberaumung des Termins und dem Termine soll, wenn nicht besondere Gründe vorliegen, nicht mehr als sechs Monate betragen. Zwischen der Bekanntmachung der Terminsbestimmung und dem Termine soll in der Regel[3]) ein Zeitraum von mindestens sechs Wochen liegen.

[1]) Vgl. Art. 66 Anm. 1.
[2]) „soll" s. Art. 33 Anm. 1.
[3]) Ausnahme nach Ermessen zulässig.

Artikel 68.[1])

Die Terminsbestimmung soll[2]) enthalten:

1. die Bezeichnung des Grundstücks;
2. Zeit und Ort des Versteigerungstermins;
3. die Angabe, daß die Versteigerung eine freiwillige ist;
4. die Bezeichnung des eingetragenen Eigenthümers sowie die Angabe des Grundbuchblatts und der Größe des Grundstücks.

Sind vor der Bekanntmachung der Terminsbestimmung Versteigerungsbedingungen festgestellt,[3] so soll in der Terminsbestimmung der Ort angegeben werden, wo die Versteigerungsbedingungen eingesehen werden können.

[1]) Vgl. Art. 66 Anm. 1.

[2]) „soll" s. Art. 33 Anm. 1.

[3]) nämlich von den Antragstellern; s. Art. 66 Anm. 1.

Artikel 69.[1])

Die Terminsbestimmung ist durch einmalige Einrückung in ein vom Gerichte zu bestimmendes Blatt öffentlich bekannt zu machen. Die Vorschriften des §. 39 Abs. 2 und des §. 40 des Gesetzes über die Zwangsversteigerung und die Zwangsverwaltung[2]) finden entsprechende Anwendung.

[1]) Vgl. Art. 66 Anm. 1.

[2]) Die Vorschriften lauten:

§. 39. (Abs. 2.) Hat das Grundstück nur einen geringen Werth, so kann das Gericht anordnen, daß die Einrückung unterbleibt; in diesem Falle muß die Bekanntmachung dadurch erfolgen, daß die Terminsbestimmung in der Gemeinde, in deren Bezirke das Grundstück belegen ist, an die für amtliche Bekanntmachungen bestimmte Stelle angeheftet wird.

§. 40. Die Terminsbestimmung soll an die Gerichtstafel angeheftet werden. Ist das Gericht nach §. 2 Abs. 2 zum Vollstreckungsgerichte bestellt, so soll die Anheftung auch bei den übrigen Gerichten bewirkt werden.

Das Gericht ist befugt, noch andere und wiederholte Veröffentlichungen zu veranlassen; bei der Ausübung dieser Befugniß ist insbesondere auf den Ortsgebrauch Rücksicht zu nehmen.

Abs. 1 Satz 2 des § 40 hat für die freiwillige Versteigerung keine Bedeutung.

Artikel 70.[1])

Die Terminsbestimmung ist dem Antragsteller mitzutheilen.

[1]) Vgl. Art. 66 Anm. 1.

Artikel 71.[1])

Die Einsicht der Abschrift des Grundbuchblatts sowie der Auszüge aus den Steuerbüchern[2]) ist Jedem gestattet.

Das Gleiche gilt von anderen das Grundstück betreffenden Nachweisungen, welche ein Betheiligter[3]) einreicht, insbesondere von Abschätzungen.

[1]) Vgl. Art. 66 Anm. 1.
[2]) Art. 67 Abs. 1.
[3]) Art. 66 Anm. 1.

Artikel 72.[1])

In dem Versteigerungstermine werden nach dem Aufrufe der Sache die Versteigerungsbedingungen, sofern ihre Feststellung[2]) nicht schon vorher erfolgt ist, festgestellt und diese sowie die das Grundstück betreffenden Nachweisungen bekannt gemacht. Hierauf fordert das Gericht zur Abgabe von Geboten auf.

[1]) Vgl. Art. 66 Anm. 1.

[2]) Art. 68 Anm. 3.

Artikel 73.[1])

Hat ein Bieter durch Hinterlegung von Geld oder Werthpapieren Sicherheit zu leisten,[2]) so gilt in dem Verhältnisse zwischen den Betheiligten die Uebergabe an das Gericht als Hinterlegung.

[1]) Vgl. Art. 66 Anm. 1.

[2]) BGB. §§ 232 ff.

Artikel 74.[1])

Zwischen der Aufforderung zur Abgabe von Geboten und dem Zeitpunkt, in welchem bezüglich sämmtlicher zu versteigernder Grundstücke die Versteigerung geschlossen wird, soll[2]) mindestens eine Stunde liegen. Die Versteigerung soll so lange fortgesetzt werden, bis der Aufforderung des Gerichts ungeachtet ein Gebot nicht mehr abgegeben wird.

Das Gericht hat das letzte Gebot mittelst dreimaligen Aufrufs zu verkünden und den Antragsteller über den Zuschlag zu hören.[3])

[1]) Vgl Art. 66 Anm. 1.

[2]) „soll" s. Art. 83 Anm. 1.

[3]) d. h. zu hören, ob er den Zuschlag ertheilt oder nicht. Das Gericht ertheilt den Zuschlag nicht.

Artikel 75.

Unberührt bleiben die besonderen Vorschriften, welche bei der Versteigerung der Grundstücke gewisser juristischer Personen zu beobachten sind.[1])

[1]) Vgl. insbesondere Städte-Ordnung für die östlichen Provinzen v. 30. Mai 1853 § 51, dgl. für Westfalen v. 19. März 1856 § 50, Landgmeinde-Ordnung von demselben Tage § 53, Landgemeinde-Ordnung v. 3. Juli 1891 § 114.

Artikel 76.

Auf die freiwillige gerichtliche Versteigerung eines Bergwerkseigenthums, eines unbeweglichen Bergwerksantheils sowie einer selbstständigen Kohlenabbau-Gerechtigkeit finden außer den Artikeln 33, 66 bis 75 dieses Gesetzes die Artikel 18, 20 des Ausführungsgesetzes zu dem Gesetz über die Zwangsversteigerung und die Zwangsverwaltung[1]) entsprechende Anwendung.[2])

[1]) Die Vorschriften lauten:

Art. 18. Dem Antrag auf Zwangsversteigerung oder Zwangsverwaltung ist eine oberbergamtlich, gerichtlich oder notariell beglaubigte Abschrift der Verleihungsurkunde des Bergwerkes oder, wenn der Antrag eine Kohlenabbau-Gerechtigkeit betrifft, eine in gleicher Art beglaubigte Abschrift des Aktes beizufügen, durch den die Gerechtigkeit vom Eigenthum an dem Grundstücke getrennt worden ist.

Art. 20. Ist ein Bergwerkseigenthum oder ein unbeweglicher Bergwerksantheil zu versteigern, so soll die Terminsbestimmung außer dem Grundbuchblatte den Namen des Bergwerkes sowie die Mineralien, auf die das Bergwerkseigenthum verliehen ist, bezeichnen und im Falle der Versteigerung eines Bergwerksantheils auch die Zahl der Kuxe angeben, in welche das Bergwerk getheilt ist.

Außerdem soll die Terminsbestimmung eine Angabe der Feldesgröße, des Kreises, in welchem das Feld liegt, und der dem Werke zunächst gelegenen Stadt enthalten. Diese Vorschrift findet auf Kohlenabbau-Gerechtigkeiten entsprechende Anwendung.

2) Abändernde Bestimmungen (Art. 66 Abs. 2) sind hinsichtlich der Vorschriften in Anm. 1 nicht zugelassen.

Sechster Abschnitt.

Amtsstellung der Notare.[1])

1) Hierzu Art. 144 Nr. 6, 15, 18, 19—22.

Inhalts-Uebersicht: Art. 77, 78. Befähigung und Ernennung. — Art. 79, 80. Amtssitz. Geschäftsräume. Amtsbezirk. — Art. 81. Diensteid. Amtliche Unterschrift. — Art 82. Nebenbeschäftigungen. — Art. 83. Ablehnung von Aufträgen. Armenrecht. — Art. 84—86. Ausschließung. Gerichtssprache. Dolmetscher. — Art. 87, 88. Siegelung. Entsiegelung. Sonstige Geschäfte. — Art. 89. Gewähr-Uebernahme. — Art. 90. Verschwiegenheit. — Art. 91—94 Aufsichts- und Disziplinarrecht — Art. 95, 96. Notariatsregister. Verwahrungsbuch. — Art. 97—103. Behinderung. Vertretung. Ausscheiden. Versetzung Amtsenthebung.

Artikel 77.

Zur Bekleidung des Amtes eines Notars ist befähigt, wer in einem Deutschen Bundesstaate die Fähigkeit zum Richteramt erlangt hat.[1])

1) GVG. §§ 2—5. AG. z. GVG. § 1.

Artikel 78.

Die Notare werden von dem Justizminister auf Lebenszeit ernannt.

Die Ernennung eines Rechtsanwalts zum Notar kann für die Zeit erfolgen, während welcher er bei einem bestimmten Gerichte zur Rechtsanwaltschaft zugelassen ist.

Artikel 79.

Jedem Notar wird bei seiner Ernennung ein Amtssitz[1]) angewiesen. Innerhalb des Amtssitzes hat er seine Geschäftsräume zu halten; mehrere Geschäftsstellen darf er nicht halten.

In Orten, die in mehrere Amtsgerichtsbezirke getheilt sind,[2]) wird dem Notar innerhalb des Ortes einer dieser Bezirke als Amtssitz angewiesen. Erfolgt die Theilung erst nach der Ernennung des Notars, so gilt innerhalb des Ortes derjenige Amtsgerichtsbezirk, in welchem der Notar seine Geschäftsräume hält, als Amtssitz; in diesem Falle ist der Notar befugt, innerhalb des Ortes den Amtssitz zu wechseln.

In Städten von mehr als hunderttausend Einwohnern kann dem Notar[3]) eine bestimmt begrenzte Gegend der Stadt als Amtssitz angewiesen werden.

[1]) Zu unterscheiden vom Amtsbezirk Art. 80.

[2]) Zur Zeit noch nicht vorhanden; vgl. aber G. v. 16. September 1899 (G.S. S. 391).

[3]) Bei der Ernennung gemäß Abs. 1.

Artikel 80.

Der Amtsbezirk eines Notars umfaßt den ganzen Oberlandesgerichtsbezirk, in welchem ihm der Amtssitz angewiesen ist.

Artikel 81.

Der Notar hat, sofern er nicht schon bei seiner Ernennung Preußischer Staatsbeamter ist, vor dem Präsidenten des Landgerichts, in dessen Bezirk ihm der Amtssitz angewiesen ist, oder vor einem von diesem beauftragten Richter den Diensteid zu leisten. Vor der Erfüllung dieser Verpflichtung soll[1]) er keine Amtshandlungen vornehmen.

Der Notar hat seine bei Amtshandlungen anzuwendende Unterschrift dem Landgerichtspräsidenten einzureichen.[2])

[1]) „soll" s. Art. 33 Anm. 1.

[2]) Wegen etwaiger Legalisation; vgl. AG. z. GVG. § 43 (Anlage IV).

Artikel 82.

Der Notar bedarf zur Uebernahme eines unbesoldeten Amtes in der Gemeindeverwaltung oder der Gemeindevertretung nicht der Genehmigung seiner Aufsichtsbehörde.

Das Gleiche gilt von der Uebernahme der Mitgliedschaft in dem Vorstand oder in dem Aufsichtsrath einer Versicherungsgesellschaft auf Gegenseitigkeit oder einer eingetragenen Genossenschaft[1]) oder in dem Aufsichtsrath einer Gesellschaft mit beschränkter Haftung.[2])

[1]) Für Aktiengesellschaften, Kommanditgesellschaften auf Aktien und Bergwerksgesellschaften s. G. v. 10. Juni 1874 (GS. S. 244) § 4.

[2]) Aber nicht für die Uebernahme einer Stelle als Geschäftsführer bei einer Gesellschaft mit beschränkter Haftung.

Artikel 83.

Der Notar darf seine Dienste nicht ohne triftigen Grund verweigern.[1]) Nimmt er einen Auftrag nicht an, so ist er verpflichtet, die Ablehnung dem Auftraggeber unverzüglich anzuzeigen.[2])

Hat Jemand nach §. 14 des Reichsgesetzes über die Angelegenheiten der freiwilligen Gerichtsbarkeit[3]) oder nach Artikel 1 Satz 1 dieses Gesetzes Anspruch auf Bewilligung des Armenrechts, so hat ihm der Notar seine Dienste gebührenfrei[4]) zu gewähren.

[1]) Gegen die Ablehnung ist nur Beschwerde im Aufsichtswege (Art. 91) zugelassen.

[2]) Vgl. BGB. §§ 663, 675.

[3]) s. oben S. 42.

[4]) Aber nicht frei von Auslagen.

Artikel 84.

Auf Amtshandlungen des Notars, die nicht die Beurkundung eines Rechtsgeschäfts zum Gegenstande haben, finden die Vorschriften, die in den §§. 6 bis 9[1]) des Reichsgesetzes über die Angelegenheiten der freiwilligen Gerichtsbarkeit in Bezug auf die Ausschließung des Richters, in Bezug auf seine Befugniß, sich wegen Befangenheit der Ausübung seines Amtes zu enthalten, sowie in Bezug auf die Gerichtssprache und die Dolmetscher getroffen sind, entsprechende Anwendung.[2])

[1]) Siehe oben S. 36 ff. Für Rechtsgeschäfte gelten FGG. §§ 170 ff.

[2]) Hierzu Art. 144 Nr. 18.

Artikel 85.

In einer Sache, in der mehrere Personen betheiligt sind, soll[1]) der Notar, der in dieser Sache für einen der Betheiligten als Prozeßbevollmächtigter thätig ist oder gewesen ist, keine Amtshandlungen[2]) vornehmen, wenn einer der Betheiligten widerspricht. Der Notar soll den Betheiligten von einem solchen Widerspruchsgrund unverzüglich Mittheilung machen; der Widerspruch ist nur zulässig, wenn er unverzüglich nach der Mittheilung erfolgt.

[1]) „soll" s. Art. 83 Anm. 1.

[2]) Beurkundung von Rechtsgeschäften oder andere Handlungen.

Artikel 86.

Wird bei einer Amtshandlung des Notars[1]) die Beeidigung eines Dolmetschers erforderlich,[2]) so erfolgt sie[3]) durch das Amtsgericht,[4]) in dessen Bezirke der Notar seinen Amtssitz[5]) hat oder die Thätigkeit des Dolmetschers stattfinden soll.[6]) In dringenden Fällen kann die Beeidigung auch durch den Notar erfolgen; die Beeidigung ist nicht deshalb unwirksam, weil der Fall nicht dringlich war.

[1]) Art. 85 Anm. 2.

[2]) FGG. §§ 178, 179, BGB. § 2244, ferner vorstehend Art. 84 mit FGG. § 8 u. GVG. § 191 (Anl. I).

[3]) Vgl. FGG. § 179 Anm. 5 u. GVG. § 191 (Anl. I).

[4]) Ausgenommen bei notarieller Nachlaßtheilung; hier vereidet der Notar, vgl. Art. 28 Anm. 1.

[5]) Art 79.

[6]) Beide Gerichte stehen zur Auswahl.

Artikel 87.

Die Notare sind zuständig, Siegelungen und Entsiegelungen im Auftrage des Gerichts oder des Konkursverwalters [1]) vorzunehmen.

[1]) BGB. § 1960; Konkurs-Ordnung §§ 122, 124. — Vgl. hierzu Art. 128.

Artikel 88.

Die Vorschriften, nach denen die Notare noch zu anderen als den in diesem und in dem zweiten und vierten Abschnitte bezeichneten Geschäften zuständig sind,[1]) bleiben unberührt.

[1]) BGB. § 2356 (eidesstattliche Versicherung behufs Erbeslegitimation). — GBO. § 15, FGG. §§ 71, 100, 129, 159, 161 (Antragstellung in Grundbuch- und Registersachen). — GBO. § 61 (Theilhypothekenbrief). — Reichsschuldbuchgesetz v. 31. Mai 1891 und Preuß. Staatsschuldbuchgesetz v. 20. Juli 1883 § 4 Nr. 4, § 7 Abs. 1. — Preuß. Wassergenossenschaftsgesetz v. 1. April 1879 §§ 22, 24 Abs. 5.

Artikel 89.

Der Notar soll in Ansehung von Geschäften, die er beurkundet, keine Gewährleistung übernehmen.

Notare, die ihren Amtssitz in Ostfriesland und Harlingerland sowie im Regierungsbezirk Osnabrück haben, dürfen die Gewähr für die von ihnen auf Grund einer Versteigerung zu erhebenden Kauf- oder Pachtgelder übernehmen, falls es sich um Gegenstände handelt, die sich in diesen Landestheilen befinden.

Artikel 90.

Der Notar hat, soweit nicht das Gesetz ein Anderes bestimmt, über die Verhandlungen, bei denen er mitgewirkt hat, Verschwiegenheit zu beobachten, es sei denn, daß die in der Sache Betheiligten ihn von dieser Verpflichtung entbinden.

Artikel 91.

Das Recht der Aufsicht steht zu:

1. dem Justizminister hinsichtlich aller Notare;
2. dem Präsidenten des Oberlandesgerichts hinsichtlich der Notare des Oberlandesgerichtsbezirkes;
3. dem Präsidenten des Landgerichts hinsichtlich der Notare, welche ihren Amtssitz in dem Landgerichtsbezirke haben.

Artikel 92.

Die Notare sind verpflichtet, den Beamten, welchen das Recht der Aufsicht zusteht, sowie den von diesen beauftragten richterlichen Beamten auf Verlangen die Urkunden und Register zur Einsicht vorzulegen.

Artikel 93.

Die Vorschriften des §. 21 des Gesetzes, betreffend die Abänderung von Bestimmungen der Disziplinargesetze, vom 9. April 1879 (Gesetz-Samml. S. 345) werden auf den ganzen Umfang der Monarchie ausgedehnt.

Die Vorschriften des §. 13 des Gesetzes, betreffend die Dienstvergehen der Richter ꝛc., vom 7. Mai

1851 (Gesetz-Samml. S. 218) und der §§. 23, 24 des Gesetzes, betreffend die Abänderung von Bestimmungen der Disziplinargesetze, finden bei der Aufsicht über die Notare entsprechende Anwendung.[1])

[1]) Hierzu Art. 144 Nr. 6. — Die citirten Vorschriften sind nur im Zusammenhang mit der gesammten Disziplinargesetzgebung verständlich und werden deshalb hier nicht abgedruckt.

Artikel 94.

Die Strafen, auf die das Disziplinargericht zu erkennen befugt ist, sind:

1. Warnung;
2. Verweis;
3. Geldstrafe bis zu dreitausend Mark, allein oder in Verbindung mit einem Verweise;
4. Verlust des Amtes oder Dienstentlassung; auf den Verlust des Amtes ist zu erkennen, wenn das Gericht den Verurtheilten nicht für unwürdig erachtet, an einem anderen Orte wiederangestellt zu werden.

Artikel 95.

Der Notar hat ein Register zu führen,[1]) in welches die aufgenommenen Verhandlungen, die angefertigten und beglaubigten Entwürfe[2]) und die Beglaubigungen von Unterschriften oder Handzeichen[3]) sowie die sonstigen Zeugnisse mit Ausnahme der Beglaubigung von Abschriften in ununterbrochener Reihenfolge unter fortlaufenden Nummern[4]) einzutragen sind. Das Register ist mit fortlaufenden

Seitenzahlen zu versehen und die Zahl der Seiten von dem Amtsgericht, in dessen Bezirke der Notar seinen Amtssitz hat,[5] zu beglaubigen. Die Eintragungen sollen[6] in verschiedenen Spalten den Tag der Ausstellung und den Gegenstand der Urkunde sowie eine Bezeichnung der Betheiligten enthalten. Auf der Urschrift[7] jeder Urkunde sowie auf jeder Ausfertigung oder Abschrift soll der Notar die Nummer angeben, unter der die Urschrift im Register eingetragen ist.

Die Vorschriften des Abs. 1 finden auf Wechselproteste keine Anwendung.[8]

[1]) Hierzu Allg. Verf. v. 21. Dezember 1899 (JMBl. S. 834) § 2 zu I u. II mit Formular I.

[2]) Art. 60 Abs. 2. [3]) FGG. § 183.

[4]) Jedes Jahr neu mit Nr. 1 beginnend; vgl. das Formular in Anm. 1.

[5]) Art. 79. In Berlin vom Amtsgerichtspräsidenten. Allg. Verf. v. 21. Dezember 1899 § 2.

[6]) „sollen" vgl. Art. 38 Anm. 1.

[7]) Gleichviel wo die Urschrift bleibt; vgl. Art. 42, 44, 54 Satz 2, 61.

[8]) Vgl. Wechselordnung Art. 90.

Artikel 96.

Die Notare haben nach Maßgabe der Anordnungen des Justizministers ein besonderes Verwahrungsbuch über die bei ihnen eingehenden fremden Gelder, geldwerthen Papiere und Kostbarkeiten zu führen.[1]

[1]) Hierzu die Ausführungs-Verfügung (Art. 95 Anm. 1). § 2 zu I u. IV mit Formular 2.

Artikel 97.

Für die Zeit, während welcher ein Notar beurlaubt oder durch Krankheit oder sonst verhindert ist, seine Geschäfte wahrzunehmen, kann er[1]) die sein Amt betreffenden Akten (Urschriften, Register rc.) einem anderen Notar im Bezirke desselben oder eines benachbarten Amtsgerichts in Verwahrung geben. Hiervon hat er dem Amtsgerichte seines Amtssitzes[2]) Mittheilung zu machen. Er kann diesem Amtsgericht auch die Verwahrung überlassen.

[1]) Fakultativ nach Ermessen. [2]) Art. 79.

Artikel 98.

Hat ein Notar für die Zeit, während welcher er beurlaubt oder verhindert ist, seine Geschäfte wahrzunehmen, die Verwahrung seiner Akten in der im Artikel 97 bezeichneten Art nicht veranlaßt, so hat, falls ein Antrag auf Ertheilung einer Ausfertigung aus den Akten des Notars oder auf Ertheilung einer Abschrift oder auf Gewährung der Einsicht gestellt wird, das Amtsgericht, in dessen Bezirke der Notar seinen Amtssitz hat,[1]) die Dienstakten[2]) in Verwahrung zu nehmen, bis der Notar die Geschäfte wieder übernimmt.

[1]) Art. 79.

[2]) Das sind die in Art. 97 genannten Schriften.

Artikel 99.

Der Justizminister kann[1]) einem Notar auf dessen Antrag für die Dauer einer Krankheit sowie für die Dauer einer durch erhebliche Gründe gerechtfertigten Abwesenheit oder anderweitigen Verhinderung einen Vertreter bestellen. Zum Vertreter darf nur bestellt werden, wer von dem Notar vorgeschlagen und zur Uebernahme der Vertretung bereit ist. Ist der Notar durch die Krankheit verhindert, den Antrag zu stellen oder einen Vertreter vorzuschlagen, so kann ein nach §. 1910 des Bürgerlichen Gesetzbuchs bestellter Pfleger diese Handlungen für ihn vornehmen.

Der Vertreter muß zum Richteramte befähigt sein.[2]) Er hat vor dem Beginne der Vertretung seine bei den Notariatsverhandlungen anzuwendende Unterschrift dem Landgerichtspräsidenten einzureichen[3]) und, sofern er nicht schon Preußischer Staatsbeamter ist, vor dem Landgerichtspräsidenten oder einem beauftragten Richter den Diensteid zu leisten. Vor der Erfüllung dieser Verpflichtung soll[4]) er keine Amtshandlungen vornehmen. Ist er schon einmal als Vertreter eines Notars beeidigt worden, so genügt es, wenn er auf den früher geleisteten Eid verwiesen wird.

Die Bestellung des Vertreters kann jederzeit widerrufen werden.

[1]) Nach Ermessen ohne Verpflichtung. — Hierzu die Ausführungs-Verfügung (Art. 95 Anm. 1) § 4 a. E.

[2]) Vgl. Art. 77 Anm. 1. [3]) Vgl. Art. 81 Anm. 2.

[4]) „soll", vgl. Art. 33 Anm. 1.

Artikel 100.

Der Anfang sowie die Beendigung der Vertretung ist im Notariatsregister von dem Notar oder dessen Vertreter zu vermerken; die Beendigung der Vertretung ist dem Landgerichtspräsidenten anzuzeigen.

Artikel 101.

Der Vertreter versieht das Amt des Vertretenen unter dessen und seiner eigenen Verantwortlichkeit und auf dessen Kosten. Er hat seiner Unterschrift einen ihn als Vertreter kennzeichnenden Zusatz beizufügen und das Dienstsiegel des Vertretenen zu gebrauchen.

Der Vertreter soll,[1]) unbeschadet der aus seiner Person sich ergebenden Hinderungsgründe,[2]) auch insoweit keine Amtshandlungen vornehmen, als der von ihm vertretene Notar ausgeschlossen sein würde.[3])

Die Amtshandlungen des Vertreters sind nicht deshalb ungültig, weil die für seine Bestellung nach Artikel 99 Abs. 1 erforderlichen Voraussetzungen zur Zeit der Bestellung nicht vorhanden waren oder später weggefallen sind.[4])

Der Vertretene soll[5]) während der Dauer der Vertretung keine Amtshandlungen vornehmen.

[1]) „soll" vgl. Art. 38 Anm. 1.

[2]) FGG. §§ 170—172 und oben Art. 84, 85.

[3]) Nach den in Anm. 2 citirten Vorschriften.

[4]) Z. B. wenn der Notar vor Ablauf des Reiseurlaubs zurückgekehrt ist. [5]) Siehe Anm. 1.

Artikel 102.

Bei dem Ausscheiden oder dem Tode sowie bei der Versetzung eines Notars in einen anderen Amtsgerichtsbezirk[1]) hat das Amtsgericht, in dessen Bezirke der Notar seinen Amtssitz hatte, die das Amt des Notars betreffenden Papiere (Urschriften, Register ꝛc.) in Verwahrung zu nehmen.[2]) Dem Präsidenten des Landgerichts, in dessen Bezirke der Notar seinen Amtssitz hatte, ist hiervon Anzeige zu machen.

Bei dem Ausscheiden oder dem Tode eines Notars hat das im Abs. 1 bezeichnete Amtsgericht das Dienstsiegel[3]) des Notars zum Zwecke der Vernichtung an sich zu nehmen; dasselbe gilt von Dienstsiegeln, die in Folge einer Versetzung des Notars unbrauchbar geworden sind.[4])

[1]) Aber nicht bei freiwilligem Wechsel des Amtssitzes nach Art. 79 Abs. 2 Satz 2.

[2]) Eine Uebergangsbestimmung für den OLG.Bezirk Cöln s. in Art. 143.

[3]) Auch etwaige Stempel.

[4]) Weil die Inschrift auf das neue Amt nicht paßt

Artikel 103.

Wird ein Notar vom Amte vorläufig enthoben,[1]) so hat der Präsident des Landgerichts zu bestimmen, ob während der Dauer der Enthebung alle Papiere[2]) an das Amtsgericht abgegeben oder diesem nur das Register[3]) nebst dem Dienstsiegel ausgeliefert[4]) und die Urschriften, deren Einsichtnahme verlangt oder von denen eine Ausfertigung oder eine Abschrift gefordert wird, behufs der Gewährung der Einsicht

oder behufs der Ertheilung der Ausfertigung oder der Abschrift vorgelegt werden sollen.

1) Vgl. Disziplinargesetz v. 7. Mai 1851 §§ 44 ff.
2) Im Umfang des Art. 102.
3) Art. 95.
4) Register und Dienstsiegel müssen in jedem Falle ausgeliefert werden; vgl. übrigens Art. 102 Anm. 3.

Siebenter Abschnitt.

Besondere Gerichte. Mitwirkung der Gemeindebeamten in Angelegenheiten der freiwilligen Gerichtsbarkeit.

Inhalts-Uebersicht: Art. 104 – 110. Dorfgerichte. Art. 111—117. Vorschriften für Hohenzollern und für frühere Homburgische, Nassauische, Frankfurter und Großherzoglich-Hessische Gebietstheile. — Art. 118. Schleswig-Holstein. — Art. 119—121. Aufhebung älterer Vorschriften. Taxen. Dienstaufsicht. — Art. 122—124. Errichtung von Ortsgerichten. — Art. 125. Beeidigte Auktionatoren. — Art. 126, 127. Ministerielle Ausführungsvorschriften.

Artikel 104.

Im Geltungsbereiche des Allgemeinen Landrechts ist für die im §. 1960 des Bürgerlichen Gesetzbuchs[1]) vorgesehene Sicherung des Nachlasses außer den Amtsgerichten das Dorfgericht[2]) zuständig[3]), in dessen Bezirke das Bedürfniß der Fürsorge hervortritt[4]), es sei denn, daß sich am Sitze des Dorfgerichts ein Amtsgericht befindet.

Zum Zwecke der Sicherung kann das Dorfgericht insbesondere Siegel anlegen, Geld, Werthpapiere und Kostbarkeiten an sich nehmen und ein Nachlaßverzeichniß aufnehmen. Ein auf Grund dieser Vorschrift aufgenommenes Verzeichniß kann nicht nach §. 2004 des Bürgerlichen Gesetzbuchs als Nachlaßinventar benutzt werden. Zur Bestellung eines Nachlaßpflegers ist das Dorfgericht nicht befugt.[5])

[1]) Vgl. Art. 107 Anm. 1.

[2]) Vgl. ALR. II 7 § 79 und unten Art. 110.

[3]) Vgl. EG. z. BGB. Art. 147. FGG. § 194.

[4]) Vgl. FGG. § 74.

[5]) Vgl. Art. 107 Anm. 2.

Artikel 105.

Das Dorfgericht soll[1]) von den Maßregeln, die es zur Sicherung des Nachlasses ergriffen hat, dem Amtsgericht, in dessen Bezirk es seinen Sitz hat, Mittheilung machen. Verfügungen von Todeswegen, die sich im Nachlasse befinden, sowie Geld, Werthpapiere oder Kostbarkeiten, die das Dorfgericht an sich genommen hat, hat es unverzüglich an das Amtsgericht abzuliefern.

In zweifelhaften Fällen hat das Dorfgericht, wenn es keine Sicherungsmaßregeln trifft, dem Amtsgerichte den Sachverhalt anzuzeigen.

[1]) „soll"; vgl. Art. 83 Anm. 1.

Artikel 106.

Die Abänderung einer Anordnung des Dorfgerichts ist bei dem im Artikel 105 bezeichneten Amtsgerichte nachzusuchen.[1]) Das Amtsgericht ist auch berechtigt, eine Anordnung des Dorfgerichts, die es für ungerechtfertigt erachtet, von Amtswegen zu ändern.

Hat das Dorfgericht Siegel angelegt, so soll die Abnahme der Siegel in der Regel[2]) nur auf Anordnung des Amtsgerichts erfolgen.

[1]) FGG. § 195.

[2]) Ausnahmen nach dem Ermessen des Dorfgerichts zulässig.

Artikel 107.

Die Dorfgerichte können von den Amtsgerichten mit der Ausführung der auf Grund des §. 1960 des Bürgerlichen Gesetzbuchs[1]) angeordneten Maßregeln beauftragt werden.[2])

[1]) §. 1960 bestimmt im Abs. 1 u. 2.

„Bis zur Annahme der Erbschaft hat das Nachlaßgericht für die Sicherung des Nachlasses zu sorgen, soweit ein Bedürfniß besteht. Das Gleiche gilt, wenn der Erbe unbekannt oder wenn ungewiß ist, ob er die Erbschaft angenommen hat.

Das Nachlaßgericht kann insbesondere die Anlegung von Siegeln, die Hinterlegung von Geld, Werthpapieren und Kostbarkeiten sowie die Aufnahme eines Nachlaßverzeichnisses anordnen und für denjenigen, welcher Erbe wird, einen Pfleger (Nachlaßpfleger) bestellen."

[2]) Nach dem Wortlaute (s. Anm. 1) würde auch die Ausführung der Pflegschafts-Anordnung darunter fallen. Wohl nicht so gemeint.

Artikel 108.

Die Dorfgerichte sind zuständig, im Auftrage des

Amtsgerichts Vermögensverzeichnisse, insbesondere Nachlaßinventare, aufzunehmen.

Die Dorfgerichte sind zuständig, im Falle des §. 20 des Gesetzes, betreffend das Anerbenrecht bei Renten- und Ansiedelungsgütern, vom 8. Juni 1896 (Gesetz-Samml. S. 124)[1]) im Auftrage der Generalkommission Nachlaßinventare aufzunehmen.

[1]) Betrifft die gütliche Vermittelung der Generalkommission zur Herbeiführung einer Erbtheilung in Anerbensachen.

Artikel 109.

Die Dorfgerichte sind zuständig, freiwillige öffentliche Versteigerungen beweglicher Sachen sowie öffentliche Verpachtungen an den Meistbietenden vorzunehmen und zu beurkunden. Sie sollen[1]) diese Geschäfte nur im Auftrage des Amtsgerichts vornehmen; eines besonderen Auftrags für jedes einzelne Geschäft bedarf es nicht.

[1]) „sollen"; vgl. Art. 38 Anm. 1.

Artikel 110.

Die Dorfgerichte sind gehörig besetzt, wenn neben dem Schulzen zwei Schöffen oder ein Schöffe und ein vereidigter Gerichtsschreiber mitwirken. Für die Aufnahme von Taxen bewendet es bei den bisherigen Vorschriften.[1])

Den Amtsgerichten[2]) steht in den Angelegenheiten der freiwilligen Gerichtsbarkeit hinsichtlich der Dorfgerichte ihres Bezirkes das Recht der Aufsicht[3]) zu.

[1]) Vgl. deren Zusammenstellung in der Allg. Verf. v. 20. Dezember 1899 (JMBl. S. 806) § 59.
[2]) D. h. jedem Amtsrichter innerhalb der ihm übertragenen Geschäfte.
[3]) Vgl. AG. z. GVG. § 80.

Artikel 111.

Die Vorschriften der Artikel 104 bis 109 finden entsprechende Anwendung auf die Ortsvorsteher in den Hohenzollernschen Landen, auf die Bürgermeister in dem vormals Landgräflich Hessischen Amtsbezirke Homburg und in den Gebieten des vormaligen Herzogthums Nassau sowie der vormals freien Stadt Frankfurt mit Ausnahme des Gebiets der jetzigen Stadtgemeinde Frankfurt und auf die Ortsgerichtsvorsteher in den vormals Großherzoglich Hessischen Gebietstheilen.[1])

[1]) Vgl. aber Art. 117 u. Art. 122 mit Anm. 1.

Artikel 112.

Die im Artikel 111 bezeichneten Beamten sind zuständig, im Auftrage des Gerichts freiwillige öffentliche Versteigerungen von Grundstücken vorzunehmen und zu beurkunden.[1]) Sie sollen[2]) hiermit nur auf Antrag der Betheiligten beauftragt werden.

[1]) Vgl. aber Art. 117 u. Art. 122 mit Anm. 1.
[2]) „sollen", vgl. Art. 38 Anm. 1.

Artikel 113.

Die im Artikel 111 bezeichneten Beamten sind zuständig,[1]) auf Antrag eines Betheiligten die

Theilung eines gemeinschaftlichen Vermögens, Verträge, durch welche Eltern ihr Vermögen den Kindern übergeben, sowie Eheverträge und Erbverträge vorzubereiten. Sie haben insbesondere, falls ein Betheiligter die Vermittelung einer Auseinandersetzung nach den §§. 86 bis 99 des Reichsgesetzes über die Angelegenheiten der freiwilligen Gerichtsbarkeit beantragen will, den Antrag aufzunehmen und dem zuständigen Amtsgerichte zu übersenden.

1) Vgl. aber Art. 117 u. Art. 122 mit Anm. 1.

Artikel 114.

Die im Artikel 111 bezeichneten Beamten sind zuständig,[1] Gesindedienstverträge zu beurkunden sowie auf Antrag eines Betheiligten einseitige Willenserklärungen an Personen, die in ihrem Amtsbezirk ihren Wohnsitz haben, bekannt zu machen und die Bekanntmachung zu beurkunden.[2]

1) Vgl. aber Art. 117 u. Art. 122 mit Anm. 1.

2) Nämlich gemäß § 130 BGB. wenn der Empfänger angetroffen wird. Zum Verfahren nach § 182 BGB. sind sie nicht befugt.

Artikel 115.

Die im Artikel 111 bezeichneten Beamten sind zuständig,[1] Unterschriften zu beglaubigen.[2] Die Unterschrift einer Person, die in ihrem Amtsbezirke weder einen Wohnsitz noch den gewöhnlichen Aufenthalt hat, sollen[3] sie nicht beglaubigen.

Die Beglaubigung darf nur erfolgen, wenn die

Unterschrift in Gegenwart des beglaubigenden Beamten vollzogen oder anerkannt wird.

Die Beglaubigung geschieht durch einen unter die Unterschrift zu setzenden Vermerk. Der Vermerk muß die Bezeichnung desjenigen, welcher die Unterschrift vollzogen oder anerkannt hat, enthalten und den Ort und den Tag der Ausstellung angeben sowie mit Unterschrift und Siegel oder Stempel versehen sein.[4]) Er soll[5]) außerdem die Angabe enthalten, daß die Vollziehung oder Anerkennung der Unterschrift in Gegenwart des beglaubigenden Beamten erfolgt ist.

[1]) Vgl. aber Art. 117 u. Art. 122 mit Anm. 1.

[2]) Aber nicht Handzeichen; vgl. FGG. § 191 mit Anm. 2.

[3]) „sollen" vgl. Art. 33 Anm. 1.

[4]) Zu Abs. 2 u. Abs. 3 Satz 1 u. 2 vgl. FGG. § 183 Anm 3—8 u. 10.

[5]) Siehe Anm. 3.

Artikel 116.

Die im Artikel 111 bezeichneten Beamten sind verpflichtet,[1]) die Gerichte bei der Beurkundung einer Theilung oder eines Uebergabevertrags sowie bei der Vermittelung einer Auseinandersetzung auf Ersuchen zu unterstützen.

Auch in anderen Angelegenheiten der freiwilligen Gerichtsbarkeit können sich die Gerichte ihrer Beihülfe bedienen, insbesondere die Ertheilung von Auskunft oder Zeugnissen über persönliche Verhältnisse und über Besitzverhältnisse sowie die Abgabe von Gutachten verlangen.

[1]) Vgl. aber Art. 117 u. Art. 122 mit Anm. 1.

Artikel 117.

Die Vorschriften der Artikel 111 bis 116 gelten nicht für Orte, die Sitz eines Amtsgerichts sind.

Artikel 118.

Die Vorschriften der Artikel 104 bis 106 finden entsprechende Anwendung auf die Gemeindevorstände (Bürgermeister, Dorfschaftsvorsteher, Bauerschaftsvorsteher, Gutsvorsteher) in Schleswig-Holstein.

Artikel 119.

Die Vorschriften des bisherigen Rechtes, nach denen die Dorfgerichte im Geltungsbereiche des Allgemeinen Landrechts zu Geschäften der freiwilligen Gerichtsbarkeit befugt sind,[1]) sowie die Vorschriften des Allerhöchsten Erlasses vom 14. Dezember 1868 über die Zuständigkeit der Rathmänner in der Landschaft Eiderstedt werden aufgehoben. Das Gleiche gilt von den Vorschriften des bisherigen Rechtes, nach welchen in den Hohenzollernschen Landen, in dem vormaligen Herzogthume Nassau, in den vormals Großherzoglich Hessischen Gebietstheilen, in dem vormals Landgräflich Hessischen Amtsbezirke Homburg und in dem Gebiete der vormals freien Stadt Frankfurt Ortsbehörden (Ortsgerichte, Feldgerichte, Bürgermeister, Schultheißen, Schöffen 2c.) befugt sind, selbständig oder als gerichtliche Hülfsbeamte Geschäfte der freiwilligen Gerichtsbarkeit vorzunehmen.

Unberührt bleiben die Vorschriften über die Aufnahme von Taxen[2]) sowie die Vorschriften derjenigen Gesetze, deren Geltungsbereich sich nicht auf die im Abs. 1 Satz 2 bezeichneten Gebietstheile beschränkt, sondern sich über diese Gebietstheile hinaus erstreckt.[3])

[1]) ALR. II 7 §§ 82—85; vgl. AG. z. BGB. Art. 89 Ziffer 1 c.

[2]) Vgl. Art. 110 Anm. 1 und Art. 127.

[3]) Landgüterordnung für den Reg.Bez. Cassel vom 1. Juli 1887 § 28; Anerbengesetz v. 8. Juni 1896 § 82. Die Vorschriften betreffen die Beurkundung von letztwilligen Verfügungen in Sachen des Anerbenrechts.

Artikel 120.

Der Justizminister ist befugt, über die Aufsicht, welcher die im Artikel 111 und im Artikel 119 Abs. 1 Satz 2 bezeichneten Behörden und Beamten in den Angelegenheiten der freiwilligen Gerichtsbarkeit unterliegen, Bestimmung zu treffen.[1])

[1]) Hat sich durch Ausführung des Art. 122 erledigt.

Artikel 121.

In dem Gebiete des vormaligen Kurfürstenthums Hessen sind nur die Amtsgerichte zuständig, auf Grund des §. 1960 des Bürgerlichen Gesetzbuchs für die Sicherung des Nachlasses zu sorgen.

Artikel 122.

Durch Königliche Verordnung können in den im Artikel 119 Abs. 1 Satz 2 bezeichneten Gebietstheilen sowie in den vormals Kurhessischen Theilen des Oberlandesgerichtsbezirkes Frankfurt Ortsgerichte errichtet werden.[1]) Die Ortsgerichte sind für die in den Artikeln 104 bis 109, 112 bis 116 bezeichneten Angelegenheiten zuständig; die im Artikel 111 genannten Beamten verlieren mit der Errichtung der Ortsgerichte ihre Zuständigkeit für diese Angelegenheiten.[2]) Im vormaligen Herzogthume Nassau gehen auf die Ortsgerichte auch die im Artikel 12 §. 3 des Ausführungsgesetzes zum Bürgerlichen Gesetzbuche[3]) bezeichneten Verrichtungen über.

Die Einrichtung sowie die dienstliche Stellung der Ortsgerichte wird durch Königliche Verordnung geregelt.[4]) Für Orte, in deren Nähe sich ein Amtsgericht befindet, kann die Zuständigkeit der im Artikel 111 genannten Beamten[5]) aufgehoben werden, ohne daß diese Orte in die Bezirke der neuen Ortsgerichte einbezogen werden.[6])

1) Vgl. V. v. 20. Dezember 1899 (GS. S. 640).

2) Vgl. aber die Uebergangsbestimmung in Art. 139 Abs. 2.

3) Beurkundung von Grundstücksveräußerungen (s. Anlage V).

4) Siehe §§ 5 ff. der Verordnung (Anm. 1).

5) Nämlich für die in Abs. 1 Satz 2 bezeichneten Angelegenheiten, nicht die Zuständigkeit aus Art. 12 § 3 AG. z. BGB. (s. Anm. 3).

6) Vgl. § 3 Abs. 2 der Verordnung (Anm. 1).

Artikel 123.

Durch Königliche Verordnung können für den

Bezirk des vormaligen Justizsenats zu Ehrenbreitstein Ortsgerichte errichtet werden.[1])

Die Ortsgerichte sind für die in den Artikeln 104 bis 109, 112 bis 116 bezeichneten Angelegenheiten zuständig. Mit der Errichtung der Ortsgerichte hören die Befugnisse auf, welche zu dieser Zeit in dem Bezirke des vormaligen Justizsenats zu Ehrenbreitstein den Feldgerichten, den Schultheißen, den Schöffen, den Bürgermeistern und den Ortsvorstehern in Angelegenheiten der freiwilligen Gerichtsbarkeit zustehen. Für Orte, an denen oder in deren Nähe sich ein Amtsgericht befindet, kann die Zuständigkeit dieser Beamten aufgehoben werden, ohne daß diese Orte in die Bezirke der neuen Ortsgerichte einbezogen werden.[2]) Die Vorschriften des Artikel 119 Abs. 2 finden entsprechende Anwendung.

[1]) Vgl. Art. 122 Anm. 1.

[2]) Vgl. § 3 Abs. 1 der V. v. 20. Dezember 1899.

Artikel 124.

Den Ortsgerichten (Artikel 122, 123) können durch Königliche Verordnung unter Aufhebung der geltenden Bestimmungen solche durch die Vorschriften dieses Abschnitts nicht betroffene Angelegenheiten übertragen werden, welche in dem einzelnen Rechtsgebiete den jetzt bestehenden Ortsbehörden obliegen.[1])

Für Orte, die in die Bezirke der neuen Ortsgerichte nicht einbezogen werden, können die im Abs. 1 bezeichneten Angelegenheiten durch Königliche Verordnung in anderer Weise als im Wege der Uebertragung auf Ortsgerichte neu geregelt werden.[2])

Mit dem Ortsgerichte kann unter Zustimmung des Kommunallandtags, im Bezirke des vormaligen Justizsenats zu Ehrenbreitstein unter Zustimmung des Provinziallandtags, durch Königliche Verordnung das Amt des Gemeindewaisenraths sowie des Amt des Schiedsmanns verbunden werden.[3])

[1]) Vgl. Art. 122 Anm. 1 u. § 12 der V. v. 20. Dezember 1899.

[2]) Vgl. den Schlußsatz des citirten § 12.

[3]) Bis jetzt nicht geschehen.

Artikel 125.

In Ostfriesland und Harlingerland sowie im Regierungsbezirk Osnabrück können zur Vornahme und Beurkundung freiwilliger öffentlicher Versteigerungen besondere Beamte (beeidigte Auktionatoren) angestellt werden.[1])

[1]) Vgl. Art. 126 Anm. 1.

Artikel 126.

Der Justizminister kann über das Verfahren, welches die in diesem Abschnitte bezeichneten Behörden und Beamten in den Angelegenheiten der freiwilligen Gerichtsbarkeit zu beobachten haben, allgemeine Bestimmungen treffen.[1])

Die Vorschriften über die dienstliche Stellung der im Artikel 125 bezeichneten beeidigten Auktionatoren, über das von ihnen zu beobachtende Verfahren sowie über die Höhe ihrer Gebühren werden von dem Justizminister und dem Minister für Handel und Gewerbe getroffen.[2])

[1]) Vgl. Betreffs der Dorfgerichte Allg. Verf. v. 20. Dezember 1899 (JMBl. S. 806) u. Betreffs der Ortsgerichte Allg. Verf. v. 28. Dezember 1899 (JMBl. S. 889).

[2]) V. v. 13. Dezember 1899 (JMBl. S. 779).

Artikel 127.

Für die Landestheile, in welchen die Vorschriften der Allgemeinen Gerichtsordnung über die Aufnahme gerichtlicher Taxen nicht gelten, kann durch Königliche Verordnung die Aufnahme von Taxen einer Behörde übertragen, für die Abschätzung von Grundstücken auch bestimmt werden, daß sie durch staatlich anzustellende Sachverständige zu erfolgen hat.[1]) Das Verfahren sowie die Höhe der Gebühren ist von den zuständigen Ministern zu regeln.

Eine in Gemäßheit der Vorschriften des Abs. 1 aufgenommene Taxe steht einer gerichtlichen Taxe gleich.

[1]) Bis jetzt nicht geschehen.

Achter Abschnitt.
Schlußbestimmungen.

Inhalts-Uebersicht: Art. 128. Verordnungsrecht des Justizministers. — Art. 129—135. Abänderung älterer Gesetze. Sonderbestimmung für die rheinischen Standesregister. — Art. 136, 137. Sonderstellung der landesherrlichen Familien und des hohen Adels. — Art. 138. Ersatz von Vorschriften des bisherigen Rechts. — Art. 139—143. Uebergangsvorschriften. — Art. 144. Aufhebung älterer Vorschriften.

Artikel 128.

Der Justizminister kann über das Verfahren bei der Aufnahme eines Vermögensverzeichnisses, insbesondere eines Nachlaßinventars, über das Verfahren bei der Sicherung eines Nachlasses sowie über das Verfahren bei einer aus einem anderen Anlaß erfolgenden Siegelung oder Entsiegelung allgemeine Bestimmungen treffen.[1])

[1]) Ist nur geschehen:

a) für die Gerichtsvollzieher; Geschäfts-Anweisung v. 1. Dezember 1899 (JMBl. S. 629) §§ 102 ff.

b) für die Dorfgerichte; Allg. Verf. v. 20. Dezember 1899 (JMBl. S. 806) §§ 10 ff.

c) für die Ortsgerichte; Allg. Verf. v. 28. Dezember 1899 (JMBl. S. 889) §§ 16 ff.

Artikel 129.

In dem Gesetze, betreffend die Befugniß der Auditeure zur Aufnahme von Akten der freiwilligen Gerichtsbarkeit rc., vom 8. Juni 1860 (Gesetz-Samml. S. 240) werden der §. 3 Abs. 2 und der §. 11 Satz 2 gestrichen.

Artikel 130.

Das Ausführungsgesetz zum Deutschen Gerichtsverfassungsgesetze vom 24. April 1878 (Gesetz-Samml. S. 230) wird dahin geändert:[1])

I. Die §§. 25, 28, 30 bis 32, 40, 51 bis 56, 69, der §. 70 Abs. 2, der §. 74 Abs. 2 und die §§. 75, 106 bis 109 fallen weg.

II.–XI. — — — —[2])

[1]) Damit ist der übrige Inhalt des citirten Gesetzes als fortgeltend bestätigt. Es gelten deshalb auch solche

Bestimmungen weiter, welche mit Vorschriften des vorliegenden Gesetzes in Widerspruch stehen; vgl. Art. 3 Anm. 2, Art. 6 Anm. 1.

[2]) Hier folgt eine Abänderung der §§ 2, 20, 24, 39, 43, 49, 57, 74, 86, 87. Von diesen betrifft § 39 lediglich den Civilprozeß. Die übrigen Vorschriften sind in der neuen Fassung in Anlage IV abgedruckt.

Artikel 131.

Der §. 5 des Gesetzes, betreffend die Dienstverhältnisse der Gerichtsschreiber, vom 3. März 1879 (Gesetz-Samml. S. 99) erhält folgende Fassung:

Die Gerichtsschreibergehülfen sind zur Wahrnehmung der Gerichtsschreibergeschäfte befähigt.

Zur Ertheilung von vollstreckbaren Ausfertigungen und von Zeugnissen, welche sich auf die Rechtskraft der Urtheile[1]) beziehen, zur Aufnahme eines Protokolls über Revisionsanträge und ihre Begründung in Strafsachen, sowie über weitere Beschwerden in Angelegenheiten der freiwilligen Gerichtsbarkeit,[2]) zur Aufnahme von Wechselprotesten und Vermögensverzeichnissen, zur Vornahme von Siegelungen und Entsiegelungen,[3]) sowie zu den Geschäften, welche dem Gerichtsschreiber bei der Führung des Grundbuchs und des Schiffsregisters obliegen,[4]) sollen jedoch außer in den Fällen einer nothwendigen Aushülfe oder Vertretung nur solche Gerichtsschreibergehülfen verwendet werden, welche, abgesehen von der Erledigung der aktiven Dienstpflicht, die Vorbedingungen für die Anstellung als Gerichtsschreiber erfüllt haben. Das Gleiche gilt für die Entgegennahme von Anmeldungen zu dem Vereinsregister, Güterrechtsregister, Handelsregister, Genossenschaftsregister,[5]) Musterregister und Börsenregister.[6])

[1]) Auch wohl der Verfügungen. FGG. § 31.

[2]) FGG. § 29; auf die Aufnahme der ersten Beschwerde (FGG. § 21 Abs. 2) nicht zu beziehen.

[3]) Vgl. AG. z. GVG. § 70 (Anlage IV).

[4]) Vgl. Art. 29 mit Anm. 3, ferner AG. z. GBO. Art. 4, 6. u. 7.

[5]) Vgl. FGG. §§ 128, 147, 159, 161.

[6]) Siehe Einl. S. 6 Nr. 1 u. 3.

Artikel 132.

Der §. 154 Abs. 2 des Gesetzes über die Zuständigkeit der Verwaltungs- und Verwaltungsgerichtsbehörden vom 1. August 1883 (Gesetz-Samml. S. 237)[1]) wird aufgehoben.

[1]) Betraf die Aufsicht über die Standesbeamten im Bezirk des OLG. Cöln.

Artikel 133.

In dem bisherigen Geltungsbereiche des Rheinischen Rechtes bleiben für die Geschäfte, die den Gerichten in Ansehung der bis zum 1. Januar 1876 geführten Standesregister obliegen, die Landgerichte zuständig. Der Justizminister kann jedoch anordnen, daß diese Geschäfte auf die Amtsgerichte übergehen.[1])

[1]) Ist nicht geschehen.

Artikel 134.

Die Gebührenordnung für Notare vom 25. Juni 1895 (Gesetz-Samml. S. 256) wird dahin geändert:

— — — —[1])

[1]) Die Aenderungen sind außerhalb des Zusammenhanges nicht verständlich und werden deshalb hier nicht abgedruckt; s. auch Art. 135. — Vgl. übrigens Art. 130 Anm. 1.

Artikel 135.

Der Justizminister wird ermächtigt, den Text der Gebührenordnung für Notare, wie er sich aus den im Artikel 134 bestimmten Aenderungen ergiebt, unter fortlaufender Nummernfolge der Paragraphen und unter Herstellung einer einheitlichen Schreibweise durch die Gesetz-Sammlung in der Weise bekannt zu machen, daß die Verweisungen auf die Vorschriften der Civilprozeßordnung und des Preußischen Gerichtskostengesetzes durch Verweisungen auf die entsprechenden Vorschriften der durch den Reichskanzler und den Justizminister bekannt gemachten Texte ersetzt werden.[1])

[1]) Bek. v. 6. Oktober 1899 (GS. S. 325, 374 ff.).

Artikel 136.

Die in den Artikeln 57, 58 des Einführungsgesetzes zum Bürgerlichen Gesetzbuche gemachten

Vorbehalte gelten auch gegenüber den Vorschriften dieses Gesetzes.[1][2])

[1]) Vgl. FGG. § 189. — Art. 57 Abs. 1 betrifft die landesherrlichen Familien und die fürstliche Familie Hohenzollern; vgl. hierzu G. v. 26. April 1851 (GS. S. 181) Art. III, AE. v. 14. August 1852 (GS. S. 171) und die drei Verordnungen v. 26. Juni 1867: für Schleswig-Holstein § 7, für Kurhessen und vormals bayrische Gebietstheile § 26, für Nassau und vormals großherzoglich hessische Gebietstheile § 25.

Art. 57 Abs. 2 des EG. z. BGB. betrifft die in dem nachstehenden Art. 137 bezeichneten Fürstenhäuser.

[2]) Art. 58 des EG. z. BGB. betrifft die vormals reichsunmittelbar gewesenen und die ihnen gleichgestellten Häuser. Vgl. dieserhalb AG. z. GVG. § 27 Anm. 1, § 41 Anm. 2, § 49 Anm. 1 (Anlage IV).

Artikel 137.

Für die Geschäfte, die in Vormundschafts-, Nachlaß- und Theilungssachen der Mitglieder des vormaligen Hannoverschen Königshauses, des vormaligen Kurhessischen und des vormaligen Herzoglich Nassauischen Fürstenhauses den Gerichten obliegen,[1]) sind die Civilsenate der Oberlandesgerichte zuständig; die örtliche Zuständigkeit bestimmt sich nach den Vorschriften des Reichsgesetzes über die Angelegenheiten der freiwilligen Gerichtsbarkeit.[2])

[1]) Vgl. Art. 136 Anm. 1 a. E.

[2]) FGG. §§ 36 ff., 73 ff.

Artikel 138.

Soweit in Gesetzen auf Vorschriften verwiesen ist, welche durch dieses Gesetz außer Kraft gesetzt werden,[1]) treten an deren Stelle die entsprechenden neuen Vorschriften.[2])

[1]) Vgl. Art. 144.

[2]) Vgl. FGG. § 185 Abs. 2 mit EG. z. BGB. Art. 4.

Artikel 139.

Soweit nach den Uebergangsvorschriften anderer Gesetze die bisherigen Vorschriften noch künftig maßgebend sind,[1]) gilt das Gleiche auch für die durch dieses Gesetz aufgehobenen oder abgeänderten Vorschriften.[2])

Bis zu dem Zeitpunkt, in welchem das Grundbuch als angelegt anzusehen ist,[3]) bleiben in den im Artikel 119 Abs. 1 Satz 2 bezeichneten Gebietstheilen die Vorschriften unberührt, welche die Mitwirkung der Ortsbehörden bei der Führung der öffentlichen Bücher über die Rechtsverhältnisse an Grundstücken, insbesondere die Zuständigkeit zur Beurkundung der darauf bezüglichen Rechtsgeschäfte, betreffen.

Die neuen Vorschriften über das Verfahren bei der Aufnahme gerichtlicher oder notarieller Urkunden kommen auch dann zur Anwendung, wenn für das beurkundete Rechtsverhältniß das bisherige Recht maßgebend bleibt. Das Gleiche gilt von der Vorschrift, wonach die Amtsgerichte und die Notare in Bezug auf die Zuständigkeit zur Aufnahme von Urkunden einander gleichstehen.[4])

Soweit nach den Uebergangsvorschriften die Zuständigkeit von Ortsbehörden begründet bleibt, kann der Justizminister die Zuständigkeit auf andere Behörden oder Beamte übertragen. In diesem Falle findet die Vorschrift des Artikel 126 Abs. 1 entsprechende Anwendung; der Justizminister kann über die zu erhebenden Kosten Bestimmungen treffen.

1) Z. B. für das Erbrecht nach EG. z. BGB. Art. 213.

2) Im Falle von Anm. 1 also für die Vorschriften in AGO. Th. I Tit. 46 trotz ihrer Aufhebung in Art. 144 Nr. 1. Das Theilungsverfahren nach §§ 86 ff. FGG. findet sonach bei den vor dem 1. Januar 1900 liegenden Erbfällen nicht statt.

3) Vgl. EG. z. BGB. Art. 186.

4) Art. 31.

Artikel 140.

Für die Anfechtung einer Entscheidung, die vor dem Inkrafttreten des Bürgerlichen Gesetzbuchs erlassen ist, bleiben die bisherigen Vorschriften maßgebend; dies gilt auch dann, wenn nur die Entscheidung erster Instanz vor dem bezeichneten Zeitpunkt erfolgt ist.

Artikel 141.

Auf ein zur Zeit des Inkrafttretens des Bürgerlichen Gesetzbuchs anhängiges Verfahren nach den Artikeln 5, 6 des Einführungsgesetzes zum Handelsgesetzbuche vom 24. Juni 1861 (Gesetz-Samml. S. 449)[1]) finden die Vorschriften des §. 135 Abs. 2 Satz 2 und des §. 136 des Reichsgesetzes über die Angelegenheiten der freiwilligen Gerichtsbarkeit Anwendung. Im Uebrigen bleiben die bisherigen Vorschriften maßgebend.

1) Ordnungsstrafverfahren des Registerrichters.

Artikel 142.

Die Berichtigung einer Eintragung in dem Standesregister[1]) erfolgt auch dann nach den Vorschriften des neuen Rechtes, wenn die Eintragung aus der Zeit vor dem 1. Januar 1876[2]) herrührt.

[1]) Vgl. FGG. § 69 Anm. 1.

[2]) Dem Tage des Inkrafttretens des Personenstandsgesetzes v. 6. Februar 1875.

Artikel 143.

In dem Oberlandesgerichtsbezirke Cöln gelten für die bei dem Inkrafttreten dieses Gesetzes im Amte befindlichen Notare die Vorschriften des Artikel 102 Abs. 1 mit folgender Maßgabe:

Der aus dem Amte ausscheidende oder in einen anderen Amtsgerichtsbezirk versetzte Notar kann bis zum Ablaufe von drei Monaten nach dem Tage des Ausscheidens oder der Versetzung dem Amtsgerichte seines bisherigen Amtssitzes[1]) zur weiteren Aufbewahrung der Papiere einen Notar bezeichnen, der in dem Bezirke dieses Gerichts seinen Amtssitz hat. Die gleiche Befugniß steht im Falle des Todes eines Notars den Erben zu. Das Amtsgericht hat die Papiere dem ihm bezeichneten Notar zu übergeben.

Auf Grund der Vorschriften des vorigen Absatzes kann die Uebergabe der Papiere an einen anderen Notar nur einmal verlangt werden. Im Falle des Ausscheidens, der Versetzung oder des Todes des anderen Notars findet die Abgabe der diesem auf

Grund der Vorschriften des vorigen Absatzes übergebenen Papiere an einen anderen Notar nicht statt.

[1]) Art. 79.

Artikel 144.

Die nachstehenden Vorschriften werden, soweit sie nicht schon in Folge Reichsgesetzes außer Kraft treten, unbeschadet der Uebergangsvorschriften,[1]) aufgehoben:

[1]) Vgl. Art. 189 mit Anm. 1 u. 2.

1. Theil 1 Titel 44 bis 46, 52, Theil 2 Titel 1 bis 5, Theil 3 Titel 7 der Allgemeinen Gerichtsordnung für die Preußischen Staaten, Theil 1 Titel 46 jedoch nur insoweit, als er sich nicht auf die Auseinandersetzung zwischen einem Lehns- oder Fideikommißfolger und den Allodialerben seines Vorbesitzers bezieht;
2. die Artikel 203, 812 bis 818, 839 bis 853, 855 bis 864, 907 bis 944, 986 bis 1002, 1040 des code de procédure civile, die Artikel 844, 845, 1040 jedoch nur für das Gebiet der freiwilligen Gerichtsbarkeit;
3. die Artikel 16 bis 19, 37 bis 46 des Französischen Dekrets über die Erhaltung und Verwaltung der Güter der Geistlichkeit vom 6. November 1813;
4. die Vorschriften des gemeinen Rechtes über die Exemplifikation oder Innovation von Urkunden;
5. die §§. 1 bis 8, 10 bis 31 der Hannoverschen Verordnung über das Verbot aller Privat-

eide rc. vom 28. Dezember 1821 (Hannov. Gesetz-Samml. 1822 Abth. I S. 43), die §§. 17 bis 20 und die §§. 28 bis 31 jedoch nur insoweit, als sie sich nicht auf Lehen oder Fideikommisse beziehen;

6. die Verordnung und Taxordnung für die Notarien in den Niederrheinischen Provinzen vom 25. April 1822 (Gesetz-Samml. S. 109) sowie der §. 67 des Gesetzes, betreffend die Dienstvergehen der nicht richterlichen Beamten rc., vom 21. Juli 1852 (Gesetz-Samml. S. 465);

7. die Vorschriften des Rheinischen Rechtes über die Einregistrirung von Urkunden;

8. für das Gebiet der vormals freien Stadt Frankfurt die sich auf die Rechtsmittel in Angelegenheiten der freiwilligen Gerichtsbarkeit beziehenden Vorschriften der Gerichtsordnung für das gemeinsame Oberappellationsgericht der vier freien Städte Deutschlands (Bekanntmachung vom 23. August 1831; Frankf. Gesetz- und Statuten-Samml. Bd. 4 S. 229, 231) und des Gesetzes über das Verfahren in bürgerlichen Rechtssachen vom 7. November 1848 (Gesetz- und Statuten-Samml. Bd. 8 S. 282) sowie der §. 11 des Gesetzes über das Fiskalat vom 3. Dezember 1861 (Gesetz- und Statuten-Samml. Bd. 15 S. 79);

9. die Kabinetsorder über die Vidimation der

Urkunden und die Abzweigung der Schuld- dokumente vom 6. November 1834 (Gesetz-Samml. S. 180);

10. die Versteigerungsordnung für Ostfriesland und Harlingerland vom 16. Dezember 1834 (Hannov. Gesetz-Samml. Abth. III S. 245) sowie die ergänzenden und abändernden Gesetze vom 10. Januar 1840 (Hannov. Gesetz-Samml. Abth. III S. 51), vom 26. Juli 1841 (Hannov. Gesetz-Samml. Abth. III. S. 79), vom 27. Dezember 1842 (Hannov. Gesetz-Samml. Abth. III S. 115) und vom 24. März 1897 (Gesetz-Samml. S. 103);
11. die Versteigerungsordnung für den Landdrostei-bezirk Osnabrück vom 14. Juli 1838 (Hannov. Gesetz-Samml. Abth. III S. 149) mit Ausnahme des Artikel 3 Abs. 3, soweit er sich auf die Befugniß der Magistrate bezieht, Sachen der Stadt oder des Fleckens an den Meistbietenden zu verkaufen oder zu verpachten;
12. die Verordnung, betreffend das Verfahren bei freiwilligen Subhastationen, vom 6. April 1839 (Gesetz-Samml. S. 125);
13. die Kabinetsorder, betreffend Siegelanlage bei dem Ableben eines Beamten im Bezirke des Appellationsgerichts zu Cöln, vom 14. Juli 1843 (Gesetz-Samml. S. 321);
14. für das Jadegebiet die Oldenburgische

Auktionator- und Vergantungsordnung vom 14. Mai 1844 (Oldenb. Gesetz-Samml. 1845 S. 278);

15. das Gesetz über das Verfahren bei Aufnahme von Notariatsinstrumenten vom 11. Juli 1845 (Gesetz-Samml. S. 487);
16. die §§. 457, 458 der Hannoverschen Bürgerlichen Prozeßordnung vom 8. November 1850 (Hannov. Gesetz-Samml. Abth. I S. 341);
17. die Hannoversche Notariatsordnung vom 18. September 1853 (Hannov. Gesetz-Samml. Abth. I S. 345);
18. die §§. 6 bis 8 und der §. 11 Nr. 4 des Gesetzes, betreffend die Geschäftssprache der Behörden, Beamten und politischen Körperschaften des Staates, vom 28. August 1876 (Gesetz-Samml. S. 389), die §§. 6 bis 8 jedoch nur insoweit, als es sich um ihre Anwendung auf die ordentlichen Gerichte handelt;
19. das Gesetz, enthaltend Bestimmungen über das Notariat, vom 8. März 1880 (Gesetz-Samml. S. 177);
20. das Gesetz, betreffend das Theilungsverfahren und den gerichtlichen Verkauf von Immobilien im Geltungsbereiche des Rheinischen Rechtes, vom 22. Mai 1887 (Gesetz-Samml. S. 136) sowie der §. 16 des Ausführungsgesetzes zur Deutschen Konkursordnung vom 6. März 1879 (Gesetz-Samml. S. 109);

21. das Gesetz, betreffend die Vereinigung der Rechtsanwaltschaft und des Notariats im Geltungsbereiche des Rheinischen Rechtes, vom 13. April 1888 (Gesetz-Samml. S. 72);
22. das Gesetz, enthaltend Bestimmungen über das Notariat und über die gerichtliche oder notarielle Beglaubigung von Unterschriften oder Handzeichen, vom 15. Juli 1890 (Gesetz-Samml. S. 229).

Artikel 145.

Dieses Gesetz tritt gleichzeitig mit dem Bürgerlichen Gesetzbuch in Kraft.

Die Vorschrift des Artikel 135 tritt mit der Verkündung in Kraft.

Urkundlich unter Unserer Höchsteigenhändigen Unterschrift und beigedrucktem Königlichen Insiegel.

Gegeben Snogeholm, den 21. September 1899.

(L. S.) Wilhelm.

Fürst zu Hohenlohe. v. Miquel. Thielen. Frhr. v. Hammerstein. Schönstedt. Brefeld. v. Goßler. Gr. v. Posadowsky. Gr. v. Bülow. Tirpitz. Studt. Frhr. v. Rheinbaben.

E.

Anlagen.

I. Auszug aus dem Gerichtsverfassungsgesetz.

(Fassung vom 20. Mai 1898 RGBl. S. 371.)

Zwölfter Titel.

Zustellungs- und Vollstreckungsbeamte.

§. 156.[1])

Der Gerichtsvollzieher ist von der Ausübung seines Amts kraft Gesetzes ausgeschlossen:

I. in bürgerlichen Rechtsstreitigkeiten:

1. wenn er selbst Partei[2]) oder gesetzlicher Vertreter einer Partei ist, oder zu einer Partei in dem Verhältnisse eines Mitberechtigten, Mitverpflichteten oder Schadensersatzpflichtigen steht;
2. wenn seine Ehefrau Partei ist, auch wenn die Ehe nicht mehr besteht;
3. wenn eine Person Partei ist, mit welcher er in gerader Linie verwandt, verschwägert[3]) oder durch Adoption verbunden, in der Seitenlinie bis zum dritten Grade verwandt oder bis zum zweiten Grade verschwägert ist, auch

wenn die Ehe, durch welche die Schwägerschaft begründet ist, nicht mehr besteht;

II. in Strafsachen:

— — —

[1]) In Preußen Kraft Landesrechts auch auf die freiwillige Gerichtsbarkeit anwendbar; vgl. AG. z. GVG. § 76 (Anlage IV).

[2]) D. h. Betheiligter; vgl. FGG. § 6 Anm. 4.

[3]) Vgl. FGG. § 6 Anm. 7.

Dreizehnter Titel.

Rechtshülfe.

§. 157.

Die Gerichte haben sich in bürgerlichen Rechtsstreitigkeiten und in Strafsachen[1]) Rechtshülfe zu leisten.

[1]) Auch in reichsrechtlichen Sachen der freiwilligen Gerichtsbarkeit; FGG. § 2, vgl. auch ebenda § 194 Abs. 4. Für landesrechtliche Sachen s. (Preuß.) AG. z. GVG. § 87 (Anlage IV).

§. 158.

Das Ersuchen um Rechtshülfe ist[1]) an das Amtsgericht zu richten, in dessen Bezirke die Amtshandlung vorgenommen werden soll.

[1]) Auch von nicht gerichtlichen Behörden, FGG. § 194 Abs. 4.

§. 159.

Das Ersuchen darf nicht abgelehnt werden.

Das Ersuchen eines nicht im Instanzenzuge vorgesetzten Gerichts[1]) ist jedoch abzulehnen, wenn dem ersuchten Gerichte die örtliche Zuständigkeit mangelt, oder die vorzunehmende Handlung nach dem Rechte des ersuchten Gerichts verboten ist.

[1]) Sowie einer nicht gerichtlichen Behörde; FGG. § 194 Abs. 4.

§. 160.

Wird das Ersuchen abgelehnt, oder wird der Vorschrift des §. 159 Abs. 2 zuwider dem Ersuchen stattgegeben, so entscheidet das Oberlandesgericht, zu dessen Bezirke das ersuchte Gericht gehört. Eine Anfechtung dieser Entscheidung findet nur statt, wenn dieselbe die Rechtshülfe für unzulässig erklärt, und das ersuchende und das ersuchte Gericht den Bezirken verschiedener Oberlandesgerichte angehören. Ueber die Beschwerde entscheidet das Reichsgericht.[1])

Die Entscheidungen erfolgen auf Antrag der Betheiligten oder des ersuchenden Gerichts ohne vorgängige mündliche Verhandlung.

[1]) Dieser Instanzenzug gilt auch für die Sachen der freiwilligen Gerichtsbarkeit; vgl. Einl. S. 16. Das örtlich zuständige Oberlandesgericht entscheidet auch dann, wenn es sonst nicht Beschwerdeinstanz ist. (FGG. § 199.)

§. 161.

Die Herbeiführung der zum Zwecke von Vollstreckungen,[1]) Ladungen und Zustellungen erforderlichen Handlungen erfolgt nach Vorschrift der Prozeßordnungen[2]) ohne Rücksicht darauf, ob die Handlungen in dem Bundesstaate, welchem das

Prozeßgericht[3]) angehört, oder in einem anderen Bundesstaate vorzunehmen sind.

[1]) In Sachen der freiwilligen Gerichtsbarkeit auf Vollstreckungen nicht anwendbar, da für diese keine reichsrechtlichen Grundsätze gelten. (Einl. S. 9.)

[2]) Bei der freiwilligen Gerichtsbarkeit nach dem FGG. § 16 Abs. 2.

[3]) Bei der freiwilligen Gerichtsbarkeit das mit der Angelegenheit befaßte Gericht.

§. 162.

Gerichte, Staatsanwaltschaften und Gerichtsschreiber können wegen Ertheilung eines Auftrags an einen Gerichtsvollzieher die Mitwirkung des Gerichtsschreibers des Amtsgerichts in Anspruch nehmen, in dessen Bezirke der Auftrag ausgeführt werden soll. Der von dem Gerichtsschreiber beauftragte Gerichtsvollzieher gilt als unmittelbar beauftragt.

§. 163.

Eine Freiheitsstrafe,[1]) welche die Dauer von sechs Wochen nicht übersteigt, ist in demjenigen Bundesstaate zu vollstrecken, in welchem der Verurtheilte sich befindet.

[1]) Z. B. wegen Zeugnißverweigerung; CPO. §§ 380, 390 (Anlage II).

§. 164.

Soll eine Freiheitsstrafe in dem Bezirke eines anderen Gerichts vollstreckt oder ein in dem Bezirke eines anderen Gerichts befindlicher Verurtheilter zum Zwecke der Strafverbüßung ergriffen und abgeliefert werden, so ist die Staatsanwaltschaft bei dem Landgerichte des Bezirks um die Ausführung zu ersuchen.

§. 165.

Im Falle der Rechtshülfe unter den Behörden verschiedener Bundesstaaten sind die baaren Auslagen, welche durch eine Ablieferung oder Strafvollstreckung entstehen, der ersuchten Behörde von der ersuchenden zu erstatten.

Im übrigen werden Kosten der Rechtshülfe von der ersuchenden Behörde nicht erstattet.

Ist eine zahlungspflichtige Partei vorhanden, so sind die Kosten von derselben durch die ersuchende Behörde einzuziehen und der eingezogene Betrag der ersuchten Behörde zu übersenden.

Stempel-, Einregistrirungsgebühren oder andere öffentliche Abgaben, welchen die von der ersuchenden Behörde übersendeten Schriftstücke (Urkunden, Protokolle) nach dem Rechte der ersuchten Behörde unterliegen, bleiben außer Ansatz.

§. 166.

Für die Höhe der den geladenen Zeugen und Sachverständigen gebührenden Beträge sind die Bestimmungen maßgebend, welche bei dem Gerichte gelten, vor welches die Ladung erfolgt.[1])

Sind die Beträge nach dem Rechte des Aufenthaltsorts der geladenen Personen höher, so können die höheren Beträge gefordert werden.

Bei weiterer Entfernung des Aufenthaltsorts der geladenen Personen ist denselben auf Antrag ein Vorschuß zu bewilligen.

[1]) Vgl. CPO. § 401 Anm. 1 (unten Anlage II).

§. 167.

Ein Gericht darf Amtshandlungen außerhalb seines Bezirks ohne Zustimmung des Amtsgerichts des Orts nur vornehmen, wenn Gefahr im Verzuge obwaltet. In diesem Falle ist dem Amtsgerichte des Orts Anzeige zu machen.

§. 168.

Die Sicherheitsbeamten eines Bundesstaates sind ermächtigt, die Verfolgung eines Flüchtigen auf das Gebiet eines anderen Bundesstaates fortzusetzen und den Flüchtigen daselbst zu ergreifen.

Der Ergriffene ist unverzüglich an das nächste Gericht oder die nächste Polizeibehörde des Bundesstaates, in welchem er ergriffen wurde, abzuführen.

§. 169.

Die in einem Bundesstaate bestehenden Vorschriften über die Mittheilung von Akten einer öffentlichen Behörde an ein Gericht dieses Bundesstaates kommen auch dann zur Anwendung, wenn das ersuchende Gericht[1]) einem anderen Bundesstaate angehört.

[1]) Oder die ersuchende nicht gerichtliche Behörde; FGG. § 194 Abs. 4.

Vierzehnter Titel.

Oeffentlichkeit und Sitzungspolizei.[1])

[1]) Vgl. FGG. § 8. (Preuß.) AG. z. GVG. § 88 (Anlage IV).

§§. 170—176 — — —[1])

[1]) Betreffen die Oeffentlichkeit der Verhandlungen und finden bei der freiwilligen Gerichtsbarkeit keine Anwendung.

§. 177.[1])

Die Aufrechthaltung der Ordnung in der Sitzung liegt dem Vorsitzenden ob.

[1]) Auf andere als gerichtliche Behörden finden die §§ 177—185 keine Anwendung; FGG. § 194 Abs. 3.

§. 178.

Parteien, Beschuldigte, Zeugen, Sachverständige oder bei der Verhandlung nicht betheiligte Personen, welche den zur Aufrechthaltung der Ordnung erlassenen Befehlen nicht gehorchen, können auf Beschluß des Gerichts aus dem Sitzungszimmer entfernt, auch zur Haft abgeführt und während einer in dem Beschlusse zu bestimmenden Zeit, welche vierundzwanzig Stunden nicht übersteigen darf, festgehalten werden.

§. 179.

Das Gericht kann gegen Parteien, Beschuldigte, Zeugen, Sachverständige oder bei der Verhandlung nicht betheiligte Personen, welche sich in der Sitzung einer Ungebühr schuldig machen, vorbehaltlich der strafgerichtlichen Verfolgung, eine Ordnungsstrafe bis zu einhundert Mark oder bis zu drei Tagen Haft festsetzen und sofort vollstrecken lassen.

§. 180.

Das Gericht kann gegen einen bei der Verhandlung betheiligten Rechtsanwalt oder Vertheidiger, der sich in der Sitzung einer Ungebühr schuldig macht, vorbehaltlich der strafgerichtlichen oder disziplinaren Verfolgung, eine Ordnungsstrafe bis zu einhundert Mark festsetzen.

§. 181.

Die Vollstreckung der vorstehend bezeichneten Ordnungsstrafen hat der Vorsitzende unmittelbar zu veranlassen.

§. 182.

Die in den §§. 177—181 bezeichneten Befugnisse stehen auch einem einzelnen Richter bei der Vornahme von Amtshandlungen außerhalb der Sitzung zu.

§. 183.

Ist in den Fällen der §§. 179, 180, 182 eine Ordnungsstrafe festgesetzt, so findet binnen der Frist von einer Woche nach der Bekanntmachung der Entscheidung Beschwerde statt, sofern die Entscheidung nicht von dem Reichsgerichte oder einem Oberlandesgerichte getroffen ist.

Die Beschwerde hat in dem Falle des §. 179 keine aufschiebende Wirkung, in den Fällen des §. 180 und des §. 182[1]) aufschiebende Wirkung.[2])

Ueber die Beschwerde entscheidet das Oberlandesgericht.[3])

[1]) Bei den Verhandlungen des Amtsrichters in der freiwilligen Gerichtsbarkeit danach immer; denn diese Verhandlungen stellen keine „Sitzung" dar.

[2]) Ueber den Begriff vgl. FGG. § 24 Anm. 1.

[3]) Vgl. GVG. § 160 Anm. 1.

§. 184.

Ist eine Ordnungsstrafe wegen Ungebühr festgesetzt, oder eine Person zur Haft abgeführt, oder eine bei der Verhandlung betheiligte Person entfernt worden, so ist der Beschluß des Gerichts und dessen Veranlassung in das Protokoll aufzunehmen.

§. 185.

Wird eine strafbare Handlung in der Sitzung[1]) begangen, so hat das Gericht den Thatbestand festzustellen und der zuständigen Behörde das darüber aufgenommene Protokoll mitzutheilen. In geeigneten Fällen ist die vorläufige Festnahme des Thäters zu verfügen.

[1]) Ob diese Vorschrift in der freiwilligen Gerichtsbarkeit anwendbar ist, ist zweifelhaft; vgl. § 183 Anm. 1.

Fünfzehnter Titel.

Gerichtssprache.[1])

[1]) Vgl. FGG. §§ 8, 9, § 178 Anm. 1. Preuß. FGG. Art. 1 u. 84.

§. 186.

Die Gerichtssprache ist die deutsche.

§. 187.[1])

Wird unter Betheiligung von Personen verhandelt, welche der deutschen Sprache nicht mächtig sind, so ist ein Dolmetscher zuzuziehen. Die Führung eines Nebenprotokolls in der fremden Sprache findet nicht statt; jedoch sollen Aussagen und Erklärungen in fremder Sprache, wenn und soweit der Richter dies mit Rücksicht auf die Wichtigkeit der Sache für erforderlich erachtet, auch in der fremden Sprache in das Protokoll oder in eine Anlage niedergeschrieben werden. In den dazu geeigneten Fällen soll dem Protokolle eine durch den Dolmetscher zu beglaubigende Uebersetzung beigefügt werden.

Die Zuziehung eines Dolmetschers kann unterbleiben, wenn die betheiligten Personen sämmtlich der fremden Sprache mächtig sind.[2])

[1]) Ueber die Gerichtssprache bei der Beurkundung von Rechtsgeschäften vgl. FGG. § 178 Anm. 1.

[2]) Bei der freiwilligen Gerichtsbarkeit schon dann, wenn nur der Richter der Sprache der Betheiligten mächtig ist; FGG. § 9.

§. 188.

Zur Verhandlung mit tauben oder stummen Personen ist, sofern nicht eine schriftliche Verständigung erfolgt, eine Person als Dolmetscher zuzuziehen, mit deren Hülfe die Verständigung in anderer Weise erfolgen kann.[1])

[1]) Wegen der Eide der Stummen s. CPO. § 483.

§. 189.

Ob einer Partei, welche taub ist, bei der mündlichen Verhandlung der Vortrag zu gestatten sei, bleibt dem Ermessen des Gerichts überlassen.

Dasselbe gilt in Anwaltsprozessen von einer Partei, die der deutschen Sprache nicht mächtig ist.[1])

[1]) Betrifft die freiwillige Gerichtsbarkeit nicht.

§. 190.

Personen, welche der deutschen Sprache nicht mächtig sind, leisten Eide in der ihnen geläufigen Sprache.

§. 191.

Der Dolmetscher hat einen Eid dahin zu leisten:

daß er treu und gewissenhaft übertragen werde.[1])

Ist der Dolmetscher für Uebertragungen der betreffenden Art im Allgemeinen beeidigt, so genügt die Berufung auf den geleisteten Eid.

[1]) Bei der freiwilligen Gerichtsbarkeit ist Verzicht auf die Beeidung zulässig (FGG. § 9), aber nur für den Dolmetscher fremder Sprachen, nicht für den Dolmetscher nach § 188.

§. 192.

Der Dienst des Dolmetschers kann von dem Gerichtsschreiber wahrgenommen werden. Einer besonderen Beeidigung bedarf es nicht.

§. 193.

Auf den Dolmetscher finden die Bestimmungen über Ausschließung und Ablehnung der Sachverständigen entsprechende Anwendung. Die Entscheidung erfolgt durch das Gericht oder den Richter, von welchem der Dolmetscher zugezogen ist.[1])

[1]) § 193 findet bei der freiwilligen Gerichtsbarkeit keine Anwendung. Statt dessen gilt FGG. § 6 und der Schlußsatz von § 9.

Sechzehnter Titel.

Berathung und Abstimmung.[1])

[1]) Vgl. FGG. § 8, (Preuß.) AG. z. GVG. § 90 (Anlage IV). — Auf andere als gerichtliche Behörden sind die §§ 194 ff. nicht anwendbar; FGG. § 194 Abs. 3. Dagegen gelten sie bei den Amtsgerichten auch für den Familienrath (BGB. § 1872); s. jedoch § 194 Anm 1, § 198 Anm. 1.

§. 194.

Bei Entscheidungen dürfen Richter nur in der gesetzlich bestimmten Anzahl mitwirken.[1])

Bei Verhandlungen von längerer Dauer kann der Vorsitzende die Zuziehung von Ergänzungsrichtern anordnen, welche der Verhandlung beizuwohnen und im Falle der Verhinderung eines Richters für denselben einzutreten haben.

Die vorstehenden Bestimmungen finden auch auf Schöffen und Geschworene Anwendung.

[1]) Eine Ausnahme für den Familienrath s. BGB. § 1874 Abs. 1.

§. 195.

Bei der Berathung und Abstimmung dürfen außer den zur Entscheidung berufenen Richtern nur die bei demselben Gerichte zu ihrer juristischen Ausbildung beschäftigten Personen zugegen sein, soweit der Vorsitzende deren Anwesenheit gestattet.

§. 196.

Der Vorsitzende leitet die Berathung, stellt die Fragen und sammelt die Stimmen.

Meinungsverschiedenheiten über den Gegenstand, die Fassung und die Reihenfolge der Fragen oder über das Ergebniß der Abstimmung entscheidet das Gericht.

§. 197.

Kein Richter, Schöffe oder Geschworener[1]) darf die Abstimmung über eine Frage verweigern, weil er bei der Abstimmung über eine vorhergegangene Frage in der Minderheit geblieben ist.

[1]) Auch kein Mitglied des Familienraths; Anm. 1 vor § 194.

§. 198.

Die Entscheidungen erfolgen, soweit das Gesetz nicht ein Anderes bestimmt, nach der absoluten Mehrheit der Stimmen.[1])

Bilden sich in Beziehung auf Summen, über welche zu entscheiden ist,[2]) mehr als zwei Meinungen, deren keine die Mehrheit für sich hat, so werden die für die größte Summe abgegebenen Stimmen den für die zunächst geringere abgegebenen so lange hinzugerechnet, bis sich eine Mehrheit ergiebt.

Bilden sich in einer Strafsache, von der Schuldfrage abgesehen, mehr als zwei Meinungen, deren keine die Mehrheit für sich hat, so werden die dem Beschuldigten nachtheiligsten Stimmen den zunächst minder nachtheiligen so lange hinzugerechnet bis sich eine Mehrheit ergiebt.

[1]) Für Stimmengleichheit im Familienrath s. BGB. § 1874 Abs. 2.

[2]) Z. B. im Familienrath bei der Entscheidung über eine dem Vormund zu gewährende Vergütung (BGB. § 1836).

§. 199.

Die Reihenfolge bei der Abstimmung richtet sich nach dem Dienstalter, bei den Schöffengerichten und den Kammern für Handelssachen[1]) nach dem Lebensalter; der Jüngste stimmt zuerst, der Vorsitzende zuletzt. Wenn ein Berichterstatter ernannt ist, so giebt dieser seine Stimme zuerst ab.

Bei der Abstimmung der Geschworenen richtet sich die Reihenfolge nach der Auslosung. Der Obmann stimmt zuletzt.

[1]) Entsprechend auch beim Familienrath.

§. 200.

Schöffen und Geschworene sind verpflichtet, über den Hergang bei der Berathung und Abstimmung Stillschweigen zu beobachten.[1])

[1]) Betrifft die freiwillige Gerichtsbarkeit nicht.

II. Auszug aus der Civilprozeßordnung.

(Fassung vom 20. Mai 1898, RGBl. S. 410.)

Erstes Buch.
Allgemeine Bestimmungen.

Zweiter Abschnitt.
Parteien.

Siebenter Titel.
Armenrecht.[1])

[1]) Vgl. FGG § 14. Preuß. FGG. Art. 1.

§. 114.

Wer außer Stande ist, ohne Beeinträchtigung des für ihn und seine Familie nothwendigen Unterhalts die Kosten des Prozesses[1]) zu bestreiten, hat auf Bewilligung des Armenrechts Anspruch, wenn die beabsichtigte Rechtsverfolgung oder Rechtsvertheidigung nicht muthwillig oder aussichtslos erscheint.

Ausländer haben auf das Armenrecht nur insoweit Anspruch, als die Gegenseitigkeit verbürgt ist.

[1]) Hier: der zu betreibenden Angelegenheit.

§. 115.

Durch die Bewilligung des Armenrechts erlangt die Partei:

1. die einstweilige Befreiung von der Berichtigung der rückständigen und künftig erwachsenden Gerichtskosten, einschließlich der Gebühren der Beamten, der den Zeugen und den Sachverständigen zu gewährenden Vergütung und der sonstigen baaren Auslagen, sowie der Stempelsteuer;
2. die Befreiung von der Sicherheitsleistung für die Prozeßkosten;
3. das Recht, daß ihr zur vorläufig unentgeltlichen Bewirkung von Zustellungen und von Vollstreckungshandlungen[1]) ein Gerichtsvollzieher und, insoweit eine Vertretung durch Anwälte geboten ist,[2]) zur vorläufig unentgeltlichen Wahrnehmung ihrer Rechte ein Rechtsanwalt beigeordnet werde.

[1]) Zustellungen auf Parteibetrieb giebt es bei der freiwilligen Gerichtsbarkeit nicht (FGG. § 16 Abs. 2, 3; Preuß. FGG. Art. 1); Vollstreckungshandlungen solcher Art kann es nach Maßgabe des Landesrechts geben (s. Einl. S. 9, Preuß. FGG. Art. 17). Für Vollstreckungen auf Grund der §§ 98 und 158 FGG. u. Art. 14 Preuß. FGG. ist das Armenrecht (mit Ausnahme der Erwirkung der Vollstreckungsklausel) bei den civilprozessualen Organen nachzusuchen; vgl. FGG. § 98 Anm. 3.

[2]) Dies ist bei der freiwilligen Gerichtsbarkeit nicht

der Fall, auch nicht bei der weiteren Beschwerde (vgl. FGG. § 29 Anm. 5), s. aber RAO. § 34 mit Anm. 1.

Rechtsanwalts-Ordnung v. 1. Juli 1878.

(RGBl. S. 177.)

§. 34.

Einer Partei, welcher das Armenrecht bewilligt ist, kann auch, insoweit eine Vertretung durch Anwälte nicht geboten ist, zur vorläufig unentgeltlichen Wahrnehmung ihrer Rechte[1]) von dem Prozessgericht[2]) ein Rechtsanwalt auf Antrag beigeordnet werden.[3])

[1]) Namentlich auch für die weitere Beschwerde, wenn die Partei entfernt wohnt (FGG. § 29 Anm. 5 a. E.).

[2]) Vgl. unten § 116 Anm. 1.

[3]) Für die Beibringung der Vollmacht gilt FGG. § 13.

§. 35.

Gegen die Entscheidung, durch welche die Beiordnung eines Rechtsanwalts abgelehnt wird, steht der Partei die Beschwerde nach Massgabe der Civilprozessordnung[1]) zu.

[1]) Hier nach Maßgabe der §§ 19 ff. FGG., s. Einl. S. 15.

§. 36.

Die Auswahl eines beizuordnenden Rechtsanwalts erfolgt durch den Vorsitzenden des Gerichts aus der Zahl der bei diesem zugelassenen Rechtsanwälte.

Gegen die Verfügung steht der Partei und

dem Rechtsanwalte die Beschwerde nach Massgabe der Civilprozessordnung[1]) zu.

[1]) Vgl. vorstehend § 35 Anm. 1.

§. 116.

Insoweit nicht eine Vertretung durch Anwälte geboten oder ein Anwalt gemäß §. 34 der Rechtsanwaltsordnung beigeordnet ist, kann einer armen Partei, welche nicht im Bezirke des Prozeßgerichts[1]) wohnt, zur unentgeltlichen Wahrnehmung ihrer Rechte in der mündlichen Verhandlung[2]) ein Justizbeamter, der nicht als Richter angestellt ist, oder ein Rechtskundiger, der die vorgeschriebene erste Prüfung für den Justizdienst bestanden hat, auf Antrag beigeordnet werden.[3]) Die in Folge dessen erwachsenden baaren Auslagen werden von der Staatskasse bestritten und als Gerichtskosten in Ansatz gebracht

[1]) Hier: des mit der Sache befaßten Gerichts.

[2]) Bei der freiwilligen Gerichtsbarkeit findet eine mündliche Verhandlung nicht statt. Die Vorschrift ist aber entsprechend anwendbar auf diejenigen Verhandlungen, zu denen eine auswärtige Partei nothwendig erscheinen muß, wie insbesondere bei der Nachlaßtheilung (FGG. §§ 91, 93).

[3]) Zur Mitwirkung bei der weiteren Beschwerde ist ein solcher Beamter nicht befähigt (FGG. § 29 Satz 2); vgl. vorstehend RAO. § 34 Anm. 1; s. auch Anm. 3 daselbst.

§. 117.

Die Bewilligung des Armenrechts hat auf die

Verpflichtung zur Erstattung der dem Gegner erwachsenden Kosten[1]) keinen Einfluß.

[1]) Insoweit nämlich eine solche Pflicht aus dem materiellen Recht folgt oder landesgesetzlich ein Erstattungsverfahren angeordnet ist; vgl. Preuß. FGG. Art. 9, 30.

§. 118.

Das Gesuch um Bewilligung des Armenrechts ist bei dem Prozeßgericht[1]) anzubringen; es kann vor dem Gerichtsschreiber zu Protokoll erklärt werden.

Dem Gesuch ist ein von der obrigkeitlichen Behörde der Partei ausgestelltes Zeugniß beizufügen, in welchem unter Angabe des Standes oder Gewerbes, der Vermögens- und Familienverhältnisse der Partei sowie des Betrags der von dieser zu entrichtenden direkten Staatssteuern das Unvermögen zur Bestreitung der Prozeßkosten ausdrücklich bezeugt wird. Für Personen, welche unter Vormundschaft oder Kuratel stehen, kann das Zeugniß auch von der vormundschaftlichen Behörde ausgestellt werden.

In dem Gesuche ist das Streitverhältniß unter Angabe der Beweismittel darzulegen.

[1]) Hier: bei dem mit der Sache befaßten Gericht.

§. 119.

Die Bewilligung des Armenrechts erfolgt für jede Instanz besonders, für die erste Instanz einschließlich der Zwangsvollstreckung.[1])

In der höheren Instanz bedarf es des Nachweises des Unvermögens nicht, wenn das Armenrecht in der vorherigen Instanz bewilligt war. Hat der Gegner das Rechtsmittel eingelegt, so ist in der höheren Instanz nicht zu prüfen, ob die Rechtsverfolgung oder Rechtsvertheidigung der Partei muthwillig oder aussichtslos erscheint.

[1]) Vgl. § 115 Anm. 1.

§. 120.

Die Bewilligung des Armenrechts für den Kläger, den Berufungskläger und den Revisionskläger[1]) hat zugleich für den Gegner[2]) die einstweilige Befreiung von den im §. 115 Nr. 1 bezeichneten Kosten zur Folge.

[1]) Hier: den Antragsteller und den Beschwerdeführer.

[2]) Insoweit es Parteien und Gegner bei der freiwilligen Gerichtsbarkeit giebt (z. B. FGG. §§ 53, 86 ff., 146, 148, 153, 163 ff.).

§. 121.

Das Armenrecht kann zu jeder Zeit entzogen werden, wenn sich ergiebt, daß eine Voraussetzung der Bewilligung nicht vorhanden war oder nicht mehr vorhanden ist.

§. 122.

Das Armenrecht erlischt mit dem Tode der Person, welcher es bewilligt ist.

§. 123.[1])

Die Gerichtskosten, von deren Berichtigung die

arme Partei einstweilen befreit ist, können von dem in die Prozeßkosten verurtheilten Gegner nach Maßgabe der für die Beitreibung rückständiger Gerichtskosten geltenden Vorschriften eingezogen werden.

Die Gerichtskosten, von deren Berichtigung der Gegner der armen Partei einstweilen befreit ist, sind von demselben einzuziehen, soweit er in die Prozeßkosten verurtheilt oder der Rechtsstreit ohne Urtheil über die Kosten beendigt ist.

[1]) Die §§ 123, 124, 125 Abs. 2 können nur insoweit wirksam werden, als das Landesrecht eine Verurtheilung des Gegners zu den Kosten eintreten läßt; vgl. Preuß. FGG. Art. 9, 30.

§. 124.[1])

Die für die arme Partei bestellten Gerichtsvollzieher und Rechtsanwälte sind berechtigt, ihre Gebühren und Auslagen von dem in die Prozeßkosten verurtheilten Gegner beizutreiben.

Eine Einrede aus der Person der armen Partei ist nur insoweit zulässig, als die Aufrechnung von Kosten verlangt wird, welche nach der in demselben Rechtsstreite über die Kosten erlassenen Entscheidung von der armen Partei zu erstatten sind.

[1]) Vgl. § 123 Anm. 1.

§. 125.

Die zum Armenrechte zugelassene Partei ist zur Nachzahlung der Beträge, von deren Berichtigung sie einstweilen befreit war, verpflichtet, sobald sie ohne Beeinträchtigung des für sie und ihre Familie nothwendigen Unterhalts dazu im Stande ist.

Dasselbe gilt in Betreff derjenigen Beträge, von deren Berichtigung der Gegner einstweilen befreit war, soweit die arme Partei in die Prozeßkosten verurtheilt ist.[1])

[1]) Vgl. § 123 Anm. 1.

§. 126.

Ueber das Gesuch um Bewilligung des Armenrechts, über die Entziehung desselben und über die Verpflichtung zur Nachzahlung der Beträge, von deren Berichtigung die zum Armenrechte zugelassene Partei oder der Gegner einstweilen befreit ist, kann ohne vorgängige mündliche Verhandlung[1]) entschieden werden.

[1]) Bei der freiwilligen Gerichtsbarkeit findet eine mündliche Verhandlung nicht statt. Die vorherige Anhörung der Betheiligten unterliegt richterlichem Ermessen; vgl. FGG. § 12 Anm. 3.

§. 127.

Gegen den Beschluß, durch welchen das Armenrecht bewilligt wird, findet kein Rechtsmittel;[1]) gegen den Beschluß, durch welchen das Armenrecht verweigert oder entzogen oder die Nachzahlung von Kosten angeordnet wird, findet die Beschwerde[2]) statt.

[1]) Gilt auch bei der freiwilligen Gerichtsbarkeit; vgl. Einl. S. 15.

[2]) Nach Maßgabe der §§ 19 ff. FGG.; vgl. Einl. S. 15.

Dritter Abschnitt.

Verfahren.

Zweiter Titel.

Zustellungen.[1])

[1]) Bei der freiwilligen Gerichtsbarkeit erfolgen Bekanntmachungen, mit welchen der Lauf einer Frist beginnt nach den Vorschriften der CPO. über die Zustellung von Amtswegen (FGG. § 16 Abs. 2 u. 3, Preuß. FGG. Art. 1), mithin nach §§ 208 ff. der CPO. Die Vorschriften über die Zustellung auf Parteibetrieb werden hier insoweit abgedruckt, als sie mit anwendbar sind (§ 208) oder als ihr Abdruck zum Verständniß erforderlich ist.

I. Zustellungen auf Betreiben der Parteien.

§§. 166–169 — — —.[1])

[1]) Die §§ 166–169, 196—198, 207 betreffen lediglich die Beauftragung des Gerichtsvollziehers durch die Partei oder den sonstigen Prozeßbetrieb durch die Partei.

§. 170.

Die Zustellung besteht, wenn eine Ausfertigung zugestellt werden soll, in deren Uebergabe, in den übrigen Fällen in der Uebergabe einer beglaubigten Abschrift des zuzustellenden Schriftstücks.

Die Beglaubigung geschieht durch den Gerichtsvollzieher, bei den auf Betreiben von Rechtsanwälten oder in Anwaltsprozessen zuzustellenden Schriftstücken durch den Anwalt.[1])

[1]) Bei der freiwilligen Gerichtsbarkeit durch den Gerichtsschreiber, § 210.

§. 171.

Die Zustellungen, welche an eine Partei bewirkt werden sollen, erfolgen für die nicht prozeßfähigen Personen an die gesetzlichen Vertreter derselben.

Bei Behörden, Gemeinden und Korporationen, sowie bei Vereinen, welche als solche klagen und verklagt werden können, genügt die Zustellung an die Vorsteher.

Bei mehreren gesetzlichen Vertretern, sowie bei mehreren Vorstehern genügt die Zustellung an einen derselben.

§. 172.

Die Zustellung für einen Unteroffizier oder einen Gemeinen des aktiven Heeres oder der aktiven Marine erfolgt an den Chef der zunächst vorgesetzten Kommandobehörde (Chef der Kompagnie, Eskadron, Batterie u. s. w.).

§. 173.

Die Zustellung erfolgt an den Generalbevollmächtigten, sowie in den durch den Betrieb eines Handelsgewerbes hervorgerufenen Rechtsstreitigkeiten an den Prokuristen mit gleicher Wirkung, wie an die Partei selbst.

§§. 174, 175 — — —.[1])

[1]) Die §§ 174—179 hängen mit dem technischen Institut des Prozeßbevollmächtigten und mit dem Parteibetrieb zusammen und sind deshalb bei der freiwilligen Gerichtsbarkeit unanwendbar.

§. 176.

Zustellungen, welche in einem anhängigen Rechtsstreite geschehen sollen, müssen an den für die Instanz bestellten Prozeßbevollmächtigten erfolgen.[1])

[1]) Vgl. § 174 Anm. 1. Bei der freiwilligen Gerichtsbarkeit ist es zwar korrekt, Zustellungen an eine Partei, die einen Bevollmächtigten für die ganze Angelegenheit oder speziell für die Empfangnahme der Entscheidung (vgl. § 189 Anm. 1) bestellt hat, zu Händen des Bevollmächtigten ergehen zu lassen. Gültig aber ist die Zustellung auch dann, wenn sie an die Partei erfolgt.

§§. 177—179. — - - —.[1])

[1]) Vgl. § 174 Anm. 1.

§. 180.

Die Zustellungen können an jedem Orte erfolgen, wo die Person, welcher zugestellt werden soll, angetroffen wird.

Hat die Person an diesem Orte eine Wohnung oder ein Geschäftslokal, so ist die außerhalb der Wohnung oder des Geschäftslokals an sie erfolgte Zustellung nur gültig, wenn die Annahme nicht verweigert ist.

§. 181.

Wird die Person, welcher zugestellt werden soll, in ihrer Wohnung nicht angetroffen, so kann die Zustellung in der Wohnung an einen zu der Familie gehörenden erwachsenen Hausgenossen oder an eine in der Familie dienende erwachsene Person erfolgen.

Wird eine solche Person nicht angetroffen, so kann die Zustellung an den in demselben Hause wohnenden Hauswirth oder Vermiether erfolgen, wenn diese zur Annahme des Schriftstücks bereit sind.

§. 182.

Ist die Zustellung nach diesen Bestimmungen nicht ausführbar, so kann sie dadurch erfolgen, daß das zu übergebende Schriftstück auf der Gerichtsschreiberei des Amtsgerichts, in dessen Bezirke der Ort der Zustellung gelegen ist, oder an diesem Orte bei der Postanstalt oder dem Gemeindevorsteher oder dem Polizeivorsteher niedergelegt und die Niederlegung sowohl durch eine an der Thür der Wohnung zu befestigende schriftliche Anzeige, als auch, soweit thunlich, durch mündliche Mittheilung an zwei in der Nachbarschaft wohnende Personen bekannt gemacht wird.

§. 183.

Für Gewerbetreibende, welche ein besonderes Geschäftslokal haben, kann, wenn sie in dem Geschäftslokale nicht angetroffen werden, die Zustellung an einen darin anwesenden Gewerbegehülfen erfolgen.

Wird ein Rechtsanwalt, ein Notar oder ein Gerichtsvollzieher in seinem Geschäftslokale nicht angetroffen, so kann die Zustellung an einen darin anwesenden Gehülfen oder Schreiber erfolgen.

§. 184.

Wird der gesetzliche Vertreter oder der Vorsteher einer Behörde, einer Gemeinde, einer Korporation oder eines Vereins, welchem zugestellt werden soll, in dem Geschäftslokale während der gewöhnlichen Geschäftsstunden nicht angetroffen, oder ist er an der Annahme verhindert, so kann die Zustellung an einen anderen in dem Geschäftslokale anwesenden Beamten oder Bediensteten bewirkt werden.

Wird der gesetzliche Vertreter oder der Vorsteher in seiner Wohnung nicht angetroffen, so finden die Bestimmungen der §§. 181, 182 nur Anwendung, wenn ein besonderes Geschäftslokal nicht vorhanden ist.

§. 185.

Die Zustellung an eine der in den §§. 181, 183 und im §. 184 Abs. 1 bezeichneten Personen hat zu unterbleiben, wenn die Person an dem Rechtsstreit als Gegner der Partei, an welche die Zustellung erfolgen soll,[1]) betheiligt ist.

[1]) Vgl. § 120 Anm. 2.

§. 186.

Wird die Annahme der Zustellung ohne gesetzlichen Grund verweigert, so ist das zu übergebende Schriftstück am Orte der Zustellung zurückzulassen.

§. 187.

Ergiebt sich aus den Erklärungen einer Partei,

daß eine ihr unter Verletzung der Vorschriften der §§. 181—186 zugestellte Ladung in ihre Hände gelangt ist, so ist die Zustellung als mit dem Zeitpunkte bewirkt anzusehen, in welchem die Partei nach ihren Erklärungen die Ladung erhalten hat.

§. 188.

Zur Nachtzeit, sowie an Sonntagen und allgemeinen Feiertagen darf eine Zustellung, sofern sie nicht durch Aufgabe zur Post bewirkt wird, nur mit richterlicher Erlaubniß erfolgen. Die Nachtzeit umfaßt in dem Zeitraume vom 1. April bis 30. September die Stunden von neun Uhr abends bis vier Uhr Morgens und in dem Zeitraume vom 1. Oktober bis 31. März die Stunden von neun Uhr Abends bis sechs Uhr Morgens.

Die Erlaubniß wird von dem Vorsitzenden des Prozeßgerichts[1]) ertheilt; sie kann auch von dem Amtsrichter, in dessen Bezirke die Zustellung erfolgen soll, und in Angelegenheiten, welche durch einen beauftragten oder ersuchten Richter zu erledigen sind, von diesem ertheilt werden.

Die Verfügung, durch welche die Erlaubniß ertheilt wird, ist bei der Zustellung abschriftlich mitzutheilen.

Eine Zustellung, bei welcher die Bestimmungen dieses Paragraphen nicht beobachtet sind, ist gültig, wenn die Annahme nicht verweigert ist.

[1]) Vgl. § 116 Anm. 1.

§. 189.

Ist bei einer Zustellung an den Vertreter mehrerer Betheiligter oder an einen von mehreren Vertretern die Uebergabe der Ausfertigung oder Abschrift eines Schriftstücks erforderlich, so genügt die Uebergabe nur einer Ausfertigung oder Abschrift.

Einem Zustellungsbevollmächtigten mehrerer Betheiligter sind so viele Ausfertigungen oder Abschriften zu übergeben, als Betheiligte vorhanden sind.[1])

[1]) Die Bestellung eines bloßen Zustellungsbevollmächtigten ist auch bei der freiwilligen Gerichtsbarkeit zulässig.

§. 190. — — —[1])

[1]) Betrifft die Zustellung durch den Gerichtsvollzieher in Person. Bei der freiwilligen Gerichtsbarkeit ist die Vorschrift nicht anwendbar; vgl. § 211.

§. 191.[1])

Die Zustellungsurkunde muß enthalten:

1. Ort und Zeit der Zustellung;
2. die Bezeichnung der Person, für welche zugestellt werden soll;
3. die Bezeichnung der Person, an welche zugestellt werden soll;
4. die Bezeichnung der Person, welcher zugestellt ist; in den Fällen der §§. 181, 183, 184 die Angabe des Grundes, durch welchen die Zustellung an die bezeichnete Person gerechtfertigt wird; wenn nach §. 182 verfahren ist, die

Bemerkung, wie die darin enthaltenen Vorschriften befolgt sind;

5. im Falle der Verweigerung der Annahme die Erwähnung, daß die Annahme verweigert und das zu übergebende Schriftstück am Orte der Zustellung zurückgelassen ist;
6. die Bemerkung, daß eine Ausfertigung oder eine beglaubigte Abschrift des zuzustellenden Schriftstücks und daß eine beglaubigte Abschrift der Zustellungsurkunde übergeben ist;
7. die Unterschrift des die Zustellung vollziehenden Beamten.

[1]) Vgl. § 212 mit § 195.

§. 192. — — —[1])

[1]) Betrifft die Zustellung durch Aufgabe zur Post; vgl. § 213.

§. 193.

Zustellungen können auch durch die Post erfolgen.

§. 194 (Abs. 1).

Wird durch die Post zugestellt, so hat der Gerichtsvollzieher[1]) einen durch sein Dienstsiegel verschlossenen, mit der Adresse der Person, an welche zugestellt werden soll, versehenen und mit einer Geschäftsnummer bezeichneten Briefumschlag, in welchem die zuzustellende Ausfertigung oder die beglaubigte Abschrift des zuzustellenden Schriftstücks enthalten ist, der Post mit dem Ersuchen zu übergeben, die

Zustellung einem Postboten des Bestimmungsorts aufzutragen.

(Abs. 2) — — —[2])

[1]) Bei der Zustellung von Amtswegen der Gerichtsschreiber; § 211.

[2]) Vgl. § 211 Abs. 3.

§. 195.

Die Zustellung durch den Postboten[1]) erfolgt in Gemäßheit der Bestimmungen der §§. 180–186.

Ueber die Zustellung ist von dem Postboten eine Urkunde aufzunehmen, welche den Bestimmungen des §. 191 Nr. 1, 3–5, 7 entsprechen und außerdem die Uebergabe des seinem Verschlusse, seiner Adresse und seiner Geschäftsnummer nach bezeichneten Briefumschlags, sowie der Abschrift der Zustellungsurkunde[2]) bezeugen muß.

Die Urkunde ist von dem Postboten der Postanstalt und von dieser dem Gerichtsvollzieher[3]) zu überliefern, welcher mit derselben in Gemäßheit der Bestimmung des §. 190 Abs. 4 zu verfahren hat.[4])

[1]) Oder durch den Gerichtsdiener; vgl. §§ 208, 211, 212.

[2]) Diese fällt bei der Zustellung von Amtswegen fort, § 212.

[3]) Bei der Zustellung von Amtswegen: dem Gerichtsschreiber; § 212 Abs. 2.

[4]) Danach soll die Urkunde dem Auftraggeber übermittelt werden. Bei der Zustellung von Amtswegen wird die Urkunde Bestandtheil der Akten.

§§. 196–198. — — —[1])

[1]) Vgl. § 166 Anm. 1.

§. 199.

Eine im Auslande zu bewirkende Zustellung erfolgt[1]) mittels Ersuchens der zuständigen Behörde des fremden Staates oder des in diesem Staate residirenden Konsuls oder Gesandten des Reichs.

[1]) Sofern nicht durch die Landesjustizverwaltung eine einfachere Form angeordnet ist; FGG. § 16 Abs. 2.

§. 200.

Zustellungen an Deutsche, welche das Recht der Exterritorialität genießen,[1]) erfolgen,[2]) wenn dieselben zur Mission des Reichs gehören, mittels Ersuchens des Reichskanzlers; wenn dieselben zur Mission eines Bundesstaates gehören, mittels Ersuchens des Ministers der auswärtigen Angelegenheiten dieses Bundesstaates.

Zustellungen an die Vorsteher der Reichskonsulate erfolgen mittels Ersuchens des Reichskanzlers.

[1]) Vgl. FGG. § 8 Anm. 5.
[2]) Vgl. § 199 Anm. 1.

§. 201.

Zustellungen an Personen, welche zu einem im Auslande befindlichen oder zu einem mobilen Truppentheile oder zur Besatzung eines in Dienst gestellten Kriegsfahrzeuges gehören, können mittels Ersuchens der vorgesetzten Kommandobehörde erfolgen.

§. 202.

Die erforderlichen Ersuchungsschreiben werden von dem Vorsitzenden des Prozeßgerichts[1]) erlassen.

Die Zustellung wird durch das schriftliche Zeugniß der ersuchten Behörden oder Beamten, daß die Zustellung erfolgt sei, nachgewiesen.

[1]) Vgl. § 116 Anm. 1.

§. 203.

Ist der Aufenthalt einer Partei unbekannt, so kann die Zustellung durch öffentliche Bekanntmachung erfolgen.[1])

Die öffentliche Zustellung ist auch dann zulässig, wenn bei einer im Auslande zu bewirkenden Zustellung die Befolgung der für diese bestehenden Vorschriften unausführbar ist oder keinen Erfolg verspricht.

Das Gleiche gilt, wenn die Zustellung aus dem Grunde nicht bewirkt werden kann, weil die Wohnung einer nach den §§. 18, 19 des Gerichtsverfassungsgesetzes der Gerichtsbarkeit nicht unterworfenen Person der Ort der Zustellung ist.

[1]) Eine Ausnahme s. FGG. § 89 Satz 2.

§. 204.

Die öffentliche Zustellung wird, nachdem sie auf ein Gesuch der Partei[1]) vom Prozeßgerichte[2]) bewilligt ist, durch den Gerichtsschreiber von Amtswegen besorgt. Die Entscheidung über das Gesuch kann ohne vorgängige mündliche Verhandlung[3]) erlassen werden.

Die öffentliche Zustellung erfolgt durch Anheftung der zuzustellenden Ausfertigung oder einer beglaubigten Abschrift des zuzustellenden Schriftstücks an die Gerichtstafel. Enthält das Schriftstück eine Ladung,[4] so ist außerdem die zweimalige Einrückung eines Auszugs des Schriftstücks in dasjenige Blatt, welches für den Sitz des Prozeßgerichts[5] zur Veröffentlichung der amtlichen Bekanntmachungen bestimmt ist, sowie die einmalige Einrückung des Auszugs in den Deutschen Reichsanzeiger erforderlich.

Das Prozeßgericht kann anordnen, daß der Auszug noch in andere Blätter und zu mehreren Malen eingerückt werde.

[1]) Bei der freiwilligen Gerichtsbarkeit von Amtswegen.

[2]) Hier: von dem mit der Sache befaßten Gericht.

[3]) Vgl. § 126 Anm. 1.

[4]) Ohne weiteres anwendbar nur auf solche Ladungen, mit deren Zustellung eine Frist beginnt; vgl. die Vorbemerkung vor § 166 und FGG. § 16 Anm. 10, für die öffentliche Zustellung anderer Ladungen nur nach Maßgabe der Anordnungen der Landesjustizverwaltung (FGG. § 16 Abs. 2 a. E.); vgl. für Preußen Allg. Verf. v. 10. Dezember 1899 § 2 Abs. 2 (Anlage VI).

[5]) Siehe Anm. 2.

§. 205.

In dem Auszuge des Schriftstücks müssen das Prozeßgericht,[1]) die Parteien,[2]) der Gegenstand des Prozesses,[3]) der Antrag,[4]) der Zweck der Ladung und die Zeit, zu welcher der Geladene erscheinen soll, bezeichnet werden.

[1]) § 204 Anm. 2.

[2]) § 120 Anm. 2.

[3]) Hier: der betreffenden Angelegenheit.

4) Beim Verfahren von Amtswegen tritt an die Stelle der Zweck des Verfahrens.

§. 206.

Das eine Ladung enthaltende Schriftstück gilt als an dem Tage zugestellt, an welchem seit der letzten Einrückung des Auszugs in die öffentlichen Blätter ein Monat verstrichen ist. Das Prozeßgericht[1]) kann bei Bewilligung der öffentlichen Zustellung den Ablauf einer längeren Frist für erforderlich erklären.

Enthält das Schriftstück keine Ladung, so ist dasselbe als zugestellt anzusehen, wenn seit der Anheftung des Schriftstücks an die Gerichtstafel zwei Wochen verstrichen sind.

Auf die Gültigkeit der Zustellung hat es keinen Einfluß, wenn das anzuheftende Schriftstück von dem Orte der Anheftung zu früh entfernt wird.

1) § 204 Anm. 2.

§. 207. — — —[1])

1) Vgl. § 166 Anm. 1.

II. Zustellungen von Amtswegen.[1])

1) Vgl. FGG. § 16 Abs. 2. Preuß. FGG. Art. 1.

§. 208.

Auf die von Amtswegen zu bewirkenden Zustellungen finden die Vorschriften über die Zustellungen auf Betreiben der Parteien entsprechende Anwendung, soweit nicht aus den nachfolgenden Bestimmungen sich Abweichungen ergeben.

§. 209.

Für die Bewirkung der Zustellung hat der Gerichtsschreiber Sorge zu tragen.

§. 210.

Die Beglaubigung der bei der Zustellung zu übergebenden Abschrift geschieht durch den Gerichtsschreiber.

§. 211.

Der Gerichtsschreiber hat das zu übergebende Schriftstück in einem durch das Gerichtssiegel verschlossenen, mit der Adresse der Person, an welche zugestellt werden soll, versehenen und mit einer Geschäftsnummer bezeichneten Briefumschlag einem Gerichtsdiener oder der Post zur Zustellung auszuhändigen. Auf den Briefumschlag ist der Vermerk zu setzen: Vereinfachte Zustellung.

Die auf dem Briefumschlag angegebene Geschäftsnummer ist in den Akten zu vermerken.

Die Vorschrift des §. 194 Abs. 2 findet keine Anwendung.

§. 212.

Die Beurkundung der Zustellung durch den Gerichtsdiener oder den Postboten erfolgt nach den Vorschriften des §. 195 Abs. 2[1]) mit der Maßgabe, daß eine Abschrift der Zustellungsurkunde nicht zu übergeben, der Tag der Zustellung jedoch auf dem Briefumschlage zu vermerken ist.

Die Zustellungsurkunde ist dem Gerichtsschreiber zu überliefern.

[1]) Die Zustellung selbst erfolgt nach § 195 Abs. 1.

§. 213.

Ist die Zustellung durch Aufgabe zur Post (§. 175) erfolgt,[1]) so hat der Gerichtsschreiber in den Akten zu vermerken, zu welcher Zeit und unter welcher Adresse die Aufgabe geschehen ist. Der Aufnahme einer Zustellungsurkunde bedarf es nicht.

[1]) Die Voraussetzungen einer Zustellung durch Aufgabe zur Post liegen bei der freiwilligen Gerichtsbarkeit nicht vor, es sei denn, daß solche gemäß FGG. § 16 Abs. 2 von der Landesjustizverwaltung angeordnet werden sollte.

Zweites Buch.

Verfahren in erster Instanz.

Erster Abschnitt.

Verfahren vor den Landgerichten.[1])

[1]) Die — hier abgedruckten — Vorschriften über die Beweisaufnahme gelten auch für das Verfahren vor den Amtsgerichten, soweit nicht „aus der Verfassung der Amtsgerichte sich Abweichungen ergeben", CPO. § 495.

Siebenter Titel.

Zeugenbeweis.[1])

[1]) Vgl. FGG. § 15. Preuß. FGG. Art. 1 mit Anm. 7. Als Zeuge kann vernommen werden, wer nicht zu den „Betheiligten" (FGG. § 6 Anm. 4) gehört.

§. 373.

Die Antretung des Zeugenbeweises erfolgt durch die Benennung der Zeugen und die Bezeichnung der Thatsachen, über welche die Vernehmung der Zeugen stattfinden soll.[1])

[1]) Die §§ 373, 374, 379, 391 Abs. 2, 399, 403, 404 Abs. 4 sind mit dem Offizialverfahren (FGG. § 12) nicht vereinbar und deshalb bei der freiwilligen Gerichtsbarkeit nicht anzuwenden.

§. 374.

Die Vernehmung neuer Zeugen, welche nach Erlassung eines Beweisbeschlusses bezüglich der in demselben bezeichneten streitigen Thatsachen benannt werden, ist auf Antrag zurückzuweisen, wenn durch die Vernehmung die Erledigung des Rechtsstreites verzögert werden würde und das Gericht die Ueberzeugung gewinnt, daß die Partei in der Absicht, den Prozeß zu verschleppen, oder aus grober Nachlässigkeit die Zeugen nicht früher benannt hat.[1])

[1]) Vgl. § 373 Anm. 1.

§. 375.

Die Aufnahme des Zeugenbeweises kann einem Mitgliede des Prozeßgerichts oder einem anderen Gericht übertragen werden:[1])

1. wenn zur Ausmittelung der Wahrheit die Vernehmung des Zeugen an Ort und Stelle dienlich erscheint;
2. wenn die Beweisaufnahme vor dem Prozeß-

gericht erheblichen Schwierigkeiten unterliegen würde;

3. wenn der Zeuge verhindert ist, vor dem Prozeßgerichte zu erscheinen;
4. wenn der Zeuge in großer Entfernung von dem Sitze des Prozeßgerichts sich aufhält.

Die Landesherren und die Mitglieder der landesherrlichen Familien sowie die Mitglieder der Fürstlichen Familie Hohenzollern sind durch ein Mitglied des Prozeßgerichts oder durch ein anderes Gericht in ihrer Wohnung zu vernehmen. Das Gleiche gilt in Ansehung der Mitglieder des vormaligen Hannoverschen Königshauses, des vormaligen Kurhessischen und des vormaligen Herzoglich Nassauischen Fürstenhauses.

[1]) Ueber die Beeidung in diesem Falle vgl. § 400 Anm. 1.

§. 376.

Oeffentliche Beamte, auch wenn sie nicht mehr im Dienste sind, dürfen über Umstände, auf welche sich ihre Pflicht zur Amtsverschwiegenheit bezieht, als Zeugen nur mit Genehmigung ihrer vorgesetzten Dienstbehörde oder der ihnen zuletzt vorgesetzt gewesenen Dienstbehörde vernommen werden. Für den Reichskanzler bedarf es der Genehmigung des Kaisers, für die Minister der Genehmigung des Landesherrn, für die Mitglieder der Senate der freien Hansestädte der Genehmigung des Senats.

Die Genehmigung darf nur versagt werden,

wenn die Ablegung des Zeugnisses dem Wohle des Reichs oder eines Bundesstaates Nachtheil bereiten würde.

Die Genehmigung ist durch das Prozeßgericht[1]) einzuholen und dem Zeugen bekannt zu machen.

[1]) Bei der freiwilligen Gerichtsbarkeit durch das mit der Angelegenheit befaßte Gericht (im Gegensatz namentlich zum ersuchten Gericht).

§. 377.

Die Ladung der Zeugen ist von dem Gerichtsschreiber unter Bezugnahme auf den Beweisbeschluß[1]) auszufertigen und von Amtswegen zuzustellen.

Die Ladung muß enthalten:

1. die Bezeichnung der Parteien;[2])
2. den Gegenstand der Vernehmung;
3. die Anweisung, zur Ablegung des Zeugnisses bei Vermeidung der durch das Gesetz angedrohten Strafen in dem nach Zeit und Ort zu bezeichnenden Termine zu erscheinen.

[1]) Falls ein solcher erlassen ist, sonst unter Bezug auf die richterliche Anordnung.

[2]) Hier: die Bezeichnung der Angelegenheit.

§. 378.

Die Ladung einer dem aktiven Heere oder der aktiven Marine angehörenden Person des Soldatenstandes als Zeuge erfolgt durch Ersuchen der Militärbehörde.

§. 379.

Das Gericht kann die Ladung davon abhängig

machen, daß der Beweisführer einen Vorschuß zur Deckung der Staatskasse wegen der durch die Vernehmung des Zeugen erwachsenden Auslagen hinterlegt.

Erfolgt die Hinterlegung nicht binnen der bestimmten Frist, so unterbleibt die Ladung, wenn di Hinterlegung nicht so zeitig nachgeholt wird, daß die Vernehmung ohne Verzögerung des Verfahrens erfolgen kann.[1])

[1]) Vgl. § 378 Anm. 1.

§. 380.[1])

Ein ordnungsmäßig geladener Zeuge, welcher nicht erscheint, ist, ohne daß es eines Antrags bedarf, in die durch das Ausbleiben verursachten Kosten sowie zu einer Geldstrafe bis zu dreihundert Mark und für den Fall, daß diese nicht beigetrieben werden kann, zur Strafe der Haft bis zu sechs Wochen zu verurtheilen.

Im Falle wiederholten Ausbleibens ist die Strafe noch einmal zu erkennen, auch kann die zwangsweise Vorführung des Zeugen angeordnet werden.

Gegen diese Beschlüsse findet die Beschwerde statt.[2])

Die Festsetzung und die Vollstreckung der Strafe gegen eine dem aktiven Heere oder der aktiven Marine angehörenden Militärperson erfolgt auf Ersuchen durch das Militärgericht, die Vorführung einer solchen Person durch Ersuchen der Militärbehörde.

1) § 380 behandelt den Zeugnißzwang. Derselbe darf bei der freiwilligen Gerichtsbarkeit nur angewendet werden, wenn die Feststellung der durch das Zeugniß zu ermittelnden Thatsachen gesetzlich zu den Aufgaben des betreffenden Verfahrens gehört, wie z. B. bei der Feststellung derjenigen Thatsachen, von denen die Einleitung einer Vormundschaft abhängt, nicht aber zum Behuf bloßer Vorbereitung oder Vermeidung von Prozessen, also z. B. nicht um die ausstehenden Forderungen eines Mündels festzustellen, um den außerehelichen Vater eines Mündels zu ermitteln und dergl. Bei solchen rein privatrechtlichen Ansprüchen hat der Mündel keine andere Stellung als jeder Privatmann bei der Vorbereitung seiner Prozesse.

2) Nach §§ 19 ff. des FGG. bez. Art. 4 ff. des Preuß. F.G.G.; vergl. Einleitung S. 15.

§. 381.

Die Verurtheilung in Strafe und Kosten sowie die Anordnung der zwangsweisen Vorführung unterbleiben, wenn das Ausbleiben des Zeugen genügend entschuldigt ist. Erfolgt nachträglich genügende Entschuldigung, so werden die gegen den Zeugen getroffenen Anordnungen wieder aufgehoben.

Die Anzeigen und Gesuche des Zeugen können schriftlich oder zum Protokolle des Gerichtsschreibers oder mündlich in dem zur Vernehmung bestimmten neuen Termine angebracht werden.

§. 382.

Der Reichskanzler, die Minister eines Bundesstaates, die Mitglieder der Senate der freien Hansestädte, die Vorstände der obersten Reichsbehörden und die Vorstände der Ministerien sind an ihrem Amtssitze oder, wenn sie sich außerhalb desselben aufhalten, an ihrem Aufenthaltsorte zu vernehmen.

Die Mitglieder des Bundesraths sind während ihres Aufenthalts am Sitze des Bundesraths an diesem Sitze, die Mitglieder einer deutschen gesetzgebenden Versammlung während der Sitzungsperiode und ihres Aufenthaltes am Orte der Versammlung an diesem Orte zu vernehmen.

Zu einer Abweichung von den vorstehenden Bestimmungen bedarf es:

in Betreff des Reichskanzlers der Genehmigung des Kaisers,

in Betreff der Minister und der Mitglieder des Bundesraths der Genehmigung des Landesherrn,

in Betreff der Mitglieder der Senate der freien Hansestädte der Genehmigung des Senats,

in Betreff der übrigen vorbezeichneten Beamten der Genehmigung ihres unmittelbaren Vorgesetzten,

in Betreff der Mitglieder einer gesetzgebenden Versammlung der Genehmigung der letzteren.

§. 383.

Zur Verweigerung des Zeugnisses sind beberechtigt:

1. der Verlobte einer Partei;[1])
2. der Ehegatte einer Partei, auch wenn die Ehe nicht mehr besteht;
3. diejenigen, welche mit einer Partei in gerader Linie verwandt, verschwägert oder durch Adoption verbunden, oder in der Seitenlinie bis zum dritten Grade verwandt oder bis zum zweiten Grade verschwägert sind,[2]) auch wenn die Ehe, durch welche die Schwägerschaft begründet ist, nicht mehr besteht;
4. Geistliche in Ansehung desjenigen, was ihnen bei der Ausübung der Seelsorge anvertraut ist;
5. Personen, welchen kraft ihres Amtes, Standes oder Gewerbes Thatsachen anvertraut sind, deren Geheimhaltung durch die Natur derselben oder durch gesetzliche Vorschrift geboten ist, in Betreff der Thatsachen, auf welche die Verpflichtung zur Verschwiegenheit sich bezieht.

Die unter Nr. 1—3 bezeichneten Personen sind vor der Vernehmung über ihr Recht zur Verweigerung des Zeugnisses zu belehren.

Die Vernehmung der Nr. 4, 5 bezeichneten Personen ist, auch wenn das Zeugniß nicht verweigert wird, auf Thatsachen nicht zu richten, in Ansehung welcher erhellt, daß ohne Verletzung der Verpflichtung zur Verschwiegenheit ein Zeugniß nicht abgelegt werden kann.

[1]) An die Stelle der Partei tritt hier der „Betheiligte". Ueber den Begriff vgl. FGG. § 6 Anm. 4.

[2]) BGB. §§ 1589, 1590; vgl. FGG. § 57 Anm. 2.

§. 384.

Das Zeugniß kann verweigert werden:[1])

1. über Fragen, deren Beantwortung dem Zeugen oder einer Person, zu welcher derselbe in einem der im §. 383 Nr. 1—3 bezeichneten Verhältnisse steht, einen unmittelbaren vermögensrechtlichen Schaden verursachen würde;
2. über Fragen, deren Beantwortung dem Zeugen oder einem der im §. 383 Nr. 1—3 bezeichneten Angehörigen desselben zur Unehre gereichen oder die Gefahr strafgerichtlicher Verfolgung zuziehen würde;
3. über Fragen, welche der Zeuge nicht würde beantworten können, ohne ein Kunst- oder Gewerbegeheimniß zu offenbaren.

[1]) Außer dem Falle des § 384 kann das Zeugniß verweigert werden, wenn die beabsichtigte Ermittelung nicht zum Geschäftskreis der freiwilligen Gerichtsbarkeit gehört; vgl. § 380 Anm. 1.

§. 385.

In den Fällen des §. 383 Nr. 1—3 und des §. 384 Nr. 1 darf der Zeuge das Zeugniß nicht verweigern:

1. über die Errichtung und den Inhalt eines Rechtsgeschäfts, bei dessen Errichtung er als Zeuge zugezogen war;

2. über Geburten, Verheirathungen oder Sterbefälle von Familiengliedern;
3. über Thatsachen, welche die durch das Familienverhältniß bedingten Vermögensangelegenheiten betreffen;
4. über diejenigen auf das streitige Rechtsverhältniß sich beziehenden Handlungen, welche von ihm selbst als Rechtsvorgänger oder Vertreter einer Partei vorgenommen sein sollen.

Die im §. 383 Nr. 4, 5 bezeichneten Personen dürfen das Zeugniß nicht verweigern, wenn sie von der Verpflichtung zur Verschwiegenheit entbunden sind.

§. 386.

Der Zeuge, welcher das Zeugniß verweigert, hat vor dem zu seiner Vernehmung bestimmten Termine schriftlich oder zum Protokolle des Gerichtsschreibers oder in diesem Termine die Thatsachen, auf welche er die Weigerung gründet, anzugeben und glaubhaft zu machen.[1])

Zur Glaubhaftmachung genügt in den Fällen des §. 383 Nr. 4, 5 die mit Berufung auf einen geleisteten Diensteid abgegebene Versicherung.

Hat der Zeuge seine Weigerung schriftlich oder zum Protokolle des Gerichtsschreibers erklärt, so ist er nicht verpflichtet, in dem zu seiner Vernehmung bestimmten Termine zu erscheinen.

Von dem Eingange einer Erklärung des Zeugen oder von der Aufnahme einer solchen zum Protokolle hat der Gerichtsschreiber die Parteien[2]) zu benachrichtigen.

[1]) FGG. § 15 Abs. 2.

[2]) Hier die Betheiligten, insoweit sie im Verfahren zuzuziehen sind.

§. 387.

Ueber die Rechtmäßigkeit der Weigerung wird von dem Prozeßgerichte[1]) nach Anhörung der Parteien[2]) entschieden.

Der Zeuge ist nicht verpflichtet, sich durch einen Anwalt vertreten zu lassen.

Gegen das Zwischenurtheil[3]) findet sofortige Beschwerde[4]) statt.

[1]) § 376 Anm. 1.

[2]) § 388 Anm. 1. Eine Anhörung der Betheiligten ist bei der freiwilligen Gerichtsbarkeit nur erforderlich, wenn es sich um eine Vernehmung auf Antrag handelt. War die Vernehmung lediglich von Amtswegen beschlossen (FGG. § 12), so handelt es sich um einen Streit zwischen dem Gericht und dem Zeugen, bei welchem eine Anhörung der Betheiligten nicht obligatorisch ist. In diesem Falle ergeht eine Entscheidung überhaupt nur dann, wenn das Gericht die Weigerung für unrechtmäßig hält. Im entgegengesetzten Falle verzichtet das Gericht kurzer Hand auf die Vernehmung.

[3]) Bei der freiwilligen Gerichtsbarkeit ergeht die Entscheidung in Form der Verfügung. Eine mündliche Verhandlung im Sinne der CPO. findet nicht statt. Die Entscheidung kann im Termin verkündet oder schriftlich erlassen werden. (FGG. § 16.)

[4]) Nach § 22 des FGG., nicht nach der CPO. (s. Einl. S. 15). Die Legitimation zur Beschwerde richtet

sich nach FGG. §§ 20, 57ff., 82, 126. Wer danach zur Beschwerde gegen die Entscheidung über die Hauptsache berechtigt sein würde, kann auch gegen die Entscheidung über die Zeugnißweigerung Beschwerde einlegen, wenn durch die Weigerung die Entscheidung in der Hauptsache zu seinen Ungunsten würde beeinträchtigt werden können.

§. 388.

Hat der Zeuge seine Weigerung schriftlich oder zum Protokolle des Gerichtsschreibers erklärt und ist er in dem Termine nicht erschienen, so hat auf Grund seiner Erklärungen ein Mitglied des Prozeßgerichts Bericht zu erstatten.[1])

[1]) § 388 ist nicht anwendbar; vgl. § 387 Anm. 3.

§. 389.

Erfolgt die Weigerung vor einem beauftragten oder ersuchten Richter, so sind die Erklärungen des Zeugen, wenn sie nicht schriftlich oder zum Protokolle des Gerichtsschreibers abgegeben sind, nebst den Erklärungen der Parteien in das Protokoll aufzunehmen.

Zur mündlichen Verhandlung vor dem Prozeßgerichte werden der Zeuge und die Parteien von Amtswegen geladen.[1])

Auf Grund der von dem Zeugen und den Parteien abgegebenen Erklärungen hat ein Mitglied des Prozeßgerichts Bericht zu erstatten. Nach dem Vortrage des Berichterstatters können der Zeuge und die Parteien zur Begründung ihrer Anträge das

Wort nehmen; neue Thatsachen oder Beweismittel dürfen nicht geltend gemacht werden.[2])

[1]) Abs. 2 und 3 sind nicht anwendbar. Die Entscheidung erfolgt auf Grund des Protokolls des beauftragten oder ersuchten Richters; vgl. § 387 Anm. 8. Insoweit die Betheiligten zu hören sind (§ 387 Anm. 2), unterliegt die Form der Anhörung richterlichem Ermessen.

[2]) Vgl. Anm. 1. Auch der letzte Satz erscheint mit Rücksicht auf das Offizialprinzip (FGG. § 12) nicht anwendbar.

§. 390.

Wird das Zeugniß oder die Eidesleistung ohne Angabe eines Grundes oder, nachdem der vorgeschützte Grund rechtskräftig für unerheblich erklärt ist, verweigert, so ist der Zeuge, ohne daß es eines Antrags bedarf, in die durch die Weigerung verursachten Kosten sowie zu einer Geldstrafe bis zu dreihundert Mark und für den Fall, daß diese nicht beigetrieben werden kann, zur Strafe der Haft bis zu sechs Wochen zu verurtheilen.

Im Falle wiederholter Weigerung ist auf Antrag[1]) zur Erzwingung des Zeugnisses die Haft anzuordnen, jedoch nicht über den Zeitpunkt der Beendigung des Prozesses in der Instanz hinaus.[2]) Die Vorschriften über die Haft im Zwangsvollstreckungsverfahren[3]) finden entsprechende Anwendung.

Gegen diese Beschlüsse findet die Beschwerde statt.[4])

Die Festsetzung und die Vollstreckung der Strafe gegen eine dem aktiven Heere oder der aktiven Marine angehörende Militärperson erfolgt auf Ersuchen durch das Militärgericht.

[1]) Hier von Amtswegen, FGG. § 12.

[2]) Das heißt: sobald diejenige Entscheidung, zu deren Behufe der Zeuge vernommen werden soll, in der Instanz erlassen ist, findet kein Zwang gegen den Zeugen mehr statt.

[3]) §§ 904 ff (s unten). § 911, welcher die Verpflichtung des Gläubigers zur Vorauszahlung der Verpflegungskosten betrifft, findet keine Anwendung, s Anm. 1.

[4]) Vgl. § 380 Anm. 2

§. 391.

Jeder Zeuge ist einzeln und vor seiner Vernehmung zu beeidigen; die Beeidigung kann jedoch aus besonderen Gründen, namentlich wenn Bedenken gegen ihre Zulässigkeit obwalten, bis nach Abschluß der Vernehmung ausgesetzt werden [1])

Die Parteien können auf die Beeidigung verzichten.[2])

[1]) Die Beeidung steht im Ermessen des Gerichts (FGG. § 15). Mithin kann von der Vorbeeidung auch ohne besondere Gründe abgesehen werden

[2]) Abs 2 ist nicht anwendbar; vgl. § 373 Anm. 1

§. 392.

Der vor der Vernehmung zu leistende Eid lautet:

„daß Zeuge nach bestem Wissen die reine

Wahrheit sagen, nichts verschweigen und nichts hinzusetzen werde",

der nach der Vernehmung zu leistende Eid lautet:

„daß Zeuge nach bestem Wissen die reine Wahrheit gesagt, nichts verschwiegen und nichts hinzugesetzt habe".

§. 393.

Unbeeidigt sind zu vernehmen:

1. Personen, welche zur Zeit der Vernehmung das sechzehnte Lebensjahr noch nicht vollendet oder wegen mangelnder Verstandesreife oder wegen Verstandesschwäche von dem Wesen und der Bedeutung des Eides keine genügende Vorstellung haben;
2. Personen, welche nach den Bestimmungen der Strafgesetze[1]) unfähig sind, als Zeugen eidlich vernommen zu werden;
3. die nach §. 383 Nr. 1—3 und §. 384 Nr. 1, 2 zur Verweigerung des Zeugnisses berechtigten Personen, sofern sie von diesem Rechte keinen Gebrauch machen, die im §. 384 Nr. 1, 2 bezeichneten Personen jedoch nur dann, wenn sie lediglich über solche Thatsachen vorgeschlagen sind,[2]) auf welche sich das Recht zur Verweigerung des Zeugnisses bezieht;
4. Personen, welche bei dem Ausgange des Rechtsstreits[3]) unmittelbar betheiligt sind.

Das Prozeßgericht kann die nachträgliche Beeidigung der unter den beiden letzten Nummern bezeichneten Personen anordnen.

[1]) StGB. § 161.

[2]) Oder nach der Absicht des Gerichts (FGG. § 12) vernommen werden sollen.

[3]) Hier: der Angelegenheit, um die es sich handel.

§. 394.

Jeder Zeuge ist einzeln und in Abwesenheit der später abzuhörenden Zeugen zu vernehmen.

Zeugen, deren Aussagen sich widersprechen, können einander gegenübergestellt werden.

§. 395.

Die Vernehmung beginnt damit, daß der Zeuge über Vornamen und Zunamen, Alter, Religionsbekenntniß, Stand oder Gewerbe und Wohnort befragt wird. Erforderlichen Falls sind ihm Fragen über solche Umstände, welche seine Glaubwürdigkeit in der vorliegenden Sache betreffen, insbesondere über seine Beziehungen zu den Parteien[1]) vorzulegen.

[1]) § 383 Anm. 1.

§. 396.

Der Zeuge ist zu veranlassen, dasjenige, was ihm von dem Gegenstande seiner Vernehmung bekannt ist, im Zusammenhange anzugeben.

Zur Aufklärung und zur Vervollständigung der Aussage sowie zur Erforschung des Grundes, auf welchem die Wissenschaft des Zeugen beruht, sind nöthigen Falls weitere Fragen zu stellen.

Der Vorsitzende hat jedem Mitgliede des Gerichts auf Verlangen zu gestatten, Fragen zu stellen.

§. 397.

Die Parteien[1]) sind berechtigt, dem Zeugen diejenigen Fragen vorlegen zu lassen, welche sie zur Aufklärung der Sache oder der Verhältnisse des Zeugen für dienlich erachten.

Der Vorsitzende kann den Parteien gestatten, und hat ihren Anwälten auf Verlangen zu gestatten, an den Zeugen unmittelbar Fragen zu richten.

Zweifel über die Zulässigkeit einer Frage entscheidet das Gericht.

[1]) Hier die Betheiligten; § 383 Anm. 1. Der Satz des § 357 der CPO. („Den Parteien ist gestattet, der Beweisaufnahme beizuwohnen") gilt danach auch bei der freiwilligen Gerichtsbarkeit. Die Betheiligten müssen deshalb zu den Beweisterminen geladen werden, auch wenn ihre Anhörung sonst nicht vorgeschrieben ist. Inwieweit bei bloßen Vorermittelungen ein Betheiligter bereits als vorhanden anzusehen ist, bestimmt sich nach den Umständen des Falles und nach dem Zweck der betreffenden Ermittelung.

§. 398.

Das Prozeßgericht kann nach seinem Ermessen die wiederholte Vernehmung eines Zeugen anordnen.

Hat ein beauftragter oder ersuchter Richter bei der Vernehmung die Stellung der von einer Partei angeregten Frage verweigert, so kann das Prozeßgericht die nachträgliche Vernehmung des Zeugen über diese Frage anordnen.

Bei der wiederholten oder der nachträglichen Vernehmung kann der Richter statt der nochmaligen Beeidigung den Zeugen die Richtigkeit seiner Aussage unter Berufung auf den früher geleisteten Eid versichern lassen.

§. 399.[1])

Die Partei kann auf einen Zeugen, welchen sie vorgeschlagen hat, verzichten, der Gegner kann aber verlangen, daß der erschienene Zeuge vernommen und, wenn die Vernehmung bereits begonnen hat, daß dieselbe fortgesetzt werde.

[1]) Nicht anwendbar; vgl. 373 Anm. 1.

§. 400.

Der mit der Beweisaufnahme betraute Richter ist ermächtigt, im Falle des Nichterscheinens oder der Zeugnißverweigerung die gesetzlichen Verfügungen zu treffen, auch dieselben, soweit dieses überhaupt zulässig ist, selbst nach Erledigung des Auftrags wieder aufzuheben, über die Zulässigkeit einer dem Zeugen vorgelegten Frage vorläufig zu entscheiden und die nochmalige Vernehmung eines Zeugen vorzunehmen.[1])

[1]) Die Entschließung über die Beeidung (FGG. § 15 Satz 2) steht dem ersuchten Richter nicht zu. Geht das Ersuchen nicht auf Beeidung, so muß er die letztere dem ersuchenden Gericht vorbehalten. Dasselbe gilt für den beauftragten Richter (auch beim Familienrath).

§. 401.

Jeder Zeuge hat nach Maßgabe der Gebührenordnung[1]) auf Entschädigung für Zeitversäumniß und, wenn sein Erscheinen eine Reise erforderlich macht, auf Erstattung der Kosten Anspruch, welche durch die Reise und den Aufenthalt am Orte der Vernehmung verursacht werden.

[1]) Die Gebührenordnung für Zeugen und Sachverständige (Fassung v. 20. Mai 1898; RGBl. S. 689) findet danach auch bei der freiwilligen Gerichtsbarkeit Anwendung.

Achter Titel.

Beweis durch Sachverständige.[1])

[1]) Vgl. Anm. 1 zu Tit. 7 (oben S. 310).

§. 402.

Auf den Beweis durch Sachverständige finden die Vorschriften über den Beweis durch Zeugen entsprechende Anwendung, insoweit nicht in den nachfolgenden Paragraphen abweichende Bestimmungen enthalten sind.

§. 403.

Die Antretung des Beweises erfolgt durch die Bezeichnung der zu begutachtenden Punkte.[1])

[1]) Vgl. § 373 Anm. 1.

§. 404.

Die Auswahl der zuzuziehenden Sachverständigen und die Bestimmung ihrer Anzahl erfolgt durch das Prozeßgericht. Dasselbe kann sich auf die Ernennung eines einzigen Sachverständigen beschränken. Es kann an Stelle der zuerst ernannten Sachverständigen andere ernennen.

Sind für gewisse Arten von Gutachten Sachverständige öffentlich bestellt, so sollen andere Personen nur dann gewählt werden, wenn besondere Umstände es erfordern.

Das Gericht kann die Parteien[1]) auffordern, Personen zu bezeichnen, welche geeignet sind, als Sachverständige vernommen zu werden.

Einigen sich die Parteien über bestimmte Personen als Sachverständige, so hat das Gericht dieser Einigung Folge zu geben; das Gericht kann jedoch die Wahl der Parteien auf eine bestimmte Anzahl beschränken.[2])

1) § 383 Anm. 1.

2) Abs. 4 ist nicht anwendbar; § 378 Anm. 1.

§. 405.

Das Prozeßgericht kann den mit der Beweisaufnahme betrauten Richter zur Ernennung der Sachverständigen ermächtigen. Derselbe hat in diesem Falle die in dem vorstehenden Paragraphen dem Prozeßgerichte beigelegten Befugnisse auszuüben.

§. 406.

Ein Sachverständiger kann aus denselben Gründen, welche zur Ablehnung eines Richters berechtigen,[1]) abgelehnt werden.[2]) Ein Ablehnungsgrund kann jedoch nicht daraus entnommen werden, daß der Sachverständige als Zeuge vernommen worden ist.[3])

Das Ablehnungsgesuch ist bei demjenigen Gericht oder Richter, von welchem die Ernennung des Sachverständigen erfolgt ist, vor der Vernehmung desselben, bei schriftlicher Begutachtung vor erfolgter Einreichung des Gutachtens anzubringen. Nach diesem Zeitpunkt ist die Ablehnung nur dann zulässig, wenn glaubhaft gemacht wird,[4]) daß der Ablehnungsgrund vorher nicht geltend gemacht werden konnte. Das Ablehnungsgesuch kann vor dem Gerichtsschreiber zu Protokoll erklärt werden.

Der Ablehnungsgrund ist glaubhaft zu machen; zur Versicherung an Eidesstatt darf die Partei nicht zugelassen werden.

Die Entscheidung erfolgt von dem im zweiten Absatze bezeichneten Gericht oder Richter; eine vorgängige mündliche Verhandlung der Betheiligten ist nicht erforderlich.[5])

Gegen den Beschluß, durch welchen die Ablehnung für begründet erklärt wird, findet kein Rechtsmittel;[6]) gegen den Beschluß, durch welchen dieselbe für unbegründet erklärt wird, findet sofortige Beschwerde[7]) statt.

[1]) Nämlich nach der CPO. Es kommen zur Anwendung (vgl. aber Anm. 3):

§. 41. Ein Richter ist von der Ausübung des Richteramts kraft Gesetzes ausgeschlossen:

1. in Sachen, in welchen er selbst Partei ist, oder in Ansehung welcher er zu einer Partei in dem Verhältnisse eines Mitberechtigten, Mitverpflichteten oder Regreßpflichtigen steht;
2. in Sachen seiner Ehefrau, auch wenn die Ehe nicht mehr besteht;
3. in Sachen einer Person, mit welcher er in gerader Linie verwandt, verschwägert oder durch Adoption verbunden, in der Seitenlinie bis zum dritten Grade verwandt oder bis zum zweiten Grade verschwägert ist, auch wenn die Ehe, durch welche die Schwägerschaft begründet ist, nicht mehr besteht;
4. in Sachen, in welchen er als Prozeßbevollmächtigter oder Beistand einer Partei bestellt oder als gesetzlicher Vertreter einer Partei aufzutreten berechtigt ist oder gewesen ist;
5. in Sachen, in welchen er als Zeuge oder Sachverständiger vernommen ist;
6. in Sachen, in welchen er in einer früheren Instanz oder im schiedsrichterlichen Verfahren bei der Erlassung der angefochtenen Entscheidung mitgewirkt hat, sofern es sich nicht um die Thätigkeit eines beauftragten oder ersuchten Richters handelt.

§. 42. Ein Richter kann sowohl in den Fällen, in welchen er von der Ausübung des Richteramts kraft Gesetzes ausgeschlossen ist, als auch wegen Besorgniß der Befangenheit abgelehnt werden.

Wegen Besorgniß der Befangenheit findet die Ablehnung statt, wenn ein Grund vorliegt, welcher geeignet ist, Mißtrauen gegen die Unparteilichkeit eines Richters zu rechtfertigen.

Das Ablehnungsrecht steht in jedem Falle beiden Parteien zu.

2) Nämlich von einem Betheiligten, FGG. § 6 Anm. 4.

3) § 41 Nr. 5 findet sonach auf den Sachverständigen keine Anwendung.

4) FGG. § 15 Abs. 2.

5) Vgl. § 387 Anm. 3.

6) Gilt auch bei der freiwilligen Gerichtsbarkeit; s. Einleitung S. 15.

7) Nach FGG. § 22 bez. Preuß. FGG. Art. 6 s. Einleitung S. 15.

§. 407.

Der zum Sachverständigen Ernannte hat der Ernennung Folge zu leisten, wenn er zur Erstattung von Gutachten der erforderten Art öffentlich bestellt ist oder wenn er die Wissenschaft, die Kunst oder das Gewerbe, deren Kenntniß Voraussetzung der Begutachtung ist, öffentlich zum Erwerbe ausübt oder wenn er zur Ausübung derselben öffentlich bestellt oder ermächtigt ist.

Zur Erstattung des Gutachtens ist auch derjenige verpflichtet, welcher sich zu derselben vor Gericht bereit erklärt hat.

§. 408.

Dieselben Gründe, welche einen Zeugen berechtigen, das Zeugniß zu verweigern,[1]) berechtigen einen Sachverständigen zur Verweigerung des Gutachtens. Das Gericht kann auch aus anderen Gründen einen Sachverständigen von der Verpflichtung zur Erstattung des Gutachtens entbinden.

Die Vernehmung eines öffentlichen Beamten

als Sachverständigen findet nicht statt, wenn die vorgesetzte Behörde des Beamten erklärt, daß die Vernehmung den dienstlichen Interessen Nachtheile bereiten würde.

[1]) §§. 383—385.

§. 409.

Im Falle des Nichterscheinens oder der Weigerung eines zur Erstattung des Gutachtens verpflichteten Sachverständigen[1]) wird dieser zum Ersatze der Kosten und zu einer Geldstrafe bis zu dreihundert Mark verurtheilt. Im Falle wiederholten Ungehorsams kann noch einmal eine Geldstrafe bis zu sechshundert Mark erkannt werden.

Gegen den Beschluß findet Beschwerde statt.[2])

Die Festsetzung und die Vollstreckung der Strafe gegen eine dem aktiven Heere oder der aktiven Marine angehörende Militärperson erfolgt auf Ersuchen durch das Militärgericht.

[1]) Vgl. § 380 Anm. 1.

[2]) Nach FGG. §§ 19 ff. u. Preuß. FGG. Art. 4 ff.; vgl. Einl. S. 15.

§. 410.

Der Sachverständige hat, wenn nicht beide Parteien auf seine Beeidigung verzichten,[1]) vor Erstattung des Gutachtens einen Eid dahin zu leisten:

> daß er das von ihm geforderte Gutachten unparteiisch und nach bestem Wissen und Gewissen erstatten werde.

Ist der Sachverständige für die Erstattung von Gutachten der betreffenden Art im Allgemeinen beeidigt, so genügt die Berufung auf den geleisteten Eid.[2])

[1]) Vgl. § 391 Anm. 2.

[2]) Ueber die Beeidung entscheidet das Ermessen des Gerichts (FGG. § 15 Satz 2). Entscheidet sich das Gericht für die Nichtbeeidung, so fällt auch die Berufung auf den geleisteten Eid fort.

§. 411.

Wird schriftliche Begutachtung angeordnet, so hat der Sachverständige das von ihm unterschriebene Gutachten auf der Gerichtsschreiberei niederzulegen.

Das Gericht kann das Erscheinen des Sachverständigen anordnen, damit derselbe das schriftliche Gutachten erläutere.

§. 412.

Das Gericht kann eine neue Begutachtung durch dieselben oder durch andere Sachverständige anordnen, wenn es das Gutachten für ungenügend erachtet.

Das Gericht kann die Begutachtung durch einen anderen Sachverständigen anordnen, wenn ein Sachverständiger nach Erstattung des Gutachtens mit Erfolg abgelehnt ist.

§. 413.

Der Sachverständige hat nach Maßgabe der Gebührenordnung[1]) auf Entschädigung für Zeitversäumniß, auf Erstattung der ihm verursachten Kosten und außerdem auf angemessene Vergütung seiner Mühewaltung Anspruch.

[1]) Vgl. § 401 Anm. 1.

§. 414.

Insoweit zum Beweise vergangener Thatsachen oder Zustände, zu deren Wahrnehmung eine besondere Sachkunde erforderlich war, sachkundige Personen zu vernehmen sind, kommen die Vorschriften über den Zeugenbeweis zur Anwendung.

Elfter Titel.

Verfahren bei der Abnahme von Eiden.[1])

[1]) Anwendbar auf den Zeugen- und Sachverständigen-Eid, auf den Offenbarungseid (FGG. §§ 15, 79, 83, 163, Preuß. FGG. Art. 17) und im Falle der Beeidung des Dolmetschers für eine einzelne Handlung (FGG. §§ 8, 9, 178, 179, Preuß. FGG. Art. 1, 84, 86) auch auf den Dolmetscher-Eid.

§. 478.

Der Eid muß von dem Schwurpflichtigen in Person geleistet werden.

§. 479.

Das Prozeßgericht kann anordnen, daß die Eidesleistung vor einem seiner Mitglieder oder vor einem anderen Gericht erfolge, wenn der Schwurpflichtige am Erscheinen vor dem Prozeßgerichte verhindert ist oder in großer Entfernung von dem Sitze desselben sich aufhält.

Die Eidesleistung der Landesherren und der Mitglieder der landesherrlichen Familien, sowie der Mitglieder der Fürstlichen Familie Hohenzollern erfolgt in der Wohnung derselben vor einem Mitgliede des Prozeßgerichts oder vor einem anderen Gerichte. Das Gleiche gilt in Ansehung der Mitglieder des vormaligen Hannoverschen Königshauses, des vormaligen Kurhessischen und des vormaligen Herzoglich Nassauischen Fürstenhauses.

§. 480.

Vor der Leistung des Eides hat der Richter den Schwurpflichtigen in angemessener Weise auf die Bedeutung des Eides hinzuweisen.

§. 481.

Der Eid beginnt mit den Worten:

„Ich schwöre bei Gott dem Allmächtigen und Allwissenden"

und schließt mit den Worten:

„So wahr mir Gott helfe".

§. 482.

Der Eid wird mittels Nachsprechens oder Ablesens der die Eidesnorm enthaltenden Eidesformel geleistet. Der Schwörende soll bei der Eidesleistung die rechte Hand erheben.

Ist die Eidesnorm von großem Umfange, so genügt die Vorlesung der Eidesnorm und die Verweisung auf die letztere in der Eidesformel.

Die Landesherren und die Mitglieder der landesherrlichen Familien sowie die Mitglieder der Fürstlichen Familie Hohenzollern leisten den Eid mittels Unterschreibens der die Eidesnorm enthaltenden Eidesformel. Das Gleiche gilt in Ansehung der Mitglieder des vormaligen Hannoverschen Königshauses, des vormaligen Kurhessischen und des vormaligen Herzoglich Nassauischen Fürstenhauses.

§. 483.

Stumme, welche schreiben können, leisten den Eid mittels Abschreibens und Unterschreibens der die Eidesnorm enthaltenden Eidesformel.

Stumme, welche nicht schreiben können, leisten den Eid mit Hülfe eines Dolmetschers durch Zeichen.[1])

[1]) Ueber die Eide Sprachfremder s. GVG. § 190.

§. 484.

Der Eidesleistung wird gleichgeachtet, wenn ein Mitglied einer Religionsgesellschaft, welcher das Gesetz den Gebrauch gewisser Betheuerungsformeln an Stelle des Eides gestattet, eine Erklärung unter der Betheuerungsformel dieser Religionsgesellschaft abgiebt.

Zwölfter Titel.

Sicherung des Beweises.[1])

[1]) Die Sicherung des Beweises ist bei denjenigen Prozeduren der freiwilligen Gerichtsbarkeit, welche nur auf Antrag erfolgen, nicht absolut ausgeschlossen. Sie er-

scheint u. A. statthaft bei Streitigkeiten unter Eheleuten (FGG. § 53) z. B. wenn der Ehemann bei Beschränkung der Schlüsselgewalt der Frau (BGB. § 1357 Abs. 2) die verschwenderische Wirthschaftsführung der letzteren feststellen lassen will, bevor sich die Frau über die Beschränkung beklagt, indem er für die spätere Zeit den Verlust der Beweismittel besorgt.

§. 485.

Die Einnahme des Augenscheins[1]) und die Vernehmung von Zeugen und Sachverständigen kann zur Sicherung des Beweises erfolgen, wenn zu besorgen ist, daß das Beweismittel verloren oder die Benutzung desselben erschwert werde.

[1]) Dieses Beweismittel ist bei der freiwilligen Gerichtsbarkeit nicht besonders geregelt; vgl. FGG. § 15 mit Anm. 3, Preuß. FGG. Art. 1.

§. 486.

Das Gesuch ist bei dem Gerichte anzubringen, vor welchem der Rechtsstreit[1]) anhängig ist; es kann vor dem Gerichtsschreiber zur Protokoll erklärt werden.

In Fällen dringender Gefahr kann das Gesuch auch bei dem Amtsgericht angebracht werden, in dessen Bezirke die zu vernehmenden Personen sich aufhalten oder der in Augenschein zu nehmende Gegenstand sich befindet.

Bei dem bezeichneten Amtsgerichte muß das Gesuch angebracht werden, wenn der Rechtsstreit noch nicht anhängig ist.

[1]) Hier: die betreffende Angelegenheit.

§. 487.

Das Gesuch muß enthalten:

1. die Bezeichnung des Gegners;
2. die Bezeichnung der Thatsachen, über welche die Beweisaufnahme erfolgen soll;
3. die Bezeichnung der Beweismittel unter Benennung der zu vernehmenden Zeugen und Sachverständigen;
4. die Darlegung des Grundes, welcher die Besorgniß rechtfertigt, daß das Beweismittel verloren oder die Benutzung desselben erschwert werde. Dieser Grund ist glaubhaft zu machen.[1])

[1]) FGG. § 15 Abs. 2.

§. 488. — — —[1])

[1]) Betrifft Werkverdingung, Kommissionsgut und ähnliche Fälle und berührt die freiwillige Gerichtsbarkeit nicht.

§. 489.

Mit Zustimmung des Gegners kann die beantragte Beweisaufnahme angeordnet werden, auch wenn die Voraussetzungen des §. 485 nicht vorliegen.

§. 490.

Die Entscheidung über das Gesuch kann ohne vorgängige mündliche Verhandlung erfolgen.[1])

In dem Beschlusse, durch welchen dem Gesuche stattgegeben wird, sind die Thatsachen, über welche der Beweis zu erheben ist, und die Beweismittel unter Benennung der zu vernehmenden Zeugen und

Sachverständigen zu bezeichnen. Eine Anfechtung dieses Beschlusses findet nicht statt.[2])

[1]) Vgl. CPO. § 126 Anm. 1.

[2]) Gilt auch bei der freiwilligen Gerichtsbarkeit; Einl. S. 15.

§. 491.

Der Beweisführer ist verpflichtet, sofern es nach den Umständen des Falles geschehen kann, unter Zustellung des Beschlusses und einer Abschrift des Gesuchs zu dem für die Beweisaufnahme bestimmten Termine den Gegner so zeitig zu laden, daß derselbe in diesem Termine seine Rechte wahrzunehmen vermag.[1])

Die Nichtbefolgung dieser Vorschrift steht der Beweisaufnahme nicht entgegen.

[1]) Dies ist auch in der CPO. eine Ausnahme vom Offizialbetrieb; die Vorschrift findet deshalb auch bei der freiwilligen Gerichtsbarkeit Anwendung; vgl. Einl. S. 14.

§. 492.

Die Beweisaufnahme erfolgt nach den für die Aufnahme des betreffenden Beweismittels überhaupt geltenden Vorschriften.

Das Protokoll über die Beweisaufnahme ist bei dem Gerichte, welches dieselbe angeordnet hat, aufzubewahren.

§. 493.

Jede Partei hat das Recht, die Beweisverhandlungen in dem Prozesse[1]) zu benutzen.

War der Gegner in dem Termine nicht erschienen, in welchem die Beweisaufnahme erfolgte, so ist der Beweisführer zur Benutzung der Beweisverhandlungen nur dann berechtigt, wenn der Gegner zu dem Termine rechtzeitig geladen war oder wenn der Beweisführer glaubhaft macht,[2]) daß ohne sein Verschulden die Ladung unterblieben oder nicht rechtzeitig erfolgt sei.

[1]) Hier bei der späteren Entscheidung innerhalb der freiwilligen Gerichtsbarkeit.

[2]) FGG. § 15 Abs. 2.

§. 494.

Wird von dem Beweisführer ein Gegner nicht bezeichnet, so ist das Gesuch nur dann zulässig, wenn der Beweisführer glaubhaft macht,[1]) daß er ohne sein Verschulden außer Stande sei, den Gegner zu bezeichnen.

Wird dem Gesuche stattgegeben, so kann das Gericht dem unbekannten Gegner zur Wahrnehmung seiner Rechte bei der Beweisaufnahme einen Vertreter bestellen.

[1]) FGG. § 15 Abs. 2.

Achtes Buch.

Zwangsvollstreckung.

Erster Abschnitt.

Allgemeine Bestimmungen.

— — —

§. 752.[1])

Gegen eine dem aktiven Heere oder der aktiven

Marine angehörende Militärperson darf die Zwangsvollstreckung erst beginnen, nachdem von derselben die vorgesetzte Militärbehörde Anzeige erhalten hat. Dem Gläubiger ist auf Verlangen der Empfang der Anzeige von der Militärbehörde zu bescheinigen.

[1]) Die §§ 752, 790 sind in reichsrechtlichen Angelegenheiten nicht für anwendbar erklärt, ihr Abdruck erfolgt zu Art. 17 des Preuß. FGG. (oben S. 194).

§. 790.

(Abs. 1). Soll die Zwangsvollstreckung gegen eine dem aktiven Heere oder der aktiven Marine angehörende Person des Soldatenstandes in Kasernen und anderen militärischen Dienstgebäuden oder auf Kriegsfahrzeugen erfolgen, so hat auf Antrag des Gläubigers das Vollstreckungsgericht die zuständige Militärbehörde um die Zwangsvollstreckung zu ersuchen.[1])

(Abs. 2). — — — —

[1]) Vgl. § 752 Anm. 1.

Dritter Abschnitt.

Zwangsvollstreckung zur Erwirkung der Herausgabe von Sachen und zur Erwirkung von Handlungen oder Unterlassungen.

§. 883.[1])

(Abs. 1). — — —

(Abs. 2). Wird die herauszugebende Sache nicht vorgefunden, so ist der Schuldner verpflichtet, auf

Antrag des Gläubigers den Offenbarungseid dahin zu leisten:

daß er die Sache nicht besitze, auch nicht wisse, wo die Sache sich befinde.

(Abs. 3). Das Gericht kann eine der Lage der Sache entsprechende Aenderung der vorstehenden Eidesnorm beschließen.

[1]) Vgl. FGG. § 83 Abs. 2; Preuß. FGG. Art. 17 Abs. 2.

Vierter Abschnitt.

Offenbarungseid und Haft.[1])

[1]) Die abgedruckten Vorschriften finden auf den Offenbarungseid zur Ermittelung eines Testaments (FGG. § 83) und in Preußen auf den Offenbarungseid wegen Herausgabe einer Sache oder Person (Preuß. FGG. Art. 17 Abs. 2) nicht aber auf die übrigen Offenbarungseide der freiwilligen Gerichtsbarkeit (FGG. §§ 79, 163) Anwendung; vgl. FGG. § 79 Anm. 2.

§. 899 — — —

§. 900.

(Abs. 1). Das Verfahren beginnt mit der[1]) Ladung des Schuldners zur Leistung des Offenbarungseides.

(Abs. 2 u. 3). — — —

[1]) Von Amtswegen bekannt zu machenden. FGG. § 16 Abs. 2. Preuß. FGG. Art. 1.

§. 901.

Gegen den Schuldner, welcher in dem zur Leistung des Offenbarungseides bestimmten Termine nicht erscheint oder die Leistung des Eides ohne

Grund verweigert, hat das Gericht[1]) zur Erzwingung der Eidesleistung auf Antrag[2]) die Haft anzuordnen.

[1]) Vgl. FGG. § 83 Anm. 4.

[2]) Im Falle von § 83 FGG. von Amtswegen, im Falle von Art. 17 Preuß. FGG. auf Antrag oder von Amtswegen, je nach der betreffenden Prozedur (vgl. Preuß. FGG. Art. 15 Anm. 8), aber gemäß § 83 Abs. 2 und Art. 17 Abs. 2 immer nur nach dem Ermessen des Gerichts.

§. 902.

Der verhaftete Schuldner kann zu jeder Zeit bei dem Amtsgerichte des Haftorts beantragen, ihm den Eid abzunehmen. Dem Antrag ist ohne Verzug stattzugeben.

Nach Leistung des Eides wird der Schuldner aus der Haft entlassen und der Gläubiger[1]) hiervon in Kenntniß gesetzt.

[1]) Hier das Gericht, welches die Haft angeordnet hat, falls es nicht selbst den Eid abnimmt. Im Falle einer Vollstreckung auf Antrag (§ 901 Anm. 2) liegt dem Gericht die Benachrichtigung des Antragstellers ob.

§. 904.[1])

Die Haft ist unstatthaft:

1. gegen Mitglieder einer deutschen gesetzgebenden Versammlung während der Sitzungsperiode, sofern nicht die Versammlung die Vollstreckung genehmigt;
2. gegen Militärpersonen, welche zu einem mobilen Truppentheil oder zur Besatzung eines

in Dienst gestellten Kriegsfahrzeuges gehören;

3. gegen den Schiffer, die Schiffsmannschaft und alle übrigen auf einem Seeschiff angegestellten Personen, wenn das Schiff zum Abgehen fertig (segelfertig) ist.

[1]) Die §§ 904 ff. sind außer dem Fall von FGG. § 88 und Preuß. FGG. Art. 17 noch bei der Zeugnißverweigerung anwendbar. CPO. § 390 Abs. 2.

§. 905.

Die Haft wird unterbrochen:

1. gegen Mitglieder einer deutschen gesetzgebenden Versammlung für die Dauer der Sitzungsperiode, wenn die Versammlung die Freilassung verlangt;
2. gegen Militärpersonen, welche zu einem mobilen Truppentheile oder auf ein in Dienst gestelltes Kriegsfahrzeug einberufen werden, für die Dauer dieser Verhältnisse.

§. 906.

Gegen einen Schuldner, dessen Gesundheit durch die Vollstreckung der Haft einer nahen und erheblichen Gefahr ausgesetzt wird, darf, solange dieser Zustand dauert, die Haft nicht vollstreckt werden.

§. 907.

Die Haft wird in einem Raume vollstreckt, in welchem nicht zugleich Untersuchungs- oder Strafgefangene sich befinden.

§. 908.

Das Gericht hat bei Anordnung der Haft einen Haftbefehl zu erlassen, in welchem der Gläubiger,[1] der Schuldner und der Grund der Verhaftung zu bezeichnen sind.

[1]) Die Bezeichnung des Gläubigers erfolgt nur bei der Vollstreckung auf Antrag (§ 901 Anm. 2).

§. 909.

Die Verhaftung des Schuldners erfolgt durch einen Gerichtsvollzieher. Der Haftbefehl muß bei der Verhaftung dem Schuldner vorgezeigt und auf Begehren abschriftlich mitgetheilt werden.

§. 910.

Vor der Verhaftung eines Beamten, eines Geistlichen oder eines Lehrers an öffentlichen Unterrichtsanstalten ist der vorgesetzten Dienstbehörde von dem Gerichtsvollzieher Anzeige zu machen. Die Verhaftung darf erst erfolgen, nachdem die vorgesetzte Behörde für die dienstliche Vertretung des Schuldners gesorgt hat. Die Behörde ist verpflichtet, ohne Verzug die erforderlichen Anordnungen zu treffen und den Gerichtsvollzieher hiervon in Kenntniß zu setzen.

§. 911[1]) — — —

[1]) Vgl. § 890 Anm. 8.

§. 912.

Soll die Haft gegen eine dem aktiven Heere oder der aktiven Marine angehörende Militärperson vollstreckt werden, so hat das Gericht die vorgesetzte Militärbehörde um die Vollstreckung zu ersuchen.

§. 913.

Die Haft darf die Dauer von sechs Monaten nicht übersteigen. Nach Ablauf der sechs Monate wird der Schuldner von Amtswegen aus der Haft entlassen.

III. Auszug aus der Grundbuchordnung.

Fassung vom 20. Mai 1898 (RGBl. S. 754).[1])

[1]) Die abgedruckten Vorschriften sind beim Schiffsregister anwendbar; vgl. FGG. §§ 100, 107.

§. 14.[1])

Die Berichtigung des Grundbuchs[2]) durch Eintragung eines Berechtigten darf auch von demjenigen beantragt werden, welcher auf Grund eines gegen den Berechtigten vollstreckbaren Titels eine Eintragung in das Grundbruch verlangen kann, sofern die Zulässigkeit dieser Eintragung von der vorgängigen Berichtigung des Grundbuchs abhängt.

[1]) Vgl. FGG. § 100 Abs. 2.
[2]) Hier des Schiffsregisters.

§. 15.

Ist die zu einer Eintragung erforderliche Erklärung von einem Notar beurkundet oder beglaubigt, so gilt dieser als ermächtigt, im Namen eines Antragsberechtigten die Eintragung zu beantragen.

§. 16.

Einem Eintragungsantrage, dessen Erledigung

an einen Vorbehalt geknüpft wird, soll nicht stattgegeben werden.

Werden mehrere Eintragungen beantragt, so kann von dem Antragsteller bestimmt werden, daß die eine Eintragung nicht ohne die andere erfolgen soll.

§. 17.

Werden mehrere Eintragungen beantragt, durch die dasselbe Recht betroffen wird, so darf die später beantragte Eintragung nicht vor der Erledigung des früher gestellten Antrags erfolgen.

§. 18.

Steht einer beantragten Eintragung ein Hinderniß entgegen, so hat das Grundbuchamt[1]) entweder den Antrag unter Angabe der Gründe zurückzuweisen oder dem Antragsteller eine angemessene Frist[2]) zur Hebung des Hindernisses zu bestimmen. Im letzteren Falle ist der Antrag nach dem Ablaufe der Frist zurückzuweisen, wenn nicht inzwischen die Hebung des Hindernisses nachgewiesen ist.

Wird vor der Erledigung des Antrags eine andere Eintragung beantragt, durch die dasselbe Recht betroffen wird, so ist zu Gunsten des früher gestellten Antrags von Amtswegen eine Vormerkung oder ein Widerspruch einzutragen; die Eintragung gilt im Sinne des §. 17 als Erledigung dieses Antrags. Die Vormerkung oder der Widerspruch wird von Amtswegen gelöscht, wenn der früher gestellte Antrag zurückgewiesen wird.

[1]) Hier die Schiffsregisterbehörde.

[2]) Die Verfügung muß in Schiffsregistersachen gegen Beurkundung zugestellt werden. FGG. § 16 Abs. 2.

§. 33.[1])

Der Nachweis, daß der Vorstand einer Aktiengesellschaft aus den im Handelsregister eingetragenen Personen besteht, wird durch ein Zeugniß des Gerichts über die Eintragung geführt.

Das Gleiche gilt von dem Nachweise der Befugniß zur Vertretung einer offenen Handelsgesellschaft, einer Kommanditgesellschaft, einer Kommanditgesellschaft auf Aktien oder einer Gesellschaft mit beschränkter Haftung.[2])

[1]) Vgl. FGG. § 107 Abs. 2.

[2]) Wegen der Zeugnisse aus dem Vereinsregister vgl. BGB. § 69 und FGG. § 162.

§. 34.

Der Nachweis, daß zwischen Ehegatten Gütertrennung oder ein vertragsmäßiges Güterrecht besteht oder daß ein Gegenstand zum Vorbehaltsgut eines Ehegatten gehört, wird durch ein Zeugniß des Gerichts über die Eintragung des güterrechtlichen Verhältnisses im Güterrechtsregister geführt.[1])

[1]) Vgl. auch FGG. § 162.

§. 35.

Ist in den Fällen der §§. 33, 34 das Grundbuchamt[1]) zugleich das Registergericht,[2]) so genügt statt des Zeugnisses die Bezugnahme auf das Register.

1) Hier die Schiffsregisterbehörde.
2) Für die in den §§ 33, 34 bemerkten Register.

§. 36.

Der Nachweis der Erbfolge kann nur durch einen Erbschein[1]) geführt werden. Beruht jedoch die Erbfolge auf einer Verfügung von Todeswegen, die in einer öffentlichen Urkunde enthalten ist, so genügt es, wenn an Stelle des Erbscheins die Verfügung und das Protokoll über die Eröffnung der Verfügung[2]) vorgelegt werden; erachtet das Grundbuchamt[3]) die Erbfolge durch diese Urkunden nicht für nachgewiesen, so kann es die Vorlegung eines Erbscheins[4]) verlangen.

Das Bestehen der fortgesetzten Gütergemeinschaft sowie die Befugniß eines Testamentsvollstreckers zur Verfügung über einen Nachlaßgegenstand ist nur auf Grund der in den §§. 1507, 2368 des Bürgerlichen Gesetzbuchs vorgesehenen Zeugnisse als nachgewiesen anzunehmen; auf den Nachweis der Befugniß des Testamentsvollstreckers finden jedoch die Vorschriften des Abs. 1 Satz 2 entsprechende Anwendung.

1) BGB. §§ 2353 ff.
2) BGB. §§ 2260—2262.
3) Hier die Schiffsregisterbehörde.
4) BGB. § 2355.

§. 37.

Soll bei einer zu einem Nachlasse gehörenden Hypothek, Grundschuld oder Rentenschuld einer von mehreren Erben als neuer Gläubiger eingetragen werden, so genügt zum Nachweise der Erbfolge und der Eintragungsbewilligung der Erben ein Zeugniß des Nachlaßgerichts.[1])

Das Zeugniß darf nur ausgestellt werden, wenn die Voraussetzungen für die Ertheilung eines Erbscheins vorliegen und die Erklärungen der Erben vor dem Nachlaßgerichte zu Protokoll gegeben oder durch öffentliche oder öffentlich beglaubigte Urkunden[2]) nachgewiesen sind.

[1]) Vgl. über diese Zeugnisse FGG. §§ 78, 84, 85.

[2]) Ueber den Begriff vgl. FGG. § 13 Anm. 6, § 167 Anm. 2 u. 4.

§. 38.

Die Vorschriften des §. 37 finden entsprechende Anwendung, wenn bei einer Hypothek, Grundschuld oder Rentenschuld, die zu dem Gesammtgut einer ehelichen Gütergemeinschaft oder einer fortgesetzten Gütergemeinschaft gehört, ein Betheiligter, auf den das Recht bei der Auseinandersetzung übertragen ist, als neuer Gläubiger eingetragen werden soll.[1])

[1]) Vgl. § 37 Anm. 1.

IV. Auszug aus dem (Preußischen) Ausführungsgesetz zum Deutschen Gerichtsverfassungsgesetz.

Vom 24. April 1878. (GS. S. 230.)[1]

[1]) Vgl. Einl. S. 22.

Erster Titel.
Richteramt.

§. 2.

Referendare, welche im Vorbereitungsdienste seit mindestens zwei Jahren beschäftigt sind, können im Falle des Bedürfnisses durch die Justizverwaltung mit der zeitweiligen Wahrnehmung richterlicher Geschäfte bei den Amtsgerichten beauftragt werden.

Denselben kann nach näherer Anordnung der Justizverwaltung durch den Amtsrichter, welchem sie zur Ausbildung überwiesen sind, die Erledigung einzelner richterlicher Geschäfte übertragen werden.

[1]) Zur Urtheilsfällung, zur Beurkundung einer Verfügung von Todeswegen,[2]) zur Beurkundung eines Ehevertrags,[3]) zur Entscheidung über Durchsuchungen, Beschlagnahmen und Verhaftungen, sowie zu den Geschäften des Amtsrichters bei Bildung

der Schöffengerichte und Schwurgerichte sind Referendare[4]) nicht befähigt.[5])

[1]) Abs. 3 in der Fassung des Preuß. FGG. Art. 130 zu II.
[2]) BGB. §§ 2288, 2254, 2276, 2290 Abs. 4, 2301.
[3]) BGB. §§ 1432 ff.
[4]) Sowohl im Falle von Abs. 1 als von Abs. 2.
[5]) Uebertretung bewirkt Nichtigkeit.

Zweiter Titel.
Gerichtsbarkeit.

§. 20.[1])

In den durch Landesgesetz den ordentlichen Gerichten übertragenen Angelegenheiten[2]) erfolgt die Bestimmung des örtlich zuständigen Gerichts, soweit nicht die Vorschriften der Deutschen Prozeßordnungen Anwendung finden,[3]) durch das gemeinschaftliche obere Gericht, wenn Streit oder Ungewißheit darüber besteht, welches von mehreren Gerichten örtlich zuständig ist[4]) oder wenn ein gemeinschaftlicher Gerichtsstand zu bestellen ist.[5]) In Ermangelung eines gemeinschaftlichen oberen Gerichts[6]) erfolgt die Bestimmung durch den Justizminister.[7])

Ist das zuständige Gericht in einem einzelnen Falle an der Ausübung des Richteramts rechtlich oder thatsächlich verhindert, so erfolgt die Bestimmung des örtlich zuständigen Gerichts durch das zunächst höhere Gericht,[8]) in Ermangelung eines solchen[9]) durch den Justizminister.

Eine Anfechtung der Entscheidung findet nicht statt.

Im Sinne der Vorschriften der Abs. 1, 2 gilt

als das dem Landgericht im Instanzenzuge vorgeordnete Gericht das Oberlandesgericht, zu dessen Bezirke das Landgericht gehört.[10])

[1]) In der Fassung des Preuß. FGG. Art. 130 zu III.

[2]) Siehe Einl. S. 24 ff., FGG. § 5 Anm. 1.

[3]) Bei den Angelegenheiten der freiwilligen Gerichtsbarkeit ist dies nicht der Fall.

[4]) Vgl. FGG. § 5 Abs. 1 Satz 1.

[5]) Beispiele: AG. z. GVO. Art. 2, Landgüterordnung für Brandenburg v. 10. Juli 1883 § 2 Abs. 2, für Schlesien v. 24. April 1884 § 2 Abs. 2; siehe auch einzelne der bei § 41 Anm. 2b u. § 49 Anm. 1b citirten Lehnsgesetze.

[6]) D. i. wenn die Gerichte in verschiedenen OLG.-Bezirken liegen, oder wenn es sich um Zuständigkeit der Oberlandesgerichte (§ 49) handelt.

[7]) Nicht durch das Reichsgericht; vgl. FGG. § 28 Anm. 5.

[8]) D. i. bei Behinderung eines Amtsgerichts durch das Landgericht, bei Behinderung eines Landgerichts durch das OLG.; vgl. FGG. § 5 Abs. 1 Satz 2 u. § 194 Anm. 3; siehe aber auch unten (S. 356) § 24 Abs. 3.

[9]) D. i. wenn ein Oberlandesgericht, gleichviel ob als Gericht erster Instanz oder als Beschwerdegericht, verhindert ist; vgl. Anm. 7.

[10]) Nicht, wie nach § 199 Abs. 2 FGG. das Kammergericht.

Dritter Titel.

Amtsgerichte.

— — — —

§. 24.

Mehrere Richter desselben Amtsgerichts vertreten sich wechselseitig in der durch das Präsidium des Landgerichts im Voraus bestimmten Reihenfolge.

Die Vertretung der Amtsrichter durch Richter benachbarter Amtsgerichte kann von der Justizverwaltung im Voraus angeordnet werden. Eine solche Anordnung muß erfolgen bei Amtsgerichten, welche nur mit einem Richter besetzt sind. Diese Vertretung erstreckt sich nicht auf den Fall der rechtlichen Verhinderung eines Richters in Angelegenheiten, auf welche der §. 36 der Deutschen Civilprozeßordnung oder der §. 15 der Deutschen Strafprozeßordnung Anwendung findet.

[1]) Angelegenheiten,[2]) auf welche die bezeichneten Vorschriften der Deutschen Prozeßordnungen keine Anwendung finden,[3]) können, wenn die Vertretung nicht durch Richter desselben Amtsgerichts erfolgen kann, von dem Landgericht einem anderen Amtsgerichte zugewiesen werden.[4])

[1]) Abs. 8 in der Fassung des Preuß. FGG. Art. 130 zu IV.

[2]) Nämlich landesrechtliche; für die reichsrechtlichen Angelegenheiten gilt lediglich FGG. § 5.

[3]) Vgl. §. 20 Anm. 8.

[4]) Auch wenn ein Vertreter nach Abs. 2 vorhanden und das Gericht sonach nicht verhindert ist.

§. 26.

Die Amtsgerichte sind zuständig für die Angelegenheiten,[1]) welche bisher durch Einzelrichter zu erledigen waren.

Folgende Angelegenheiten gehören zur Zuständigkeit der Amtsgerichte auch insoweit, als sie bisher durch die Kollegialgerichte erster Instanz zu erledigen waren:

1) das Verlassenschaftswesen, einschließlich der Ausstellung gerichtlicher Erbbescheinigungen;[2])
2) die Vollziehung, Beurkundung und Bestätigung von Handlungen der nicht streitigen Gerichtsbarkeit, einschließlich der Dispensation von Veräußerungsverboten.[3])

[1]) Nämlich die landesrechtlichen Angelegenheiten; s. Einl. S. 24 ff.

[2]) Nr. 1 ist gegenstandslos geworden; vgl. FGG. § 72.

[3]) Nr. 2 hat nur noch Bedeutung für die Angelegenheiten oben S. 27 Nr. 16—18.

§. 27.

Der den Häuptern und Mitgliedern der früher reichsständischen Familien eingeräumte Gerichtsstand in Angelegenheiten der nicht streitigen Gerichtsbarkeit wird durch die vorstehenden Bestimmungen (§. 26) nicht berührt.[1])

[1]) FGG. § 189 Anm. 2; Preuß. FGG. Art. 136. Vgl.:

a) für die älteren Landestheile: Instr. v. 30. Mai 1820 (GS. S. 86, 87) § 19 a—c. V. v. 12. November 1855 (GS. S. 687) §. 4, — für die neueren Landestheile mit Ausnahme der unten genannten die drei Verordnungen v. 26. Juni 1867 und zwar für Schleswig-Holstein (GS. S. 1074) § 7; für Hessen (GS. S. 1091) § 26, für Nassau (GS. S. 1100) § 26, — für Lauenburg: G. v. 4. Dez. 1869 (Offizielles Wochenblatt v. 1869, Extra-Ausgabe S. 2, 8) §§ 7, 22.
b) für Hohenzollern (Haus Turn u. Taxis): § 1

Nr. 10 des Rezesses v. 15. Juli 1864 (Amtsblatt für Sigmaringen 1865 S. 242);

c) für Hannover: V. v. 18. April 1823 (Hann. GS. S. 127) Art. 14, V. v. 9. Mai 1826 (ebda. S. 159) Art. 15; V. v. 21. Juli 1848 (ebda. S. 209) § 5; G. v. 18. August 1848 (ebda. S. 230) § 7; V. v. 28. August 1856 (ebda. S. 309); G. v. 27. Juni 1875 (Preuß. GS. S. 329) § 7 Nr. 7.

Siehe ferner hierzu § 41 Anm. 2, § 49 Anm. 1.

§. 29.

Die den Gerichten zustehende[1]) Verwaltung oder Beaufsichtigung von Stiftungen liegt den Amtsgerichten ob. Durch den Justizminister kann das Landgericht oder das Oberlandesgericht mit der Verwaltung oder Beaufsichtigung beauftragt werden.

[1]) Inwieweit in Stiftungssachen die Gerichte überhaupt zuständig sind, darüber s. Bericht des Staatsministeriums v. 23. Dezember 1844 u. KO. v. 3. Januar 1845 (JMBl. 1845 S. 26); vgl. ferner AG. z. BGB. Art. 1 ff.

Fünfter Titel.

Landgerichte.

— — — —

§. 41.

Soweit nicht andere Bestimmungen getroffen sind,[1]) gehören zur Zuständigkeit der Landgerichte alle Angelegenheiten, für welche bisher die aufgehobenen Kollegialgerichte erster Instanz zuständig waren.[2])

Die Vorschriften über die Erledigung einzelner

Geschäfte durch den Präsidenten oder den Gerichtsschreiber bleiben in Kraft.[3])

[1]) §§ 26, 29.

[2]) Hierunter fallen:

a) die vorbehaltenen Angelegenheiten der früher reichsunmittelbaren Familien (s. Einl. S. 27 Nr. 15) in Hohenzollern und der Provinz Hannover; vgl. § 27 Anm. 1 zu b u. c;

b) in einzelnen der älteren Landestheile die Verrichtungen der Lehnshöfe überhaupt oder betreffs einzelner Lehne; G. v. 3. Mai 1876 (GS. S. 112) § 3, G. v. 28. März 1877 (GS. S. 111) § 19.

[3]) Abs. 2 erscheint nicht mehr praktisch.

§. 42.

Die in diesem Gesetze den Landgerichten zugewiesenen Angelegenheiten werden von den Civilkammern erledigt.

§. 43.[1])

Die gerichtliche Beglaubigung amtlicher Unterschriften zum Zwecke der Legalisation im diplomatischen Wege erfolgt durch den Präsidenten des Landgerichts; sie kann von dem Justizminister auch dem zur Führung der Aufsicht bei einem Amtsgerichte berufenen Richter übertragen werden.

[1]) In der Fassung des Preuß. FGG. Art. 130 zu VI.

Achter Titel.
Oberlandesgerichte.

— — . . —

§. 49.

Zur Zuständigkeit der Oberlandesgerichte gehören:

1) alle Angelegenheiten, für welche bisher die Apellationsgerichte als Gerichte erster Instanz zuständig waren,[1]) vorbehaltlich der in dem §. 29 enthaltenen Vorschriften;

2) die bisher zur Zuständigkeit des Kreisgerichts in Ratzeburg gehörigen Familienfideikommißsachen und die Lehnssachen in Schleswig;[2])

3) die Verhandlung und Entscheidung über die Rechtsmittel in den Angelegenheiten, welche nach den Vorschriften dieses Gesetzes in erster Instanz zur Zuständigkeit der Landgerichte gehören.[3])

[1]) Hierunter fallen:

a) die vorbehaltenen Angelegenheiten der früher reichsunmittelbaren Familien, ausgenommen in Hohenzollern und Hannover; vgl. Einl. S. 27 Nr. 15, § 27 Anm. 1 a, § 41 Anm. 2 a;

b) die Lehnssachen in den älteren Landestheilen, insoweit sie nicht vor die Landgerichte gehören (§ 41 Anm. 2 b); vgl. V. v. 30. April 1815 (GS. S. 85) § 6; V. v. 2. Januar 1849 (GS. S. 1) § 25 Nr. 4; G. v. 19. Juni 1876 (GS. S. 238) § 3; G. v. 16. März 1877 (GS. S. 101) § 3; s. ferner die bei § 41 Anm. 2 b citirten Gesetze. Für Neuvorpommern und Rügen s. G. v. 26. Mai 1873 (GS. S. 229) § 26.

c) die Familien-Fideikommißsachen in den früheren landrechtlichen Gebietstheilen (G. v. 5. März 1855, GS. S. 175, § 1) und dem vormaligen Kurfürstenthum Hessen (V. v. 26. Juni 1867, GS. S. 1085, § 14 IV.) — Für Schleswig-Holstein s. V. v. gleichen Tage (GS. S. 1078)

§ 25 IV; für Neuvorpommern und Rügen s. G. v. 26. Mai 1873 (GS. S. 229) § 26.

2) Nr. 2 in der Fassung des Preuß. FGG. Art. 130 zu VII.

3) Nr. 3 ist für die freiwillige Gerichtsbarkeit gegenstandslos geworden; vgl. Preuß. FGG. Art. 6 Abs. 2.

§. 57.[1]

Die in den §§. 20, 29, 49, 87, 93, 94 den Oberlandesgerichten zugewiesenen Angelegenheiten werden von den Civilsenaten erledigt.

1) In der Fassung des Preuß. FGG. Art. 130 zu VIII.

Zehnter Titel.
Gerichtsschreiber.

§. 70.[1]

Die Gerichtsschreiber bei den Amtsgerichten sind zuständig, Wechselproteste aufzunehmen, sowie Siegelungen, Entsiegelungen und Inventuren vorzunehmen. Sie sollen sich solchen Geschäften nur auf Anordnung des Richters unterziehen.[2]

1) In der Fassung des Preuß. FGG. Art. 130 zu I.

2) Vgl. Preuß. FGG. Art. 38.

§. 71.

Die Gerichtsschreiber bei den Amtsgerichten sind verpflichtet, in gerichtlichen Angelegenheiten,[1] welche von den Deutschen Prozeßordnungen nicht betroffen werden,[2] Gesuche[3] zu Protokoll zu nehmen. Das Protokoll ist erforderlichenfalls der zuständigen Stelle zu übersenden.

[1]) Nämlich landesrechtlichen. Für reichsrechtliche Angelegenheiten gilt FGG. § 11.

[2]) Vgl. § 20 Anm. 8.

[3]) Nicht auch wie nach § 11 FGG. andere Erklärungen. Für Beschwerden s. Art. 6 mit FGG. § 21 Abs. 2.

Elfter Titel.

Gerichtsvollzieher.

— — — —

§. 74.[1])

Die Gerichtsvollzieher sind zuständig:[2])

1) Wechselproteste aufzunehmen;
2) freiwillige Versteigerungen von Mobilien, von Früchten auf dem Halm und von Holz auf dem Stamme vorzunehmen;
3) Siegelungen, Entsiegelungen und Inventuren im Auftrage des Gerichts oder des Konkursverwalters[3]) vorzunehmen;
4) das thatsächliche Angebot einer Leistung zu beurkunden;[4])
5) öffentliche Verpachtungen an den Meistbietenden im Auftrage des Gerichts vorzunehmen.

[1]) In der Fassung des Preuß. FGG. Art. 130 zu I u. IX.

[2]) Vgl. hierzu Preuß. FGG. Art. 38.

[3]) Vgl. Preuß. FGG. Art. 81 Anm. 5, BGB. § 1960, Konk.Ordnung §§ 122, 124.

[4]) BGB. §§ 294 ff.

§. 76.

Die Vorschriften des §. 156 des Deutschen Gerichtsverfassungsgesetzes[1]) finden[2]) in den durch die Deutschen Prozeßordnungen nicht betroffenen Angelegenheiten[3]) entsprechende Anwendung.

1) Siehe oben S. 274.

2) Auf den Gerichtsvollzieher.

3) Gilt für reichsrechtliche, wie für landesrechtliche Angelegenheiten der freiwilligen Gerichtsbarkeit und auch für außergerichtliche Angelegenheiten.

Zwölfter Titel.
Justizverwaltung.

— — — —

§. 86.[1])

Sachverständige[2]) für gerichtliche Angelegenheiten im Allgemeinen zu beeidigen, ist Sache der Justizverwaltung.[3]) Das Gleiche gilt für die Ausstellung von Zeugnissen über das in Preußen geltende Recht.

1) In der Fassung des Preuß. FGG. Art. 130 zu X.

2) Auch Dolmetscher.

3) Hierzu Allg. Verf. v. 5. Februar 1900 (JMBl. S. 48).

Dreizehnter Titel.
Rechtshülfe.

§. 87.

Die Gerichte haben sich in den Angelegenheiten,[1]) welche zu der ordentlichen streitigen Gerichtsbarkeit nicht gehören, Rechtshülfe zu leisten.[2]) Die Leistung der Rechtshülfe erfolgt unter entsprechender Anwendung der Vorschriften der §§. 158 bis 160, 162, 164, 167 des Deutschen Gerichtsverfassungsgesetzes.[3])

Eine Anfechtung der Entscheidung des Oberlandesgerichts findet in keinem Falle statt.[4])

[5]) Ueber Beschwerden anderer als gerichtlicher Behörden wegen einer vom Gerichte verweigerten Beistandsleistung[6]) entscheiden die Oberlandesgerichte; eine Anfechtung dieser Entscheidungen findet nicht statt.

[1]) Nämlich landesrechtlichen. Für die reichsrechtlichen gilt FGG. § 2.

[2]) Aber nur die preußischen Gerichte. Die Rechtshülfe zwischen preußischen und außerpreußischen Gerichten in landesrechtlichen Angelegenheiten ist nicht gesetzlich geregelt; sie erfolgt nach etwaigen Staatsverträgen und sonst nach dem Herkommen.

[3]) Siehe oben S. 275 ff.

[4]) Vgl. FGG. § 28 Anm. 5.

[5]) Abs. 2 ist Zusatz des Preuß. FGG. Art. 130 zu XI.

[6]) V. v. 2. Januar 1849 (GS. S. 1) § 38; Verordnungen v. 26. Juni 1867 (GS. S. 1085 u. 1094) § 29 bez. § 28.

Vierzehnter Titel.

Oeffentlichkeit und Sitzungspolizei.

§. 88.

Die Vorschriften der §§. 177—185 des Deutschen Gerichtsverfassungsgesetzes[1]) über die Aufrechterhaltung der Ordnung finden in gerichtlichen Angelegenheiten,[2]) welche zu der ordentlichen streitigen Gerichtsbarkeit nicht gehören, entsprechende Anwendung. Sofern in diesen Angelegenheiten eine mündliche Verhandlung nach Vorschrift der Deutschen Prozeßordnungen stattfindet, erfolgt dieselbe öffentlich nach den Bestimmungen der §§. 170—176 des Deutschen Gerichtsverfassungsgesetzes. Vorstehende Bestimmungen finden auf die zur Zuständigkeit der Auseinandersetzungsbehörden gehörigen Angelegenheiten keine Anwendung.[3])

[1]) Siehe oben S. 280 ff.

[2]) Nämlich landesrechtlichen. Für die reichsrechtlichen gilt FGG. § 8.

[3]) Satz 2 u. 3 betreffen die freiwillige Gerichtsbarkeit nicht. Satz 3 ist übrigens antiquirt. G. v. 18. Februar 1880 § 101; Fassung v. 10. Oktober 1899 (GS. S. 404).

Fünfzehnter Titel.

Berathung und Abstimmung.

§. 90.

In gerichtlichen Angelegenheiten, welche zu der ordentlichen streitigen Gerichtsbarkeit nicht gehören,[1]) erfolgt die Berathung und Abstimmung nach den Vorschriften der §§. 194—199 des Deutschen Gerichtsverfassungsgesetzes.[2])

[1]) Vgl. § 88 Anm. 2.

[2]) Siehe oben S. 285 ff.

Sechszehnter Titel.

Gerichtsferien.

§. 91.

Auf die Angelegenheiten[1]) der nicht streitigen Gerichtsbarkeit sind die Gerichtsferien ohne Einfluß.

Die Bearbeitung der Vormundschaftssachen, Nachlaßsachen, Lehns-, Familienfideikommiß- und Stiftungssachen[2]) kann während der Ferien unterbleiben, soweit das Bedürfniß einer Beschleunigung nicht vorhanden ist.

Im Uebrigen[3]) finden die Vorschriften der §§. 202—204 des Deutschen Gerichtsverfassungsgesetzes hinsichtlich der durch dieses Gesetz den ordentlichen Gerichten zugewiesenen Angelegenheiten, sowie hinsichtlich der zur Zuständigkeit des Geheimen Justizraths gehörigen Angelegenheiten entsprechende Anwendung.

[1]) Nämlich die landesrechtlichen. Für die reichsrechtlichen gilt FGG. § 10.

[2]) Gilt nur noch für die drei letzten Gruppen; s. Anm. 1.

[3]) D. h. für die streitigen Sachen; auf die freiwillige Gerichtsbarkeit ist Abs. 2 sonach ohne Bezug.

V. Auszug aus dem (Preußischen) Ausführungsgesetz zum Bürgerlichen Gesetzbuche.

Vom 20. September 1899 (GS. S. 177).

Beurkundung von Grundstücksveräußerungen.

Artikel 12.

§. 1. — — —

§. 2. Wird bei einem Vertrage, durch den sich der eine Theil verpflichtet, das Eigenthum an einem in Preußen liegenden Grundstücke zu übertragen,[1]) einer der Vertragschließenden durch eine öffentliche Behörde vertreten, so ist für die Beurkundung des Vertrags[2]) außer den Gerichten und Notaren auch der Beamte zuständig,[3]) welcher von dem Vorstande der zur Vertretung berufenen Behörde oder von der vorgesetzten Behörde bestimmt ist.[4])

[1]) BGB. § 313.

[2]) Aber nicht für dingliche Hypothekenbestellungen, Vollmachten und sonstige, über den obligatorischen Vertrag des § 313 BGB. hinausgehende Akte.

[3]) Vgl. EG. z. BGB. Art. 142.

[4]) Allgemein oder für den Einzelfall; es braucht nicht nothwendig ein Beamter der betheiligten Behörde zu sein.

§. 3. In dem vormaligen Herzogthume Nassau sind an Orten, die nicht Sitz eines Amtsgerichts sind, auch die Bürgermeister zuständig, Kauf- und

Tauschverträge über Grundstücke ihres Amtsbezirkes zu beurkunden, wenn der Kaufpreis oder der Werth der eingetauschten Gegenstände nicht mehr als fünfhundert Mark beträgt.[1])

[1]) Vgl. hierzu § 2 Anm. 1 u. 2 und Preuß. FGG. Art. 122 Abs. 1 Satz 3.

§. 4. Auf die Beurkundung, die ein nach den §§. 2, 3 zuständiger Beamter vornimmt, finden die Vorschriften des §. 168 Satz 2 und der §§. 169 bis 180 des Reichsgesetzes über die Angelegenheiten der freiwilligen Gerichtsbarkeit,[1]) des §. 191 des Gerichtsverfassungsgesetzes[2]) und des Artikel 41 des Preußischen Gesetzes über die freiwillige Gerichtsbarkeit[3]) entsprechende Anwendung.[4]) Ist nach diesen Vorschriften ein Dolmetscher zuzuziehen, so kann die erforderliche Beeidigung des Dolmetschers durch den beurkundenden Beamten erfolgen.[5])

[1]) Siehe oben S. 158 ff. Da der Beamte weder Richter noch Notar ist, so muß er im Falle des § 169 ausschließlich zwei Zeugen zuziehen.

[2]) Betrifft die Beeidung des Dolmetschers; s. oben S. 284.

[3]) Siehe oben S. 212.

[4]) Durch R. des Ministers der öffentlichen Arbeiten v. 1. Mai 1900 (II, Ib 4598) ist im Einvernehmen mit dem Justizminister bestimmt:

> „Die von diesen Beamten aufgenommenen Urkunden sind amtliche Schriftstücke der zur Vertretung eines der Vertragschließenden berufenen Behörde. Für die Aufbewahrung dieser Urkunden, sowie für die Ertheilung von Ausfertigungen oder beglaubigten Abschriften gilt daher das Gleiche,

wie für die sonstigen amtlichen Schriftstücke der betreffenden Behörde."

[5]) Allgemeine Beeidung im Verwaltungswege ist dadurch nicht ausgeschlossen; vgl. GVG. § 191 Abs. 2.

Erklärungen über den Familiennamen.

Artikel 68.

§. 1. Für die Entgegennahme[1]) und die öffentliche Beglaubigung der im §. 1577 Abs. 2, 3 des Bürgerlichen Gesetzbuchs bezeichneten Erklärungen über den Namen einer geschiedenen Frau ist, wenn die geschiedene Ehe vor einem Preußischen Standesbeamten geschlossen war, dieser zuständig.[2]) Anderenfalls[3]) ist für die Entgegennahme das Amtsgericht zuständig, in dessen Bezirke der Erklärende seinen Wohnsitz[4]) oder seinen gewöhnlichen Aufenthalt hat; das Gericht soll die Erklärung dem Standesbeamten, vor welchem die Ehe geschlossen war, mittheilen.[5])

Die Erklärung ist am Rande der über die Eheschließung bewirkten Eintragung zu vermerken.

[1]) Mündliche oder schriftliche; Begriff im letzteren Falle s. BGB. § 130.

[2]) Und zwar für die Entgegennahme ausschließlich, für die Beglaubigung neben den Amtsgerichten und Notaren. FGG. § 191. Die Erklärung kann sonach mit gerichtlicher oder notarieller Beglaubigung dem Standesbeamten eingereicht werden.

[3]) D. i. wenn die Ehe außerhalb Preußens geschlossen war oder wenn sie zwar in Preußen aber vor dem Inkrafttreten der Personenstandsgesetzgebung geschlossen war.

4) BGB. §§. 7—11.

5) Obwohl für diesen, da er stets ein außerpreußischer Beamter ist (s. Anm. 3), der Abs. 2 des § 1 keine verpflichtende Kraft hat.

§. 2. Für die Entgegennahme und die öffentliche Beglaubigung der Erklärung, durch welche der Ehemann der Mutter eines unehelichen Kindes diesem seinen Namen ertheilt, sowie der Einwilligungserklärungen des Kindes und der Mutter[1]) ist, wenn die Geburt des Kindes im Geburtsregister eines Preußischen Standesbeamten eingetragen ist oder wenn die Erklärung bei der Eheschließung vor einem Preußischen Standesbeamten erfolgt, der Standesbeamte zuständig.[2]) Anderenfalls ist für die Entgegennahme das Amtsgericht zuständig, in dessen Bezirke der Ehemann seinen Wohnsitz[3]) oder seinen gewöhnlichen Aufenthalt hat.

Erfolgt die Erklärung über die Ertheilung des Namens nicht gegenüber dem Standesbeamten, in dessen Geburtsregister der Geburtsfall eingetragen ist,[4]) so soll die zuständige Behörde sie dem Standesbeamten[5]) mittheilen.

Die Erklärung ist am Rande der über den Geburtsfall bewirkten Eintragung zu vermerken.

1) BGB. § 1706 Abs. 2.

2) Vgl. vorstehend § 1 Anm. 1 u. 2.

3) BGB. §§ 7—9.

4) D. i. wenn sie entweder gegenüber einem anderen Standesbeamten oder wenn sie gegenüber dem Amtsgericht erfolgt.

[5]) Auch wenn es ein außerpreußischer ist, vgl. § 1 Anm. 5; siehe auch Personenstandsgesetz v. 6. Februar 1875 § 26.

§. 3. Die Befugniß des Standesbeamten erstreckt sich nicht auf die Beglaubigung eines Handzeichens.[1])

[1]) Vgl. FGG. § 191 Anm. 2.

Anerkennung der Vaterschaft.

Artikel 70.

Für die Aufnahme der im §. 1718 und im §. 1720 Abs. 2 des Bürgerlichen Gesetzbuchs vorgesehenen öffentlichen Urkunden über die Anerkennung der Vaterschaft ist der Standesbeamte, welcher die Geburt des Kindes oder die Eheschließung seiner Eltern beurkundet hat, auch dann zuständig, wenn die Anerkennung der Vaterschaft nicht bei der Anzeige der Geburt oder bei der Eheschließung erfolgt.[1])

Beantragt bei einer vor dem Gericht oder einem Notar erfolgenden Anerkennung der Erklärende die Beischreibung eines Vermerkes im Geburtsregister,[2]) so hat das Gericht oder der Notar die Erklärung und den Antrag dem zuständigen Standesbeamten mitzutheilen.

[1]) Vgl. FGG. § 167 Anm. 8 u. § 191.

[2]) Vgl. Personenstandsgesetz v. 6. Februar 1875 § 25.

VI. Auszug aus der (Preußischen): Allg. Verf. v. 10. Dezember 1899 über die von Amtswegen zu beurkundenden Zustellungen und Bekanntmachungen gerichtlicher Verfügungen.

(JMBl. S. 728.)[1])

[1]) Vgl. FGG. § 16 Abs. 2 Satz 2.

§. 2. In Angelegenheiten der freiwilligen Gerichtsbarkeit wird die Bekanntmachung gerichtlicher Verfügungen, soweit sie nicht zu Protokoll erfolgt, in denjenigen Fällen, in welchen mit der Bekanntmachung nicht der Lauf einer Frist beginnt, in der Regel durch Uebersendung mittelst einfachen Briefes oder durch Behändigung ohne Beurkundung zur Ausführung gebracht.[1]) Sind der Verfügung wichtige Urkunden (z. B. Wechsel, Hypothekenbriefe, Testamentsausfertigungen und dergl.) beigegeben, so ist bei Uebersendung durch die Post der Brief mit der Bezeichnung „Einschreiben," geeignetenfalls „gegen Rückschein" zu versehen; die Behändigung durch einen Gerichtsdiener erfolgt in diesem Falle gegen Empfangsbescheinigung.

Die Behörde, welche die Zustellung veranlaßt, kann anordnen, daß die Bekanntmachung durch Zustellung erfolgt,[2]) wenn dies nach Lage der Umstände angezeigt erscheint, wie z. B. bei Ladungen oder in anderen Fällen, in denen an die Nichtbefolgung der Verfügung Nachtheile geknüpft sind. Auch kann die Uebersendung mittelst eingeschriebenen Briefes oder die Aushändigung gegen Empfangsbescheinigung in anderen als den im ersten Absatze bezeichneten Fällen angeordnet werden.

[1]) Danach unausführbar bei unbekanntem Aufenthalt; s. Anm. 2.

[2]) Auch geeignetenfalls durch öffentliche Zustellung; s. Anm. 1 u. CPO. § 204 Anm. 4 (oben S. 307).

Sachregister.

Citirmethode: 35 (5[2]) bedeutet: Seite 35 § 5 Anm. 2.

B.

Citirmethode: 35 (5[2]) bedeutet: Seite 35 § 5 Anm. 2.

C.

D.

E.

F.

G.

H.

J.

R.

S.

T.

Druck von A. W. Hayn's Erben, Berlin und Potsdam.

Verzeichniß

der

Guttentag'schen Sammlung

Deutscher Reichsgesetze

und

Preußischer Gesetze.

Text-Ausgaben mit Anmerkungen und Sachregister.

Taschenformat.

Berlin.
J. Guttentag, Verlagsbuchhandlung,
G. m. b. H.

Guttentag'sche Sammlung

Deutscher Reichsgesetze.

Text-Ausgaben mit Anmerkungen. Taschenformat.

---

1. **Verfassung** des Deutschen **Reichs**. Gegeben Berlin, den 16. April 1871. Von Dr. **L. von Rönne.** Achte neubearbeitete Auflage von **Paul von Rönne**, Landrath. 1 M. 60 Pf.

2. **Strafgesetzbuch** für das Deutsche Reich. Nebst den gebräuchlichsten **Reichs-Strafgesetzen**: Presse, Personenstand, Nahrungsmittel, Entziehung elektrischer Arbeit, Kranken-, Unfall-, Invalidenversicherung, Gewerbeordnung, unlauterer Wettbewerb, Depot- und Börsengesetz u. s. w. Von Dr. **H. Rüdorff.** Zwanzigste Auflage von Dr. **H. Appelius,** Kammergerichtsrath. Gebunden in ganz Leinen 1 M. 20 Pf.

3. **Militärstrafgerichtsordnung** nebst Einführungsgesetz und Gesetz, betr. die Dienstvergehen der richterlichen Militärjustizbeamten und die unfreiwillige Versetzung derselben in eine andere Stelle oder in den Ruhestand. Von Dr. **P. Herz,** Geh. Admiralitätsrath. Zweite Auflage. Geb. in ganz Leinen 3 M.

4. **Handelsgesetzbuch vom 10. Mai 1897** unter Ausschluß des Seerechts. Mit den ergänzenden Vorschriften des Bürgerlichen Gesetzbuchs und Erläuterungen herausgegeben von **F. Litthauer,** Justizrath. Elfte unveränderte Auflage. 2 M. 25 Pf.

5. Allgemeine Deutsche **Wechselordnung.** Siebente Auflage von Dr. **E. Ball,** Rechtsanwalt, und das Reichsgesetz über die **Wechselstempelsteuer.** Sechste Auflage von Reg.-Assessor **P. Loeck.** 1897. 2 M.
Neue Auflage in Vorbereitung.

6. **Reichs-Gewerbe-Ordnung** nebst Ausführungsbestimmungen. Von **T. Ph. Berger.** Unter besonderer Berücksichtigung der Bestimmungen über den Arbeiterschutz, die Organisation des Handwerks und das Lehrlingswesen fortgeführt von Dr. **Wilhelmi,** Geh. Ober-Regierungsrath. Sechszehnte vermehrte Auflage. Im Druck.

7. Die deutsche **Post- und Telegraphen-Gesetzgebung.** Nebst dem Weltpostvertrag und dem internationalen Telegraphenvertrag. Von Dr. **P. D. Fischer,** Unterstaatssekretär im Reichs-Postamt. Vierte Auflage. 1895. 2 M. 60 Pf.

8. Die Reichsgesetze über den **Unterstützungswohnsitz** in der Fassung der Novelle vom 12. März 1894, die **Freizügigkeit,** den **Erwerb** und **Verlust** der

Bundes- und Staatsangehörigkeit, nebst allen landesgesetzlichen Bestimmungen. Von Geheimrath Dr. **J. Krech,** Mitglied des Bundesamtes für das Heimathwesen. Vierte Auflage. 2 M. 25 Pf.

9a. Sammlung **kleinerer privatrechtlicher Reichsgesetze.** Von **F. Vierhaus,** Geh. Ober-Justizrath. Zweite Auflage in Vorbereitung.

9b. Sammlung **kleinerer strafrechtlicher Reichsgesetze.** Von **M. Werner,** Geh. Ober-Regierungsrath. Zweite Auflage im Druck.

10. Das **Reichsbeamtengesetz** vom 31. März 1873 und seine Ergänzungen. Erläutert von **J. Pieper,** Geh. Ober-Regierungsrath. 3 M. 30 Pf.

11. **Civilprozeßordnung mit Einführungsgesetzen,** Nebengesetzen und Ergänzungen. In der Fassung des Gesetzes vom 17. Mai 1898. Unter besonderer Berücksichtigung der Entscheidungen des Reichsgerichts herausgegeben mit Anmerkungen von **R. Sydow,** Direktor im Reichs-Postamt und **L. Busch,** Kammergerichtsrath. Achte Auflage. 8°. Geb. in ganz Leinen 4 M.

Dieser Band ist in größerem Format erschienen!

12. **Strafprozeßordnung und Gerichtsverfassungsgesetz** in der vom 1. Januar 1900 ab geltenden Fassung, nebst dem **Gesetz, betreffend die Entschädigung der im Wiederaufnahmeverfahren freigesprochenen Personen.** Von **A. Hellweg,** Reichsgerichtsrath. Zehnte Auflage. Geb. in ganz Leinen 2 M.

13. **Konkursordnung und Anfechtungsgesetz** mit Einführungs- und Nebengesetzen. In der Fassung der Gesetze vom 17. Mai 1898. Unter besonderer Berücksichtigung der Entscheidungen des Reichsgerichts herausgegeben mit Anmerkungen von **R. Sydow,** Direktor im Reichs-Postamt und **L. Busch,** Kammergerichtsrath. Achte Auflage. Geb. in ganz Leinen 1 M. 80 Pf.

14. **Gerichtsverfassungsgesetz** mit Einführungsgesetz, Nebengesetzen und Ergänzungen. In der Fassung des Gesetzes vom 17. Mai 1898. Unter Berücksichtigung der Entscheidungen des Reichsgerichts herausgegeben von **R. Sydow,** Direktor im Reichs-Postamt und **L. Busch,** Kammergerichtsrath. Achte Auflage. 1 M. 20 Pf.

15. **Das deutsche Gerichtskostengesetz nebst den Gebührenordnungen für Gerichtsvollzieher, Zeugen und Sachverständige.** In der Fassung vom 20. Mai 1898. Unter besonderer Berücksichtigung der Entscheidungen

des Reichsgerichtes herausgegeben mit Anmerkungen und Kostentabellen von **R. Sydow,** Direktor im Reichspostamt und **L. Busch,** Kammergerichtsrath. Sechste vermehrte Auflage. Geb. in ganz Leinen 1 M. 50 Pf.

16. **Rechtsanwaltsordnung.** Von **R. Sydow,** Direktor im Reichspostamt. Vierte, völlig umgearbeitete Auflage von Dr. **E. Mosler,** Gerichtsassessor. Geb. in ganz Leinen. Im Druck.

17. Die **Deutsche Gebührenordnung für Rechtsanwälte und das Preußische Gebührengesetz** vom 27. September/6. Oktober 1899. Von **R. Sydow,** Direktor im Reichspostamt und **L. Busch,** Kammergerichtsrath. Sechste Auflage. Geb. in ganz Leinen 1 M. 50 Pf.

18. **Reichsstempelgesetz (Börsensteuergesetz)** mit allen Ausführungsvorschriften, vielen Tabellen, den Entscheidungen der Verwaltungsbehörden und des Reichsgerichts. Von **Gaupp,** Geh. Regierungsrath. Achte Auflage von **P. Loeck,** Regierungs-Assessor. Geb. in ganz Leinen. Im Druck.

19. Die **Seegesetzgebung** des Deutschen Reiches. Nebst den Entscheidungen des Reichsoberhandelsgerichts, des Reichsgerichts und der Seeämter. Von Dr. **W. E. Knitschky,** Landgerichtsrath. Zweite Auflage. 3 M. 80 Pf.

20. **Krankenversicherungsgesetz** vom 15. Juni 1883 in der Fassung der Novelle vom 10. April 1892. Von Dr. **E. von Woedtke,** Direktor im Reichsamt des Innern. Siebente Auflage. 2 M.

21. Die **Konsulargesetzgebung** des Deutschen Reiches. Von Professor Dr. **Ph. Zorn.** Vergriffen.

22a. **Patentgesetz. Gesetz, betreffend den Schutz von Gebrauchsmustern. Gesetz, betreffend das Urheberrecht an Mustern und Modellen.** Nebst Ausführungsbestimmungen unter eingehender Berücksichtigung der Rechtsprechung des Reichsgerichts und der Praxis des Patentamts. Erläutert von Dr. **R. Stephan,** Regierungsrath, Mitglied des Kaiserlichen Patentamts. Fünfte vermehrte Auflage. Geb. in ganz Leinen 2 M.

22b. Gesetz zum **Schutz der Waarenbezeichnungen.** Nebst Ausführungsbestimmungen. Von Dr. **R. Stephan,** Regierungsrath, Mitglied des Kaiserlichen Patentamts. Vierte vermehrte Auflage. 1 M.

23. **Gewerbe-Unfallversicherungsgesetz** und Gesetz, betr. die Abänderung der Unfallversicherungsgesetze vom 30. Juni 1900 in der Fassung der Bekanntmachung vom 5. Juli 1900 nebst Ausführungsverordnungen. Von Dr. **E. v. Woedtke,** Direktor im Reichsamt des Innern. Sechste umgearbeitete Auflage. Geb. in ganz Leinen ca. 2 M. 50 Pf.

24. **Aktiengesellschaft und Kommanditgesellschaften auf Aktien.** (Handelsgesetzbuch, II. Buch, Abschnitt 3 und 4.) Mit erläuternden Anmerkungen von **H. Keyssner,** Kammergerichtsrath und Dr. **H. Veit Simon,** Rechtsanwalt. Fünfte Auflage. Bearbeitet von Dr. **Hugo Keyssner** u. **L. Keyssner.** Geb. in ganz Leinen 2 M. 25 Pf.

25. **Reichsgesetz** wegen **Erhebung der Brausteuer** vom 31. Mai 1872 mit Ausführungsvorschriften. Von **E. Bertho,** Regierungsrath. 1885. 1 M. 60 Pf.

26. Die Reichsgesetzgebung über **Münz- und Notenbankwesen,** Papiergeld, Prämienpapiere und Reichsanleihen. Von Dr. jur. **R. Koch,** Präsident des Reichsbankdirektoriums. Vierte Auflage. Geb. in ganz Leinen. Im Druck.

27. Die Gesetzgebung, betr. das **Gesundheitswesen** im Deutschen Reich für Behörden, Aerzte 2c. Von Dr. jur. **C. Goesch** und Dr. med. **J. Karsten.** 1888. 1 M. 60 Pf.

28. **Bau-Unfallversicherungsgesetz.** Vom 30. Juni 1900 in der Fassung der Bekanntmachung vom 5. Juli 1900. Von **R. Chrzescinski,** Kaiserl. Regierungsrath a. D., ehemaligem ständigen Mitglied des Reichs-Versicherungsamts. Dritte Auflage. Geb. in ganz Leinen ca. 2 M.

29. Reichsgesetz, betr. die **Erwerbs- und Wirthschaftsgenossenschaften.** In der vom 1. Januar 1900 ab geltenden Fassung. Von **L. Parisius** und Dr. **H. Crüger.** Achte Auflage. Geb. in ganz Leinen. 1 M. 50 Pf.

30. **Invalidenversicherungsgesetz** vom 13. Juli 1899, in der Fassung der Bekanntmachung vom 19. Juli 1899. Von Dr. **E. v. Woedtke,** Director im Reichsamt des Innern. Siebente erweiterte Auflage. Geb. in ganz Leinen 2 M. 50 Pf.

31. Reichsgesetz, betr. die **Gewerbegerichte.** Von **L. Mugdan.** Vierte Auflage. Bearbeitet von **Cuno,** Stadtrath und stellvertretender Vorsitzender des Gewerbegerichts zu Königsberg i. Pr. 1 M. 80 Pf.

32. Reichsgesetz, betr. die **Gesellschaften mit beschränkter Haftung.** In der vom 1. Januar 1900 ab geltenden Fassung. Von **L. Parisius** und Dr. **H. Crüger.** Vierte vermehrte und verbesserte Auflage. 1 M.

33. Das **Vereins- und Versammlungsrecht** in Deutschland. Von Dr. **E. Ball,** Rechtsanwalt. 2 M. 25 Pf.

34. Reichsgesetz, betreffend die **Abzahlungsgeschäfte.** Vom 16. Mai 1894. Von **J. Hoffmann,** Geheimer Regierungsrath. 95 Pf.

35. **Die Reichs-Eisenbahngesetzgebung.** Von **W. Coermann,** Kaiserl. Amtsrichter. 1895. 2 M. 25 Pf.

36. Gesetze, betr. die **privatrechtlichen Verhältnisse der Binnenschiffahrt und der Flößerei.** Nach den Materialien erläutert von **H. Makower.** Unter Berücksichtigung der am 1. Januar 1900 in Kraft tretenden Reichsgesetze bearbeitet von **E. Löwe,** Landgerichtsrath. Zweite veränderte Auflage. 2 M.

37. Gesetz zur **Bekämpfung des unlauteren Wettbewerbes.** Vom 27. Mai 1896. Von Dr. **R. Stephan,** Regierungsrath. Zweite Auflage. 80 Pf.

38/39. **Bürgerliches Gesetzbuch nebst Einführungsgesetz.** In Verbindung mit Professor Dr. **André,** Amtsgerichtsrath **Greiff,** Amtsrichter **Ritgen,** Landgerichtsrath Dr. **Unzner,** s. Z. Schriftführer bei der Kommission für die zweite Lesung des Entwurfs eines Bürgerlichen Gesetzbuchs, herausgegeben von Reichsgerichtsrath Dr. **A. Achilles,** s. Z. Kommissar des Reichs-Justizamts bei derselben Kommission. Zweite vermehrte Auflage. 8°. Geb. in ganz Leinen. 5 M. 50 Pf.

Dieser Band ist in größerem Format erschienen!

40. Gesetz, betr. die **Pflichten der Kaufleute bei Aufbewahrung fremder Werthpapiere (Depotgesetz).**

Vom 5. Juli 1896. Mit Erläuterungen, Einleitung und Sachregister. Von **F. Lusensky**, Geh. Regierungsrath. 90 Pf.

41. **Börsengesetz.** Vom 22. Juni 1896. Nebst den dazu erlassenen Ausführungsbestimmungen. Unter Mitwirkung des Geh. Ober-Regierungsrathes **A. Wermuth** bearbeitet von **H. Brendel,** Gerichts-Assessor, Hülfsarbeiter im Reichsamt des Innern. 1 M. 50 Pf.

42. **Grundbuchordnung** für das Deutsche Reich nebst den preußischen Ausführungsbestimmungen. Mit Einleitung von Professor Dr. **O. Fischer.** Zweite Auflage. Geb. in ganz Leinen 1 M. 80 Pf.

43. Die Gesetzgebung, betr. die **Zwangsvollstreckung in das unbewegliche Vermögen** im Reiche und in Preußen. Text-Ausgabe mit Einleitung, Anmerkungen, Kosten- und Gebührentabellen und Sachregister. Von Dr. **J. Krech,** Kaiserl. Geh. Regierungsrath und Professor Dr. **O. Fischer.** Dritte Auflage. Geb. in ganz Leinen 2 M.

44. Das Reichsgesetz über das **Auswanderungswesen** vom 9. Juni 1897 nebst Ausführungsverordnungen und Anlagen. Nach den Materialien und unter Benutzung amtlicher Quellen erläutert von Professor Dr. **Felix Stoerk.** 2 M. 25 Pf.

45. **Das Entmündigungsrecht** unter Berücksichtigung der für Preußen geltenden Vorschriften nebst der preußischen Justiz-Ministerial-Verfügung vom 28. November 1899. Text der civil- und prozeßrechtlichen Bestimmungen mit Erläuterungen von Landgerichtsrath Dr. **P. Koll** in Cöln. Geb. in ganz Leinen 1 M. 50 Pf.

46. Die Gesetze des Reiches und Preußens über die **freiwillige Gerichtsbarkeit.** Mit Einleitung von **Herm. Jastrow,** Amtsgerichtsrath. Zweite, erweiterte Auflage. Geb. in ganz Leinen 2 M. 80 Pf.

47. Das **deutsche Vormundschaftsrecht** und das preuß. Gesetz, betr. die Unterbringung verwahrloster Kinder, vom 13. März 1878 nebst den dazu gehörigen preußischen Nebengesetzen und allgemeinen Verfügungen. Mit Einleitung und Erläuterungen von **Max Schultzenstein,** Oberverwaltungsgerichtsrath und Amtsgerichtsrath Dr. **Paul Köhne.** 2 M. 80 Pf.

48. Gesetze und Verordnungen, betreffend den **Drogen-, Gift- und Farbenhandel** außerhalb der Apotheken, unter besonderer Berücksichtigung des Königreichs Preußen. Von Dr. **Broh,** Rechtsanwalt. 1 M. 25 Pf.

49. Die **Kolonialgesetzgebung.** Von Prof. Dr. **Philipp Zorn.** Geb. in ganz Leinen. Im Druck.

50. Der **Viehkauf** (Viehgewährschaft) nach dem Bürgerlichen Gesetzbuche. Mit Erläuterungen und Sachregister von Dr. **Hans Stölzle,** Rechtsanwalt in Kempten (Bayern). Nebst einem Anhang: Verordnung, betreffend die Hauptmängel und Gewährsfristen beim Viehhandel. Vom 27. März 1899. Erläutert von **Heinrich Weiskopf,** Königl. Kreisthierarzt in Augsburg. Zweite Auflage. Geb. in ganz Leinen 2 M.

51. **Hypothekenbankgesetz** vom 13. Juli 1899. Von Dr. **H. Göppert,** Gerichts-Assessor. Geb. in ganz Leinen 1 M. 80 Pf.

52. Gesetz, betreffend die gemeinsamen **Rechte der Besitzer von Schuldverschreibungen.** Vom 4. Dezember 1899. Von Dr. **Heinrich Göppert,** Gerichts-Assessor. Geb. in ganz Leinen 2 M.

53. **Reichspreßgesetz** vom 7. Mai 1874 nebst den einschlägigen Bestimmungen des Reichsstrafgesetzbuchs, der Gewerbeordnung u. s. w. Kommentar von **A. Born,** Polizeiassessor. Geb. in ganz Leinen 1 M. 50 Pf.

54. Die Reichsgesetzgebung über den Verkehr mit **Nahrungsmitteln, Genußmitteln** und **Gebrauchsgegenständen.** Von Dr. **Lebbin,** Nahrungsmittelchemiker. Geb. in ganz Leinen 2 M. 25 Pf.

55. Das Recht der **Beschlagnahme von Lohn- und Gehaltsforderungen.** Auf Grundlage der Reichsgesetze vom 21. Juni 1869 u. 29. März 1897 und der Civilprozeßordnung. Von Rechtsanwalt **Georg Meyer.** Geb. in ganz Leinen 1 M. 50 Pf.

56. Gesetz, betr. die **Bekämpfung gemeingefährlicher Krankheiten.** Vom 30. Juni 1900. Von Geh. Regierungsrath Dr. **Burkhardt.** Geb. in ganz Leinen. Im Druck.

Guttentag'sche Sammlung
Preußischer Gesetze.

Text-Ausgaben mit Anmerkungen. Taschenformat.

1. Die **Verfassungs-Urkunde** für den Preußischen Staat. Mit Einleitung, vollständigem Kommentar und Anlagen von Prof. Dr. **Adolf Arndt.** Vierte, gänzlich umgearbeitete und verbesserte Auflage. Geb. in ganz Leinen 2 M. 50 Pf.

2. Preußische **Beamten-Gesetzgebung.** Enthaltend die wichtigsten Beamtengesetze in Preußen. Von **C. Pfafferoth.** Dritte Auflage. 1 M. 50 Pf.

3. Die Preuß. Gesetzgebung, betr. die **Zwangsvollstreckung in das unbewegliche Vermögen.** Von Dr. **J. Krech,** Kais. Geh. Regierungs-Rath und Prof. Dr. **O. Fischer.** Dritte Auflage. Vergriffen.
Siehe: Reichsgesetze Nr. 43.

4. **Gebührenordnung** für **Notare** vom 25. Juni 1895 in der Fassung der Bekanntmachung vom 6. Oktober 1899 nebst den einschlägigen Vorschriften des Preußischen Gerichtskostengesetzes. Von **R. Sydow,** Direktor im Reichspostamt. Zweite Auflage bearbeitet von Dr. **E. Mosler,** Gerichtsassessor. Geb. in ganz Leinen. 1 M. 50 Pf.

5. Gesetz vom **24. April 1854 (betr. die außereheliche Schwängerung)** und die daneben geltenden Bestimmungen des Allgemeinen Landrechts nebst nebst dazu ergangenen Präjudikaten. Von Dr. **Schulze.** 75 Pf.

6. Die Preußischen **Ausführungsgesetze und Verordnungen zu den Reichs-Justizgesetzen.** Von **R. Sydow.** Dritte vermehrte Auflage. 2 M. 40 Pf.

7. **Allg. Gerichtsordnung** vom 6. Juli 1793 und Preuß. **Konkursordnung** vom 8. Mai 1885. Von **F. Vierhaus,** Geh. Ober-Justizrath. Vergriffen.

8. **Vormundschaftsordnung** vom 5. Juli 1875, nebst allen Nebengesetzen und den dazu erlassenen Allgemeinen Verfügungen. Von Oberverwaltungsgerichtsrath **Schultzenstein.** Dritte Auflage. 1 M. 50 Pf. Siehe: Reichsgesetze Nr. 47.

9. Die Preußische **Grundbuchgesetzgebung.** Mit Einleitung, Formularen, Kosten- und Stempeltabellen. Von Prof. Dr. **Fischer.** Dritte Auflage. Vergriffen. Siehe: Reichsgesetze Nr. 42.

10. **Einkommensteuergesetz.** Vom 24. Juni 1891. Von Geheimrath **Meitzen.** Vierte vermehrte Auflage von **A. Fernow,** Ober-Regierungsrath. 1 M. 50 Pf.

11. **Gewerbesteuergesetz.** Vom 24. Juni 1891. Von **A. Fernow,** Ober-Regierungsrath. Dritte vermehrte Auflage. 1 M. 25 Pf.

12. **Allgemeines Berggesetz** für die preußischen Staaten. Vom 24. Juni 1865, und die auf dasselbe bezüglichen Gesetze und Verordnungen. Von **E. Engels,** Ober-Bergrath. Zweite Auflage. 1 M. 60 Pf.

13. **Ergänzungssteuergesetz** (Vermögenssteuergesetz). Vom 14. Juli 1893. Von **A. Fernow,** Ober-Regierungsrath. Zweite vermehrte Auflage. 1 M.

·14. **Kommunalabgabengesetz.** Vom 14. Juli 1893 und Gesetz wegen Aufhebung direkter Staatssteuern. Vom 14. Juli 1893. Von **F. Adickes,** Oberbürgermeister. Zweite Auflage. 1 M. 25 Pf.

15. Die **Kreisordnungen** für den Preußischen Staat. Von **O. Kolisch,** Landgerichtsrath. 1894. 4 M.

16. Preuß. Ausführungs-Anweisung zu §§. 16 u. ff. der Reichs-Gewerbe-Ordnung, betr. **Genehmigung gewerblicher Anlagen.** Von Dr. **von Rüdiger,** Regierungs- und Gewerberath. 1895. 1 M. 50 Pf.

17. Preußisches **Gerichtskostengesetz.** Vom 25. Juni 1895. In der Fassung der Bekanntmachung vom 6. Oktober 1899. Mit Kostentabellen. Von Dr. **P. Siméon,** Landrichter. Dritte Auflage. Geb. in ganz Leinen 1 M. 80 Pf.

18. Preußisches **Stempelsteuergesetz.** Vom 31. Juli 1895. Nebst den Entscheidungen des Reichsgerichts und Erlassen der Verwaltungsbehörden und ausführlichen Tabellen. Von **B. Gaupp,** Geh Regierungsrath und Regierungsassessor **P. Loeck.** Vierte Auflage. 3 M. 30 Pf.

19. **Das Jagdscheingesetz** vom 31. Juli 1895. Mit ausführlichen Erläuterungen nebst der Ausführungsverfügung vom 2. August 1898 und den Gesetzgebungsmaterialien. Von **F. Kunze,** Wirklichem Geh. Ober-Regierungsrath. Zweite Auflage. Geb. in ganz Leinen 2 M.

20. Gesetz, betr. die **Erbschaftssteuer.** Vom 19./24. Mai 1891 unter Berücksichtigung der Novelle vom 31. Juli 1895. Mit ausführlichen Erläuterungen von **P. Loeck,** Regierungsassessor. 1 M. 80 Pf.

21. Gesetz über die **Handelskammern.** Vom 19. August 1897. Mit Erläuterungen, geschichtlicher Einleitung sowie einer Uebersicht des Bestandes der kaufmännischen Vertretungen. Von **F. Lusensky,** Geh. Regierungsrath und vortragender Rath im Ministerium für Handel und Gewerbe. 3 M.

22. Gesetz, betr. **Anstellung und Versorgung der Kommunalbeamten.** Vom 30. Juli 1899. Mit einem Anhang, enthaltend die preußische Ausführungsanweisung. Von Dr. **W. Ledermann,** Magistratsassessor zu Berlin. 1 M. 25 Pf.

23. **Ausführungsgesetz zum Bürgerlichen Gesetzbuche** vom 20. September 1899. Von Landrichter Dr. **P. Siméon.** Geb. in ganz Leinen 1 M. 60 Pf.

24. Die **Hinterlegungsordnung** vom 14. März 1879 in der Fassung des Preußischen Ausführungsgesetzes zum Bürgerlichen Gesetzbuche vom 20. September 1899 nebst Ausführungsbestimmungen. Unter Benutzung der amtlichen Erlasse und Entscheidungen des Finanzministers. Von Regierungsassessor Dr. **Georg Bartels.** Geb. in ganz Leinen 1 M. 50 Pf.

25. **Preußisches Kommunalbeamtenrecht,** enthaltend die wichtigsten Bestimmungen über die Rechtsverhältnisse der Beamten der preußischen Landgemeinden, Landbürgermeistereien, Aemter, Amtsbezirke, Städte, Kreise, Bezirksverbände, Provinzen sowie der Gemeindeforstbeamten mit Ausschluß der Kommunalbeamten der Hohenzollernschen Lande. Text-Ausgabe mit kurzen Anmerkungen, einem chronologischen Verzeichniß der abgedruckten Gesetze, Verordnungen und sonstigen Bestimmungen. Von Magistratsassessor Dr. jur. **Krempski.** Im Druck.

26. Die **Preußischen Gesetze** über das **Diensteinkommen der Lehrer und Lehrerinnen, ihren Ruhegehalt und die Fürsorge für ihre Hinterbliebenen** nebst den zugehörigen Ausführungsbestimmungen, sonstigen Ministerialerlassen und den wichtigsten einschlägigen Gesetzen sowie einer Tabelle zur Berechnung der Ruhegehalts-, Wittwen- und Waisenbezüge. Text-Ausgabe mit Einleitung, Anmerkungen und Sachregister von Dr. **Ed. Cremer,** Beigeordneter. Geb. in ganz Leinen. 2 M. 40 Pf.

27. Gesetz, betreffend die **Waarenhaussteuer.** Vom 18. Juli 1900. Von Geh. Ober-Finanzrath Dr. **G. Strutz.** Geb. in ganz Leinen 1 M. 20 Pf.

Guttentag'sche Sammlung von Text-Ausgaben mit Sachregister ohne Anmerkungen.

Handelsgesetzbuch nebst **Einführungsgesetz.** Vom 10. Mai 1897. 1 M. 80 Pf.

Gesetz, betr. die **Abänderung der Gewerbeordnung** (Neues Handwerkergesetz). Vom 26. Juli 1897. 90 Pf.

Reichsgewerbeordnung mit der Novelle vom 30. Juni 1900. In der Fassung der Bekanntmachung des Reichskanzlers. ca. 1 M. 20 Pf.

Militärstrafgerichtsordnung für das Deutsche Reich, nebst **Einführungsgesetz** und Gesetz, betr. die Dienstvergehen der richterlichen Militärjustizbeamten und die unfreiwillige Versetzung derselben in eine andere Stelle oder in den Ruhestand. Vom 1. Dezember 1898. 1 M. 50 Pf.

Die Preußischen Ausführungsgesetze zum Bürgerlichen Gesetzbuche, zum Gesetz, betr. Aenderung der Civilprozeßordnung vom 17. Mai 1898, zum Gesetz über die Zwangsversteigerung und die Zwangsverwaltung, zur Grundbuchordnung und zum Handelsgesetzbuch. Preuß. Gesetz über die freiwillige Gerichtsbarkeit und Gesetz, enthaltend die landesgesetzlichen Vorschriften über die Gebühren der Rechtsanwälte und der Gerichtsvollzieher. Fünfte Auflage. 1 M. 80 Pf.

Reichsstempelgesetz (Börsensteuergesetz) in der Fassung der Bekanntmachung vom 14. Juni 1900. Mit Ausführungsbestimmungen, einem Anhang, enthaltend Tabellen zur Berechnung der Reichsstempelabgaben und Sachregister. 1 M. 50 Pf.

Preußische Gesetzsammlung.

Vollständige Sammlung
der noch geltenden Preußischen Landesgesetze
privatrechtlichen Inhalts.

Herausgegeben
von

D. Fischer, Gerichtsassessor und **Dr. F. Schröder,** Gerichtsassessor.

8°. 2 Bände. Geb. in Leinen. Preis ca. 15 Mark.

Das Buch will ein Handbuch für den preußischen Praktiker sein, und eine Ergänzung zu den gebräuchlichen Handausgaben des B.G.B. bilden. Es bringt das Allgemeine Landrecht in seiner jetzt geltenden Gestalt vollständig, ferner in chronologischer Reihenfolge sämmtliche noch geltenden Landesgesetze privatrechtlichen Inhalts für das Gebiet des Allgemeinen Landrechts und für die übrigen Landestheile seit ihrer Zugehörigkeit zu Preußen. Um den Ueberblick über eine Materie zu erleichtern, wird dem Buch eine Nachweisung der durch die einzelnen Vorbehalte des E.G. zum B.G.B. erhaltenen Gesetze beigegeben und in Anmerkungen bei jedem einzelnen Gesetz auf die übrigen Gesetze derselben Materie verwiesen. Bei jeder gesetzlichen Bestimmung wird angegeben, weshalb sie als aufrecht erhalten zu gelten hat.

Das Werk wird in 2 Bänden zur Ausgabe gelangen, von denen der erste das „Allgemeine Landrecht" umfassen und Anfang 1901 erscheinen wird.

Adickes, F., Oberbürgermeister in Frankfurt a. M. Das Kommunalabgabengesetz vom 14. Juli 1893. Für den praktischen Gebrauch mit einer geschichtlichen Einleitung und Erläuterungen versehen, sowie mit einem die Ausführungsanweisung berücksichtigenden Nachtrag. 8°. Kartonnirt 6 M.

Arndt, Dr. Adolf, Oberbergrath und Prof. Verfassung des Deutschen Reichs. Mit Einleitung und Kommentar. 8°. Kartonnirt 3 M.

Friedrichs, R., Oberverwaltungsgerichtsrath. Das Gesetz betreffend die Anlegung und Veränderung von Straßen und Plätzen in Städten und ländlichen Ortschaften vom 2. Juli 1875. Nach dem Tode des Verfassers in vierter Auflage bearbeitet von Dr. jur. **Hugo von Strauß-Torney,** Oberverwaltungsgerichtsrath. 8°. Geb. 4 M. 50 Pf.

Genzmer, St., Landrath. Das Reichs-Haftpflicht-Gesetz betreffend die Verbindlichkeit zum Schadenersatz für die bei dem Betriebe von Eisenbahnen, Bergwerken, Steinbrüchen, Gräbereien und Fabriken herbeigeführten Tödtungen und Körperverletzungen vom 7. Juni 1871 aus der Rechtslehre und Rechtsprechung erläutert. 1882. 8°. Kart. 2 M. 80 Pf.

Hauß, C., Geh. Ober-Reg.-Rath. Das Gesetz zur Bekämpfung des unlauteren Wettbewerbes. Vom 27. Mai 1896. Für die gerichtliche und gewerbliche Praxis erläutert. 8°. Geb. in Leinen 3 M.

Holtgreven, Dr. A., Geh. Ober-Justizrath und vortragender Rath im Justizministerium. Das Wildschadengesetz vom 11. Juli 1891. Kommentar. Dritte Auflage. 8°. Kartonnirt 3 M.

Jerusalem, Herm., Landgerichtsrath, Mitglied des Hauses der Abgeordneten. Das Gesetz über Kleinbahnen und Privatanschlußbahnen vom 28. Juli 1892 nebst der Ausführungsanweisung zu diesem Gesetze vom 22. August 1892. gr. 8°. 2 M.

Kamptz, B. v., Verwaltungsgerichtsdirektor. Das Gesetz, betreffend die Vertheilung der öffentlichen Lasten bei Grundstückstheilungen und die Gründung neuer Ansiedelungen in den Provinzen Preußen, Brandenburg, Pommern, Posen, Schlesien, Sachsen und Westfalen vom 25. August 1876. Aus den Materialien und der Rechtsprechung des Königlichen Oberverwaltungsgerichts erläutert. 8°. Kartonnirt 2 M. 50 Pf.

Koch, Georg, Hauptmann a. D. Gesetz, betreffend die Prüfung der Läufe und Verschlüsse der Handfeuerwaffen vom 19. Mai 1891 nebst den Ausführungsbestimmungen des Bundesrathes vom 22. Juni 1892. Text-Ausgabe mit historischer Einleitung und Anmerkungen unter vergleichender Berücksichtigung der bezüglichen Gesetzgebung von England, Belgien, Frankreich und Oesterreich. 8°. Kartonnirt 1 M. 50 Pf.

Könige, H., Landgerichtsrath, Vorsitzender der Kammer I für Handelssachen am Landgericht Mannheim. Handelsgesetzbuch vom 10. Mai 1897 nebst Abdruck des Gesetzes über die Angelegenheiten der freiwilligen Gerichtsbarkeit und Gerichtsverfassungsgesetz (Titel 7, Kammern für Handelssachen). Verglichen mit dem Allgemeinen Deutschen Handelsgesetzbuch, dem Bürgerlichen Gesetzbuch und der Rechtsprechung des Reichsgerichts und Reichs-Oberhandelsgerichts. Zu praktischem Gebrauch dargestellt. 8°. Geb. in Leinen 4 M. 50 Pf.

Ottermann, Carl, Stadtrath in Dortmund. Das Fluchtliniengesetz vom 2. Juli 1875. Erläuternde Abhandlung zu den Hauptbestimmungen desselben. 8°. 1 M. 25 Pf.

Pfafferoth, Carl, Geh. Kanzleirath. Die gesammten Organisationsgesetze für die innere Verwaltung des Preußischen Staates. Text-Ausgabe mit Anmerkungen, einem die einschlägigen sonstigen Gesetze, Verordnungen, Regulative und Zirkulare enthaltenden Anhang und einem ausführlichen Sachregister. Zweite neubearbeitete Auflage. 8°. 6 M., geb. 6 M. 50 Pf.

Stephan, Dr. R., Geh. Regierungsrath u. Mitglied des Kais. Patentamts. Gesetz, betreffend die Patentanwälte. Vom 21. Mai 1900. Nebst Ausführungsverordnungen. 8°. Geb. in Leinen 1 M. 50 Pf.

Telegraphenwege-Gesetz vom 18. Dezember 1899 nebst den vom Reichskanzler erlassenen Ausführungsbestimmungen vom 26. Januar 1900 und den Erläuterungen und Ausführungsanweisungen des Reichs-Postamts. Amtliche Ausgabe. 8°. Geb. in Leinen 1 M.

Turnau, W., Reichsgerichtsrath. Die Schiedsmanns-Ordnung vom 29. März 1879, mit Ergänzungen und Erläuterungen. 8°. Geb. in Leinen 3 M. 60 Pf.

Wittenberg, Dr. M., Dozent an der Humboldt-Akademie. Wegweiser durch das Aktienrecht, nach dem Wortlaut der seit dem 1. Januar 1900 gültigen Reichsgesetze. Taschenformat. Geb. in Leinen 1 M.

Schlagwort-Register.

R. = Nummer der Sammlung Deutscher **Reichs**gesetze.
P. = Nummer der Sammlung **Preußischer** Gesetze.
S. = Seite.

FSC
www.fsc.org
MIX
Papier | Fördert gute Waldnutzung
FSC® C083411

Kolibri 360 GmbH
Ferdinand-Jühlke-Straße 7
99095 Erfurt, Deutschland
produktsicherheit@kolibri360.de